동아시아 자본주의 형성사론

東アジア資本主義形成史論

中村哲 지음　박 섭 옮김

History of the Formation of the East Asian Capitalism

도서출판 해남

동아시아 자본주의 형성사론

초판1쇄 인쇄 2024년 9월 2일
초판1쇄 발행 2024년 9월 9일

지은이 中村哲
옮긴이 박 섭
발행인 노현철
발행처 도서출판 해남

출판등록 1995. 5. 10 제 1-1885호
주 소 서울특별시 마포구 마포대로8길 9 영명빌딩 405호
전 화 739-4822 **팩스** 720-4823
이 메 일 haenamin30@naver.com
홈페이지 www.hpub.co.kr

ISBN 978-89-6238-189-4 93320

서문

동아시아 경제발전이라는 현실

동아시아자본주의는 구미 이외의 지역에서는 최초로 본격적인 자본주의가 성립하였다는 점에서 세계사적 의의를 가진다.

동아시아자본주의는 일본에서 시작되었으며, 20세기에 들어와서 한국·대만·중국으로 넓어졌고, 1930년대에는 동남아시아에서도 그 맹아가 나타나기 시작하였다. 그중에는 식민지였던 곳도 많았으나, 제2차 세계대전 후에는 독립을 이루어 자본주의화가 본격화하였다.

현재 동북아시아(중국·일본·한국)와 동남아시아는 경제관계를 강화하여 동아시아경제권을 형성하고 있다. 나아가서 인도·방글라데시·스리랑카·파키스탄 등의 남아시아도 포함하는 경제권으로 확대되기 시작하였다. 그 내부의 구성은 극히 다양하며, 경제의 통합화와 다양화가 동시에 진행하고 있다. 그리고 최근에 동아시아경제권은 세계경제 성장의 중심이 되기 시작하였다. 장래 동아시아자본주의가 구미자본주의를 대신해서 세계경제의 중심으로 될 가능성도 있다.

그러나 정치 특히 안전보장의 측면에 커다란 문제가 있다. 그 점에서는 구미에 비교해서 훨씬 뒤처져 있다. 그 개선이 극히 중요하고 역내의 정치적 협력·협조를 강력히 추진하지 않으면 안된다. 어려움이 크지만, 그것 없이는 동아시아자본주의의 장기적 발전은 보장되지 않는다.

과제와 방법

이 책의 목적은 동아시아자본주의의 형성과정을 역사적으로 연구하는 것이며, 연구방법으로는 비교사(比較史)를 중시한다. 동아시아경제권을 구성하는 국가들의 자본주의는 그 유형과 역사가 극히 다양하다. 또 구미자본주의와는 매우 다른 면이 많다. 지금까지의 비교사는 구미자본주의를 기준으로 해서 그것과 비교하는 방법을 취하는 일이 많았다. 자본주의는 서유럽에서 형성·발달하였으며, 자본주의의 역사연구도 구미의 연구자가 구미의 자본주의를 연구하는 것이 주류이다. 그러나 구미자본주의를 기준으로 하는 비교사는 구미와는 역사도 유형도 다른 동아시아자본주의를 연구하기에는 적합하지 않다. 구미 기준의 비교사에서는 동아시아의, 구미와는 다른 면이 관찰되지 않거나, 뒤처진 면으로 평가되는 일이 일어나기 쉽다.

구미 기준이 아닌, 동아시아 연구 속에서 발견된, 동아시아의 특징을 기준으로 한 새로운 비교사가 필요하다. 그것은 동시에 종래의 구미중심주의적 역사관 및 역사인식에 대한 비판을 내포하는 것으로 되기 마련이다. 말할 필요도 없지만, 동아시아의 역사에 기초한 비교사가 독선적인 구미 비판으로 되어서는 안된다. 구미의 우수한 연구성과를 흡수하는 것은 동아시아 비교사를 위해서 필요하다.

이러한 과제와 방법은 "말하기는 쉽지만 실천하기는 어려운" 것이어서 나름대로는 의식적으로 노력해 왔으나, 이 책에서 그것이 어디까지 실현되었는지

자신 있게 말할 수 있는 것은 아니다. 이후에도 더욱더 노력을 기울이려 한다.

한 가지 덧붙여 두고 싶은 것은 비교사라는 방법은 일국 단위의 연구에도 도움이 되는 일이 많다는 것이다. 역사 연구자는 거의 모두라고 말해도 좋을 정도로 일국사(一國史) 연구자이다. 복수국사(複數國史)·다국사(多國史)를 연구하는 사람이 조금 더 늘어날 필요가 있다고 생각하지만, 여러 가지 원인으로 그것이 어렵다. 구미에서는 언어적·역사적·문화적·정치적·지리적으로 동아시아보다도 국가 간·민족 간 교류가 용이하고 긴밀하다. 동아시아 연구는 구미에 비교하면 어려움이 많고 뒤처져 있다. 그러나 일국사 연구에서도 비교사적인 시각을 가짐으로써 새로운, 일국사적 시각만으로는 얻을 수 없는 지견(知見)이 얻어지는 일이 많다. 일국사 연구자에게도 비교사적 관심을 가지라고 권하고 싶다.

국제 공동연구의 중요성

동아시아자본주의의 연구 또는 넓게 동아시아 경제의 연구에는 국제 공동연구의 중요성·유효성이 크다.

과거 일본의 동아시아 연구는, 동남아시아에 관해서는 구미의 연구와 결부되어 있는 일이 많았다. 일본의 연구자가 직접 동남아시아의 연구자와 교류하는 것은 정치적·경제적 조건 때문에 곤란하였다. 연구관심의 양상, 연구수준에도 상이함이 컸다. 이것은 제2차 세계대전 후의 동북아시아(중국·한국·대만)에도 대체로 들어맞는다. 자금적인 문제도 컸다.

그러나 중국의 개혁개방정책으로의 전환, 냉전 종결 등과 같이 정치적·이데올로기적인 곤란성이 낮아지는 일이 일어나기도 하여, 1980년대 후반부터 동아시아에서 경제·경제사의 국제 공동연구 조건은 크게 개선되기 시작하였다. 연구교류가 진전함에 따라 관심사나 연구수준이 근접해져 실질적인 의논이 가능하게 되었다. 그때까지는 국제 공동연구라고 해도 실질적인 것은 아니었으며, 형식적으로 각각의 개별 논문을 모아서 간행하는 일이 많았던 것이다. 구미에서는 국경을 넘어선, 연구자의 다양한 형식의 연구교류 및 공동연구는 널리 행해지며 당연한 것으로 되어 있다. 동아시아의 국제 공동연구는 아직 수준이 많이 낮지만 지금은 상당히 진전해 있다.

국제 공동연구의 이점은 큰데, 인적 관계의 측면을 보아도 논문만을 읽는 것보다 직접 만나서 의논하는 편이 이해가 깊어지고 또 서로의 인격을 존중하게 된다. 그것이 진전하면 연구 이외의 관계도 깊어져 친우(親友)가 되고, 그리하여 그 사람 개인만이 아니라 그 나라, 그 사회에 대한 이해도 깊어지며, 자국의 입장만은 아닌 비교, 객관적인 비교가 가능하게 된다. 특히 합숙 형식의 국제 공동연구의 효과는 크다.

동아시아자본주의 연구에 착수함

나는 원래 일본경제사(연구의 중심은 메이지유신 기간을 중심으로 에도시대 중기부터 메이지시대)를 연구하고 있었다. 38세가 되었을 때 류코쿠대학(龍谷大學) 경영학부에서 교토대학(京都大學) 경제학부로 옮겼고, 그곳에서 대학원 세미나를 담당하였던 것이 전환점이 되었다.

대학원 세미나에서 최초의 몇 년은 일본의 산업혁명이나 독점자본·금융자본·제국주의를 다루었으며, 이어서 구미 금융자본을 2년간 다루었다. 1975년도부터 일본제국주의의 식민지지배를 다루기 시작하였다. 일본제국주의 연구에서는 일본 국내의 독점·금융자본 연구와 식민지 연구가 결부되어 있지 않았고, 연구가 따로따로 행해지고 있었으며, 연구자도 서로 다른 사람이었다. 이것은 일본제국주의가 후발의 경제력이 약한 제국주의였으며, 군사력이나 아시아에 위치한다는 지리적 유리함을 이용한, 후진적이고 수탈적인 지배를 하였고, 자본주의적인 식민지지배는 약하였다는 선입견이 있었기 때문이다.

그렇지만 실제로 검토해 보니 그러한 식민지관(植民地觀)은 사실과는 다르다는 것이 금방 이해되기 시작하였다. 오히려 반대로 후발이어서 경제력이 약하였기 때문에 강력한 개발정책을 택하였으며 식민지의 자본주의화를 강행하였던 것이다.

이 세미나에는 경제학부만이 아니고 문학부, 농학부 등에서도 참가자가 많았다. 당시의 교토대학에는 동아시아 경제를 연구하는 조직은 없었으며, 경제학부도 동양경제사 강의는 전임이 아니고 외부에서 온 비상근 강사(중국농업사의 天野元之助 씨)가 담당하였다. 그 때문에 나의 세미나에는 동아시아 경제·경제사 연구에 뜻을 둔 교토대학의 우수한 대학원생이 모였던 것이다. 한국·대만·만주(중국 동북 3성과 네이멍구자치구의 동부)를 차례로 다루었는데 각각 전공하는 대학원생이 있어서 문외한인 내가 배우는 일이 많았다. 토론도 활발해서 활기가 넘쳤다. 그 과정에서 주제가 점차 식민지지배로부터 식민지 이전도 포함하는 그 나라·지역의 경제·경제사 그 자체로 변화해 갔다. 다음에는 중국을 4년간 다루었다. 이 세미나는 1984년 6월까지 계속되었다. 나는 이 세미나를 통해서 동북아시아 각국·지역에 대한 관심을 심화시켰고, 지식을 쌓아 감과 함께 일본을 포함하여 비교경제사의 방법을 만들어 갔다.

한국 연구자와의 공동연구

나의 동아시아 경제사 연구의 다음 전환기는 1986년의 일본·한국 양국 연구자에 의한 공동 심포지엄이다. 한국의 한국근대경제사의 대표적 연구자인 안병직(安秉直, 서울대학교), 김영호(金泳鎬, 경북대학교) 두 교수가 일본에 체재하고 있던 좋은 기회에 두 분과 일본의 연구자 8명이 합숙하며 솔직한 논의를 하였던 것이다. 이 심포지엄의 보고·토론은 中村哲·堀和生·安秉直·金泳鎬編著, 『朝鮮近代の歴史像』(日本評論社, 1988)으로서 공표되었는데, 열정이 가득한 의욕적인 내용이다(한국어판은 1995년 지식출판사에서 출판).

이 심포지엄을 토대로 해서 한일연구자에 의한 본격적인 공동연구를 계획하였다. 당시는 한국 연구자 사이에 일본에 대한 마음의 응어리, 경계심이 강하였다. 특히 식민지기를 그 종주국이었던 일본의 연구자와 공동으로 연구하는 것에는 거부감이 있었다. 한국 측 연구자를 설득하기 위해서 나와 호리 가즈오(堀和生) 씨가 한국에 갔고, 공동연구에 참가하고 싶어 하는 연구자들을 모아 주도록 요청하였으며, 공동연구의 연구계획, 의도, 방법 등을 설명하고 한국 측의 질문과 의문에 정중하게 응대하여, 어떻게든 적극적으로 해보자는 합의를 이룰 수 있었다. 이때는 참으로 기뻤다. 안병직 씨의 적극적인 의견이 한국 측 연구자를 움직였기 때문이기도 하다.

1987년 10월, 일본 측 8명, 한국 측 8명으로 한국경제사연구회를 조직하였으며, 그 성과를 1989년에 한국, 1990년에 일본에서 공표하였다(中村哲·梶村秀樹·安秉直·李大根編著, 『朝鮮近代の經濟構造』 한국은 비봉출판사, 일본은 日本評論社). 이어서 본격적으로 자료조사를 하여 많은 자료를 발굴하고 그것에 기초해서 회원이 주제를 분담하였으며, 몇 번이나 합숙하여 보고와 토론을 되풀이하였다. 그 성과는 공업편·농업편의 2권으로 공표되었다(中村哲·安秉直編著, 『近代朝鮮工業化の研究』, 1993, 일본은 日本評論社, 한국은 일조각. 宮嶋博史·松本武祝·李榮薰·張矢遠著, 『近代朝鮮水利組合の研究』, 1992, 일본은 日本評論社, 한국은 일조각).

이 공동연구에서 식민지기의 한국경제사에 대한 견해는 크게 바뀌었다. 그 가장 기본적인 점은 식민지기에 한국경제는 정체도 후퇴도 아니고 급격히 자본주의화하였던 것, 그것은 식민지 정부(조선총독부)와 일본 대자본이 주도하였지만 한국 측에도 이미 일본제국주의의 개발정책에 대응할 수 있는 경제기반(예를 들면 小農社會)이 성립해 있었으며, 한국인 자본 중에서도 광범한 중소자본의 형성·발전이 일어났다고 하는 것이다. 또 공동연구를 통해서 한일 양국의 연구자 사이에 신뢰감과 우정이 자라났다.

나아가서 이 공동연구에 대해서 도요타재단(トヨタ財團)으로부터 1988~1990년에 상당히 많은 액수의 연구 지원을 받았다. 그것이 없었다면 대규모의 현지 조사를 포함하는 공동연구는 불가능하였다.

대만·한국 연구자와의 공동연구

한국과의 공동연구가 성공하였기 때문에 이어서 대만을 포함한 공동연구를 계획하였다.

1980년대의 대만은 아직 국민당이 지배하는 시대였고, 대만정부가 중국의 정통 정부라는 원칙이 있었으며, 대만은 그 하나의 성(省)에 지나지 않는 것으로 되어 있었다. 대만인의 대부분을 차지하는 본성인(本省人: 제2차 세계대전 이전부터 대만에 살고 있었던 사람과 그 자손)은 반국민정부(反國民政府) 감정이 강하였기 때문에 국민정부에 의해서 대만사 연구는 억압되었고, 대만사를 연구하는 것 자체가 반정부적인 행위로 간주되어 있었다. 대학에도 대만사 교수직은 없었으며, 역사교과서의 자국사는 대륙중국의 역사로서 대만사는 아니었다. 당연히 대만사 연구자는 거의 없었고, 대만과의 공동연구는 불가능하였다.

그러한 상황이 1980년대 말부터 급속히 바뀌기 시작하였다. 경제발전과 사회구조 변화를 배경으로 정치의 민주화가 진전하기 시작하였으며, 리덩후이(李登輝) 씨가 총통으로 되자 그 속도가 빨라졌다. 대만사 연구가 시작되었고

1990년대 후반부터 일거에 진전하였다.

드디어 대만과 공동연구할 수 있는 조건이 생겼고, 1999년부터 3년간 과학연구비(科學研究費)를 교부받아 일·한·대의 연구자 10명(일 4명, 한·대 각 3명)에 의한 공동연구를 진행하였다. 대만 연구자인 이시다 히로시(石田浩, 關西大學) 씨가 참가해 주셨다. 공동연구는 3국의 상호관계와 식민지기 한국과 대만의 비교를 중심으로 하였다(그 성과는 堀和生·中村哲編著, 『日本資本主義と朝鮮·臺灣―帝國主義下の經濟變動』, 일본판 京都大學學術出版會, 2004; 한국판 전통과현대, 2007; 대만판 博揚文化事業, 2010).

대만인에 의한 대만 연구의 성장세는 격렬하여 젊은이로부터, 예를 들면 석사논문에서 우수한 대만사 연구가 나왔으며, 대만의 대학에 차례로 대만사 교수직이 두어졌다. 하지만 대만인에 의한 대만사 연구는 아직 완전히 요람기여서 연구관심도 대만사에 한정되었고 한국과의 비교에는 관심이 낮았다. 공동연구에서도 한국인 연구자는 이미 비교사의 방법에 익숙하였고 식민지기 한국과 대만의 비교를 중심에 두었으나, 대만인 연구자는 식민지기 대만의 연구에 집중하는 경향의 차이가 나오는 것은 어쩔 수 없었다.

중국·한국·대만 연구자와의 공동연구

중국과의 공동연구는 오랫동안의 현안이었지만 좀처럼 실현되지 않았다. 개인적인 연구와 조사는 여러 번 하였으며, 중국 연구자와의 국제심포지엄도

몇 차례인가 하였지만, 국제 공동연구에는 여러 가지 장애가 있었으며, 2004년에 가고시마국제대학의 강력한 원조 덕택에 겨우 실현되었다. '동아시아자본주의 형성사'라고 하는 주제로 일본 7명(그중 鹿兒島國際大學 4명), 한국과 대만 각 2명, 중국 1명, 합계 12명의 체제로 3년간 4개국을 돌아가며 연 2회 수일간의 합숙연구회를 행하였고, 그 후 전원이 조사여행을 하였다. 비용은 전액 가고시마국제대학이 부담하였다. 연구회는 활발하였고 상당히 강행군이었지만, 성과는 매년 공표되었다(『東アジア近代經濟の形成と發展』, 日本評論社, 2005; 『1930年代の東アジア經濟』, 日本評論社, 2006; 『近代東アジア經濟の史的構造』, 日本評論社, 2007). 이 중에서 『東アジア近代經濟の形成と發展』과 『近代東アジア經濟の史的構造』는 중국(人民出版社, 2005; 2007), 한국(신서원, 2005; 일조각, 2007), 대만(中央硏究院人文社會科學硏究中心, 2005; 2007)에서도 공표되었다.

나도 76세가 되었고 직전 연도에 가고시마국제대학을 퇴직하여, 내가 중심으로 되어 조직하였던 국제 공동연구는 이것으로 끝났다.

국가재정에 관한 동아시아와 서유럽의 비교

그러나 또 하나의 일이 남아 있다. 나는 동아시아 경제사 연구를 통해서 15~18세기에 동아시아와 서유럽이 거의 병행적으로 경제발전하였다는 학설을 내었다. 그리하여 19세기에 서유럽이 산업혁명으로 세계자본주의의 형성을 주도하였던 것에 비해서 동아시아는 반대로 세계자본주의에 수동적으로 편입된 원

인은 무엇인가라는 과제가 남은 것이다. 이 문제의 열쇠는 경제 내부는 아니고 국가의 양상에 있다고 이전부터 추정하고 있었지만, 연구하였던 것은 아니었다. 그리하여 불충분하게나마 「近代移行期(17~20世紀初)における東北アジア(中國·日本·朝鮮)經濟の特徵—國家·財政を中心とする西ヨーロッパとの比較」『新しい歷史學のために』, 267호, 2008년 1월)를 발표하였다.

본서의 구성은 이것으로 거의 완성되었다.

비교의 좌표축으로서의 멕시코

또 하나 덧붙이고 싶다. 1990년 3~4월에 약 1개월간 멕시코의 명문 멕시코 국립대학원대학교(El Colegio de México)에 초빙되어 일본·한국 경제에 대해서 강의하였다. 이때 멕시코 자본 또는 외자계의 회사와 공장, 근대적 대농장(라티푼디오), 소농(미니푼디오), 그 외에도 인디오의 2개 마을을 정력적으로 관찰하였다. 그 밖의 조사나 경험도 더해서 종합적으로 판단하니 동아시아와의 이질성이 강하게 인상지어졌다. 동아시아에 관한 지식과 연관지으면, 중소영세기업이 적으면서 약하고, 대기업(국영·외자가 많다)의 힘이 압도적으로 컸다. 또 하나는 농업에서 대토지소유 및 대경영이 발달하였으며, 소농의 경영능력이 낮다는 것이었다. 그것과도 관련이 있지만 분단된 계층사회였다. 최상층은 백인, 중간층은 다종다양한 메스티소(백인, 인디오, 흑인 등의 혼혈), 최하층은 인디오인데, 빈부의 격차도 거의 그것에 비례하고 있었다.

이 짧은 체재 중의 체험만으로는 위험할지도 모르지만, 나는 동아시아를 관찰하는 경우 서유럽(영국과 독일에 각각 1년씩 체재)과 멕시코를 각각 한편에 두고 보면 꽤 객관적으로 된다고 생각하고 있다. 이 3자는 각각 독자적인 유형의 사회·경제이기 때문에 동아시아와 서유럽의 2자 비교보다도 훨씬 객관성을 가지는 것이다.

덧붙임

멕시코의 사회·경제에 대해서는「日本の資本主義化と中小工業ー日本資本主義形成の一特質」(後藤靖編著,『近代日本社會と思想』, 吉川弘文館, 1992. 이후에 中村哲,『近代東アジア史像の再構成』, 櫻井書店, 2000에 수록)에서 일본과의 비교를 어느 정도 하였다. 또 멕시코 체재 중에는 매일 일기를 썼다. 흥미 있는 내용이기 때문에 어떤 형식으로든 공표하려는 생각을 가지고 있다(2023년에 도쿄 櫻井書店에서『メキシコ日記』라는 제목으로 출판됨－역자).

차 례

제3편
동아시아 3국(중국·일본·한국)의 18세기 분기 및 '원축국가'의 부재 ... 169

01
총론

01

동아시아자본주의 형성사 서설

머리말: 분석 시각

동아시아자본주의에 대한 평가가 끊임없이 변동하고 있는 원인은 ① 이론과 현실의 부조화, ② 역사적 연구의 부진에 있다고 생각한다.

① 현재 세계에서 자본주의 경제권은 EU를 중심으로 하는 유럽, 북아메리카(NAFTA), 그리고 동아시아이다. 동아시아는 그 역사와 사회의 양상이 구미와는 상당히 다르고, 그 때문에 자본주의의 양상도 구미와는 서로 다른 면이 많다. 경제학 넓게 말하면 사회과학은 구미에서 성립하고 발달해 왔다. 그 때문에 어쩔 수 없이 구미중심주의적인 편향·왜곡이 있다. 그 이론으로 동아시아의 사회·경제를 적절히 설명할 수 없는 일이 많다. 일본의 경제학과 사회과학은 아직 수입 학문의 성격이 남아 있다. 동아시아의 현실을 충분히 조사·분석하고 그것을 이론화하는 노력을 계속 쌓아 가지 않으면 안된다.

② 동아시아 경제는 급속히 발전하고 있으며, 변화도 매우 심하다. 연구는 그 변화를 따라가지 못하고 있다. 역사적 연구, 특히 제2차 세계대전 후인 20세기 후반의 동아시아 경제를 역사적 관점에서 파악하는 연구가 매우 부족하다. 이미 제2차 세계대전이 끝나고 50년도 더 지났으니 그것을 역사적 분석대상으로 해야 하는 시기에 이르렀다.

이상과 같은 사고방식에 입각해서 동아시아자본주의를 역사적으로 파악하고자 한다. 그럼에도 불구하고 제2차 세계대전 후를 역사라는 관점에서 연구하는 것은 아직 차후의 과제이다.

최근 10~15년 사이에 동아시아의 경제사 연구는 실증적·이론적으로 상당히 진전하였다. 이 장에서는 그 연구 성과들을 흡수해서 16세기부터 20세기 전반기의 동아시아자본주의 형성에 대해서 전망한다.

종래에 동아시아란 중국, 일본, 한국, 대만 등을 포함하는 지역을 가리키는 경우가 많았지만, 나는 동아시아를 동남아시아를 포함하는 지역 명칭으로 하며, 종래에 동아시아라고 불려 왔던 지역을 동북아시아라고 부른다. 최근에 동북아시아와 동남아시아의 정치적·경제적 관계가 긴밀해졌고, 하나의 경제권을 형성하고 있으며, 앞으로 점점 그 경향이 강해질 것으로 생각된다. 또 최근의 연구 진전에 의해 역사적으로도 동북아시아와 동남아시아의 관계가 종래에 생각되던 것보다 긴밀하다는 것이 알려지기 시작하였다.

만일에 대비해서 덧붙이면 동아시아는 일본을 포함하는 지역 개념이다. 일본에서는 일반적으로 동아시아라고 하면 일본을 제외한 동아시아 지역을 가리키는 경우가 많다. 일본인이 그러한 인식을 가지는 데에는 다양한 원인이 있다. 일본이 경제적으로 선진국이며 그 외의 동아시아 국가들이 발전도상국이라는 것(현재는 그렇지 않게 되어 가고 있다. 예를 들어 한국과 대만은 선진국화하고 있다), 근대 동아시아 역사를 일본제국주의와 반식민지(중국)·식민지(한국, 대만 등)·점령지(동남아시아)의 대립이라는 틀로 파악하는 사고가 유력한 것, 일본인의 구미지향(탈아시아) 의식, 학문 분야가 일본과 그 이외의 동아시아로 나뉘어 있으면서 그 사이에 연구 교류가 그다지 없는 것, 역사교육도 일본사와 세계사로 나뉘며, 세계사는 사실상 일본을 포함하지 않는 타국사(他國史)이고, 타국사는 서유럽 중심으로 동아시아에 대한 서술이 적고 단편적인 것 등이다. 그러나 일본은 동아시아 속에서 역사를 형성해 왔으며, 동아시아의 다른 쪽에서 보아도 일본을 제외하고 그 역사를 이해하는 것은 곤란하다. 의식적·무의식적으로 일본을 제외하고 동아시아를 파악하는, 혹은 일본을 동아시아의 바깥에 존재하는 것처럼 파악하는 사고 방식이 일본인의 동아시아 이해를 왜곡해 온 것이다. 일본을 포함시키고, 동아시아를 상호의존적·상호보완적 관련성을 가지는 전체로서 파악하는 이론과 방법을 만들어 가야 한다.

1. 제1단계(맹아기): 16~18세기

세계사의 새로운 관점

지금까지 근대자본주의 성립사의 통설적인 관점은 다음과 같았다. 근대자본주의는 16세기에 서유럽에서 발생하였고, 동유럽과 아메리카 대륙을 종속적으로 편입하였으며, 18세기 말에 시작한 영국의 산업혁명을 획기적인 경계로 해서 아시아, 아프리카도 포함하여 지구적 규모의 세계적 시스템으로 되었다는 것이다. 최근 이매뉴얼 월러스틴의 세계시스템론에 이르기까지 기본적인 틀은 공통되고 있다. 그러나 이것은 유럽중심사관에 기초한 관점이다.

그것에 대해서 우메사오 다다오(梅棹忠夫) 씨는 『文明の生態史觀』(中央公論社, 1967. 그러한 발상을 최초로 발표한 것은 1957년)에서 유라시아 대륙의 문명은 인접한 건조지대의 유목민에 의한 파괴를 피할 수 없어 전제적인 제국의 건설과 파괴가 반복되었지만, 그 주변에 위치한 일본과 유럽은 건조지대로부터 멀리 떨어져 있어 유목민의 침입과 파괴를 입지 않았고, 순조로운 발전을 이루어 근대문명을 산출했다고 하였다. (그림 1-1의 두 굵은 선 사이의 중앙 유라시아가 건조지대) 생태사관[1]이라는 독자적인 이론으로부터 일본과 서유럽의 병행발전설을

1 梅棹忠夫 씨에 의해서 만들어진 역사관이며, 인간역사에서의 자연환경의 역할을 중시하고, 생

| 그림 1-1 | 중앙 유라시아

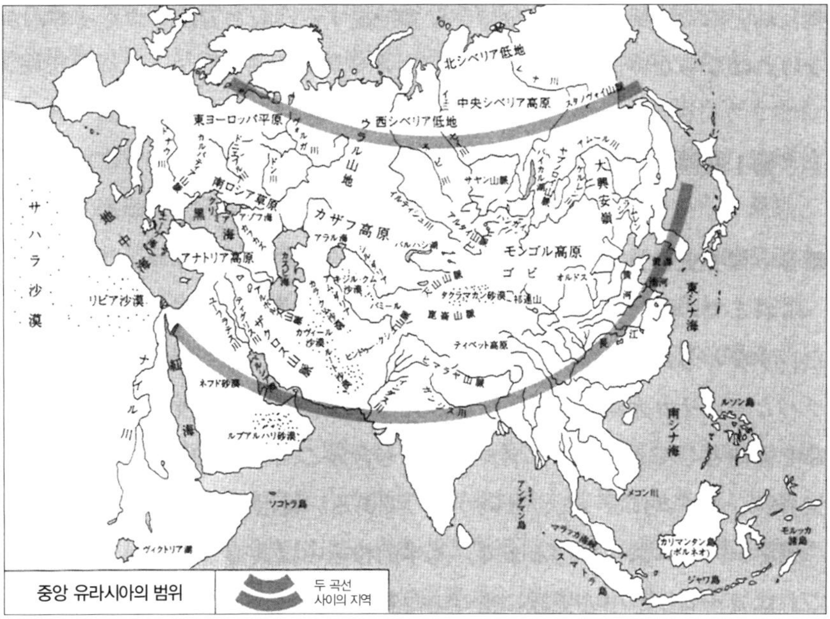

출처: 杉山正明, 『遊牧民から見た世界史—民族も國境もこえて—』, 日本經濟新聞社, 1997.

내세웠던 것이다. 한편 가와카츠 헤이타(川勝平太) 씨는 인간의 역사에서 바다가 수행하는 역할을 삽입해서 그 설을 수정하였다(川勝平太, 『文明の海洋史觀』, 中央公論社, 1997).

태학 이론을 인류사에 도입하였다. 풍부한 현장 연구의 경험에 의거해서 역사 이론을 구성한 점에도 커다란 특징이 있다. 또 서구 중심사관에 대한 비판과 그 극복의 의도가 포함되어 있다. 지구기후학적으로 보아서, 생태환경이 유라시아 대륙에서의 위치에 따라 규칙성을 가지고 분포하는 것에 주목하였으며, 그곳에 전개된 여러 문명의 유형을 다원적으로 분류하고, 주체·環境系, 遷移 패턴이라고 하는 생태학적 개념을 도입해서 여러 문명의 패턴을 구성하였다. 『中央公論』 1957년 2월호에 「文明の生態史觀序說」을 발표하였으며, 관련 논문을 모아서 1967년에 『文明の生態史觀』(中央公論社)을 간행하였다.

이것은 새로운 이론·틀에 의거해서 유럽중심사관을 부정하고 서유럽·일본의 병행발전설을 제창한 뛰어난 발상이라고 생각하지만, 아직 문제도 많다. 하나는 서유럽과 일본을 동등하게 취급하고, 일본과 다른 동북아시아를 분리시켜, 일본을 다른 동북아시아와는 이질적인 지역으로 한 점이다. 자연적·역사적·문화적으로 볼 때, 일본만이 아니고 중국 중·남부 연해지역과 한국(한반도 남부)을 포함하는 지역, 즉 황해·니혼카이(日本海. 앞으로는 동해로 옮김)·동중국해를 둘러싼 지역을 고려해야 한다. (그림 1-1을 보아도 중앙 유라시아의 동쪽 끝의 연해가 중국 중·남부 연해, 한국[한반도 남부], 일본이고, 중앙 유라시아의 서쪽 끝의 연해가 서유럽이다). 또 하나는 생산력 발전, 특히 소농사회(小農社會)의 성립을 중시할 필요가 있는 점이다. 문명론적 역사관은 경제적 요인 중에 교환·유통을 중시하는 경향이 있지만, 교환·유통을 생산과 결부시켜 사고하지 않으면 안된다.

몽골제국의 성립과 유라시아 대교역권(大交易圈)의 성립

13세기 후반에 몽골제국이 성립하여 유라시아의 대부분이 정치적으로 통일되었는데 이 통일은 역사상 최초의 일이었다. 몽골제국은 영역 내에서 통상 자유와 교통 안전을 보장하였기 때문에 유라시아 전체의 교역이 급격히 발달하였다(그림 1-2). 특히 1279년에 남송을 멸망시켜 풍요로운 강남을 지배하게 되자, 유라시아의 동서가 인도양과 남중국해를 통해서 육상만이 아니라 해상교통으로도 연결되었다. 선박에 의한 수상 수송은 육상 수송보다도 훨씬 대량 수송이 가능하였다. 쿠빌라이 칸 사망(1294년) 이후의 내란이 끝나고, 제국 동서의 화합이 성립한 1305년부터의 14세기 전반이 유라시아 광역교역의 전성기였다.

몽골제국의 재정은 무슬림 출신 관료가 담당하였고 극단적으로 유통주의

| 그림 1-2 | 전성기의 몽골제국

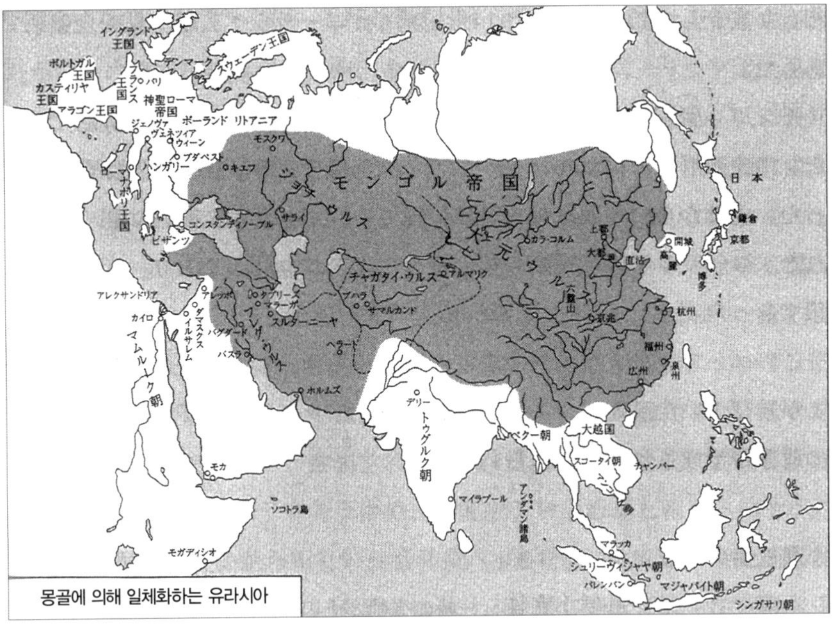

몽골에 의해 일체화하는 유라시아

출처: 杉山正明, 『遊牧民から見た世界史一民族も國境もこえて一』, 日本經濟新聞社, 1997.

적이었다. 중앙정부 수입의 80% 이상이 소금 전매이익이었고, 10~15%는 상세(商稅)였다. 토지로부터의 세수는 지방재정에 돌려졌다. 염세·상세는 은으로 징수되었다. 유라시아 광역통상의 담당자도 무슬림 상인이었고, 교환수단은 은이었다.

이 유라시아 대교역권의 성립에 의한 상품경제 발달과 소농사회의 성립이 서로 결부된 동북아시아 연해와 서유럽에서 자본주의 최초의 맹아가 형성되었다고 생각된다.

소농사회의 성립

소농사회란 단혼소가족(한쌍의 부부와 그 자녀를 중심으로 하는 소가족)을 이루고 주로 그 가족노동에만 의거해서 독립적인 농업경영을 행하는 소농이 지배적 존재라고 할 수 있는 사회이다. 농업에서 단혼소가족에 의한 경영은 원시사회가 해체된 이후 세계적으로 존재하였지만, 경영이 불안정하였으며 농업경영에서 지배적 존재는 아니었다. 경영이 안정되어 있던 것은 어떤 형태로든지 타인 노동을 도입한 비교적 대규모 경영이었다. 예를 들면 영주적 경영, 가부장제적 노예제 경영, 고농(雇農)을 사용하는 상층농민 등이었다. 경영이 자립하고 또 안정된 소농이 형성되고 그것이 농업경영에서 지배적인 존재로 되기 위해서는 사회적분업과 농업생산력의 발달이 필요하여, 그 성립은 역사의 일정한 단계, 꽤 새로운 시대에서 비로소 가능하였다. 소농사회가 성립한 것은 세계적으로도 15·16세기의 동북아시아와 서유럽이며, 그 외의 지역에서는 자립적·안정적 소농의 형성이 훨씬 늦거나 혹은 형성되지 않았다.[2]

---

2 엠마누엘 토드는 현대자본주의의 주요한 유형을 개인주의적 자본주의(앵글로색슨형)와 종합적 자본주의(독일·일본형)라고 하며, 그 유형을 규정하는 것은 가족 유형(앵글로색슨형은 절대 핵가족, 독일·일본형은 직계가족)이라고 하였다(Emmanuel Todd, *L'illusion économique*, 1998, 日譯『經濟幻想』, 藤原書店, 1999). 가족의 모습으로부터 자본주의화를 설명하는 것이지만, 소농사회의 성립을 자본주의 성립의 기본조건으로 하고, 소농사회 유형의 차이를 자본주의 유형 차이의 기초에 두는 나의 사고와 공통하는 부분이 있으며, 상호보완될 수 있는 가능성이 있다. 소농사회의 유형 차이를 농법의 차이만이 아니고 가족·친족 조직(넓게 말하면 사회조직)의 차이로부터도 고찰할 필요가 있을 것이다.
토드는 "직계가족은 독일, 일본, 한국, 스웨덴에서 관찰되는데, 권위주의적이고 불평등하다. … 이 제도는 가족생활·사회생활에 대한 비개인주의적 사고를 전제로 하고 있다. 인류학적 분석에 의해 그 효율성이 증명된다. 왜냐하면 그 효율성에 의해 일본과 한국의 두 나라는 서구 세계의 뒤를 좇아 가장 민첩하게 발전을 이루었고, 유럽 수준의 경계 안쪽에 들어갔기 때문이다. 직계가족을 유럽 바깥에서 발견하는 것은 드문 일이다. 그것을 아시아의 가장 선진적인 지방에서 발견한다고 하는 것은 시사적인 일이다"(pp. 42~43). "이행기에 있는 몇 지역에

왜 동북아시아와 서유럽에서 15·16세기에 소농사회가 형성되었던가. 그 원인은 복잡하지만, 몽골제국에 의한 유라시아 대교역권의 성립과 그 14세기 후반의 붕괴, 자세하게는 몽골제국이 성립하고 사람의 장거리 이동이 빈번하게 됨으로써 14세기 후반부터 유라시아 전역에 퍼진 페스트의 대유행, 그것에 의한 인구의 급격한 감소(유럽은 인구의 3분의 1이 소멸하였고, 중국 인구는 절반으로 줄었다), 15세기 중반에 유라시아 전역을 습격하였던 기후 변동에 의한 흉작·기근, 화폐 소재의 심각한 부족(金銀荒, '전황')과 상품경제의 후퇴, 전쟁, 반란, 농민 봉기 및 그 외의 다른 조건들에 의해서 예전부터 내려온 지배체제는 해체 혹은 약화하였으며, 농민의 입장은 강화되고 지위가 향상하였던 것에 의한다고 추측된다.[3] 14세기에서 15세기에 걸친 거대한 변동을 경험한 유라시아 전체에서 동북아시아 연해와 서유럽만이 이 위기 중에 새로운 사회체제(소농사회)를 성립시켰던 것이다. 그 역사적 전제로서 두 지역의 장기에 걸친 농업생산 발달과 농촌사회 조직화(촌락공동체의 발달이나 국지적 시장권의 형성 등)가 있었다.

서는 인류학적으로 보아 중간적인 형태가 관찰되는 일이 있다. 상하이와 광둥 사이의 중앙 및 남부 중국의 해안 지방에서는 지금은 급속한 경제발전이 관찰되며 해석상 몇 가지 기본적인 문제가 제출되어 있다. 즉 불평등하며 동일가계적인 특징을 가짐으로써 공동체가족은 종종 모호하게 되어 있다. 이것은 직계가족을 강하게 떠올리게 하는 것이다"(p. 45)라고도 서술하고 있는데, 동아시아에서 그의 직계가족 및 그것에 가까운 가족 유형의 지역적 범위는 소농사회의 지역적 범위와 일치한다.

3 중국 인구가 절반으로 줄었다는 것은 W. H. マクニール, 『疾病と世界史』(William MaNeill, *Plagues and Peoples*), 新潮社, 1985, 제4장, 「モンゴル帝国發興の影響による疾病バランスの激変」에 의함. 중국 인구는 1200년경의 1억 2,300만 명에서 1393년의 6,500만 명으로 갑자기 줄었다(p. 150). 14세기 후반에 서유럽에서 페스트가 대유행하고 인구가 갑자기 감소한 것은 잘 알려져 있다. 이매뉴얼 월러스틴은 페스트 대유행에 의한 유럽 사회의 위기를 낡은 사회로부터 새로운 사회 시스템이 산출되는 최대의 조건이라고 하였지만, 그것은 서유럽에 한정된 것은 아니었던 것이다. 그는 그것을 몰랐기 때문에 이 점에서도 서유럽중심사관에 빠지고 말았다.

환중국해(環中國海) 교역권의 성립

몽골제국의 경제를 생산 면에서 뒷받침하였던 것이 장강(長江) 하류 유역의 강남이었다. 항저우, 쑤저우, 닝보(寧波) 등의 대도시(항저우는 인구 100만 명을 넘었고, 세계 최대)를 비롯하여 도시가 발달하였고, 그로 인해 농촌의 상품경제화가 촉진되었으며, 국지적 시장권(정기시를 수 개 포함하는, 주민이 자신의 거주지로부터 하루에 왕복할 수 있는 지리적 범위이며, 인구는 수천 명에서 1만 명 정도로서 주민의 일상적 생활권이었다)을 연결하는 교역망이 발달하였다. 이 교역망의 그물코는 중국 연해부, 일본, 한국, 류큐(琉球), 동남아시아의 여러 지역으로 넓어졌고, 환중국해 교역권(동·남중국해만은 아니고 동해, 황해에서 동남아시아의 자바해, 반다해까지 포함한다)이 성립하였다. 이 교역권은 농촌의 소농경영 발달을 기초로 그 다양한 생산물을 포함하는 점에서 그때까지의 교역권보다도 발달한 성격을 가졌으며, 소농에게서 그 생산물을 사 모으는 재지(在地) 소상인, 정기시나 농촌 소도시에서 재지 상인으로부터 상품을 매입하는 원격지 상인, 나아가서 교역의 중심지에서 국제적 거래를 행하는 대상인이라는 네트워크가 성립하였다.

이 환중국해 교역권에 16세기에 은이 교환수단으로 도입되었다. 그러나 농촌의 국지적 시장의 교환수단은 동전이며, 은은 아니었다. 오히려 소농경제의 발달에 따르는 농촌 화폐수요의 증대에 의해서 종래의 상품화폐(그 지방에서 교환량이 많은 상품, 대개 쌀이나 피륙) 대신에 동전의 사용이 증가하였다. 소농의 영세한 거래에는 값비싼 은은 적당하지 않았으며, 농업의 계절성으로 인해 농촌 화폐수요의 변동이 컸기 때문에 원격지 거래용의 은으로는 대응하기 어려웠다. 농촌에는 화폐수요의 절정기를 감당할 수 있도록 화폐수요가 적을 때는 동전이, 개별 농민에게 분산 저장되는 방법으로 퇴장(退藏)되어 있었다. 원격지로부터 상품을 사려고 오는 상인은 고액화폐인 은을 현지의 농민이 사용하는 소액화폐인 동전으로 교환하지 않으면 안되었고, 원격지 거래(국제무역 및 국내의 원거리 대량 거래)에 사용되는 은과 국지적으로 사용되는 동전으로 화폐시장이 분단되는 경향이 있었다. 그렇다고 해서 은과 동전이 대체관계는 아니었고 보완관계였다.

환중국해 교역권의 발달과 은 경제

16세기 특히 그 후반부터 아시아 물산(향신료, 비단, 면직물, 도자기, 차 등)을 사려고 서유럽 세력이 환중국해 교역권에 참가하기 시작하였다. 그 대가로는 은이 사용되었다. 동아시아에는 특히 1570년대부터 아카풀코-마닐라 경유로 남아메리카의 은이 직접 도입되었으며, 이어서 일본의 은 생산이 급증하여 대량의 은이 동아시아 교역에 투입되었다. 교역량도 급증하였고, 16세기 말부터 17세기 전반까지 환중국해 교역권은 전성기를 맞이하였다. 일본인도 여기에 적극적으로 참가하였다. 주인선(朱印船: 16세기 말부터 17세기 초에 지배자로부터 도항 허가증을 받아서 외국무역에 종사한 일본 선박)을 비롯한 많은 배가 교역에 종사하였으며, 도항자는 수만 명을 헤아렸고, 동남아시아 각지에 일본인 마을이 만들어졌다(그림 1-3).

환중국해 교역권은 중국을 중심으로 하는 그때까지의 동아시아 국제질서인 책봉·조공체제[4]로부터 자립한 자연발생적인 교역권이며, 국가의 규제로부터

4 전근대 동아시아의 중국을 중심으로 하는 국제질서이며, 고대부터 존재하였지만 가장 정비되고 범위가 확대된 것은 청 시대였다. 조공이라는 것은, 중국과 주변국·지역 사이의 교역관계가 중화사상에 기초하여 주변국·지역의 수장이 중국 황제의 덕을 흠모해서 공물을

| 그림 1-3 | 남양의 일본인 이주지

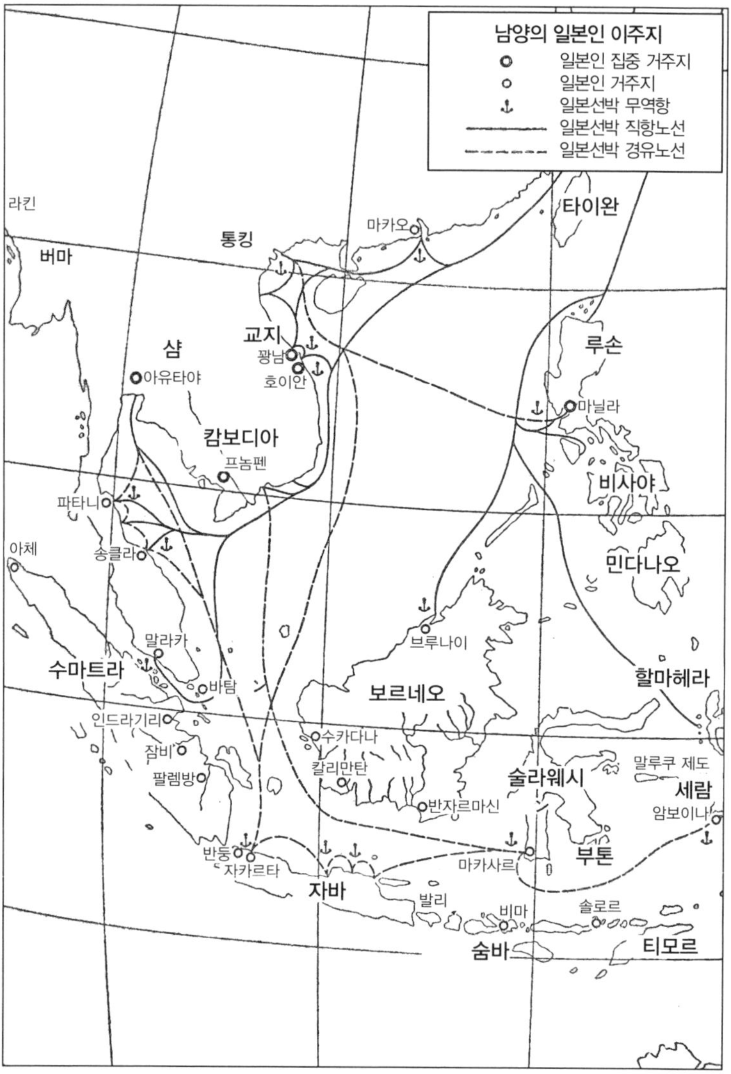

출처: 岩生成一, 『續南洋日本町の硏究』, 岩波書店, 1987.

는 상당히 자유로운 시장이었다. 하마시타 다케시(濱下武志) 씨는 이 시기의 동아시아 교역 시스템을 조공무역체제로 파악하지만, 조공·책봉체제는 동아시아의 정치질서이기는 하나 경제적으로는 국제교역의 일부를 차지할 뿐이었으며, 정치질서로서도 극히 느슨한 것으로 다분히 형식적·의례적인 것이었다.[5]

서유럽 세력은 절대주의 국가를 후원자로 하는 조직적 무역세력(국가·왕실이 직접 운영하거나, 네덜란드·영국의 동인도회사처럼 국가로부터 특권을 부여받은 특허회사)이며, 집중된 국가권력을 후원자로 하는 조직적 세력이라는 점에서 그때까지의 환중국해 교역권의 참가자와는 이질적이었지만, 환중국해 교역권의 주도권을 장악하였던 것은 아니고 신규 참가자였다.

기술이전과 수입대체

환중국해 교역권의 중요한 역할에 중국에서 주변으로의 기술이전이 있다. 기술이전에 의해서 주변의 여러 국가·지역의 생산력이 상승하였고, 중국과의

바친다는 모습을 취하였다. 조공국 중에서 영속적·안정적인 외교·교역관계를 바라는 수장에 대하여 황제의 신하(外臣)로서의 왕, 侯 등의 작위를 주었고(책봉), 그 영역 지배를 인정하였다. 물론 책봉관계·조공관계에 들어가지 않는 주변국도 많았다. 일본은 그 관계에 들어가지 않은 시기가 많았다. 전근대에 동아시아 세계를 설정하고 그 정치 시스템을 책봉체제라고 규정한 것은 西嶋定生 씨이다. 근년 濱下武志 씨는 조공관계를 명청 시대의 동아시아 교역 전체에 적용하고, 이 시대의 교역을 조공무역 시스템으로 규정하였으며, 나아가서 이 조공무역 시스템이 근대 동아시아 국제경제의 기초로 되었다고 주장하였다.

5 책봉체제를 동아시아의 국제정치 질서로 규정한 것은 西嶋定生 씨이지만 그 실증은 시기적으로는 6~8세기, 지역적으로는 중국과 그 '동쪽 국가들', 고구려, 백제, 신라, 발해뿐이다. 그 후 책봉관계에 조공관계가 더해졌으며, 지역도 중국 주변 모든 지역으로 넓어졌고, 시기도 19세기까지 확대되었다. 이러한 연구들은 동아시아에서 중국의 중심적 지위를 실제 이상으로 평가하는 경향이 있다. 동아시아 세계의 중국중심주의적 파악이다. 책봉체제론은 전근대 동아시아 국제정치 질서의 존재를 분명하게 한 점에서 귀중하지만, 그 내용을 이론적·실증적으로 재검토할 필요가 있다.

경제격차가 축소 내지 해소되었다. 기술이전은 역내의 국제분업을 발달시켜 환중국해 교역권의 발달을 촉진하기도 하였다. 중국으로부터 주변부로의 기술이전에는 두 가지 유형이 있다.

① 중국 상인이 중국 내의 생산을 국외로 이전하는 경우이다. 예를 들면 샴(현재의 태국)의 조선업은 17세기에 시작되었으며, 만들어진 배는 중국으로 수출되었는데, 선박 건조에 적합한 티크 목재에 주목한 중국 상인이 중국에서 직인(職人)을 데려가서 생산하였던 것이다. 샴에서는 19세기에도 중국에서 온 직인이 선박 건조, 무쇠솥 제조, 목수직 등에서 우위를 차지하였다. 샴의 사탕수수 재배, 설탕 제조는 중국 이민에 의해서 개발되고 발달하였다. 이 유형의 기술이전은 동남아시아에서 일반적인 형태이다.

② 주변의 여러 국가·지역이 주체적으로 도입한 경우이다. 일본이 대표적이며, 류큐도 어느 정도 행하였다. 일본에서는 면화, 면직물, 백사(白絲: 중국에서 수입되던 고급생사), 고급견직물, 도자기, 차, 설탕, 담배 등은 중세 말, 근세 초기에는 수입품이었지만 근세에 국산화되었고(수입대체), 그것에 의해서 일본인의 생활양식이 크게 바뀌었다. 나아가서 개항 이후에는 생사, 차 등이 일본의 주요 수출품으로 되었다. 일본이 근세에 쇄국(국제무역의 국가에 의한 관리·통제)할 수 있었던 것 자체가 수입대체가 이루어지고 있었기 때문이다. 또 일본 기술도입의 커다란 특징은 그것이 무역적자에 의한 화폐 소재(금·은·동)의 대량 유출을 막기 위한 막부(중앙정부) 정책이었던 것이다. 요컨대, 명확한 수입대체정책이었다.

중국으로부터의 선진기술 도입에 가장 적극적이었던 곳은 일본이다. 16세기 후반 이후 일본의 은 생산 급증도 1533년에 한국을 거쳐 중국의 회취법(灰吹法)이 도입되었기 때문이며, 최대의 수입품이었던 백사의 국산화는 1685년 막부의 백사 수입제한령에 의해서 개시되었고 18세기 중엽에 자급이 달성되었다. 면화, 면직물은 15세기 말에 국산화가 시작되었으며, 16세기에 센코쿠다이묘(戰國大名: 전국시대[15세기 말에서 16세기 말]의 지역권력)가 전략물자로서 다투어 생산을 장려하였고, 17세기 초에는 자급이 달성되었다. 설탕은 다소 늦지만, 18세기 초에 막부가 설탕 수입을 줄이기 위해서 국산화 장려책을 취하였고 19세기에 들어와 자급을 달성하였다. 도자기는 16세기 말의 조선출병(朝鮮出兵: 앞으로는 임진왜란으로 옮김) 때 전쟁에 참가한 다이묘들이 직인을 데리고 돌아왔고 영지 내에서 생산하게 하여, 고급도자기가 각지에서 만들어졌다. 특히 유명한 이마리(伊萬里) 도자기(현재의 아리타 도자기)는 조선의 기술과 나가사키를 거쳐 도입된 명의 신기술(萬曆赤繪)이 종합되어 성립하였다. 이마리 도자기는, 성립 직후인 명청 교체기에 중국의 혼란으로 징더전(景德鎭) 등의 중국 도자기 생산지가 쇠퇴하자, 네덜란드 동인도회사에 의해서 대량으로 서유럽에 수출되었다(네덜란드에서는 도자기를 이마리라고 한다).

류큐에서는 1623년 정부 관리가 중국 푸젠성에서 제당 기술을 도입하였으며, 17세기 중기에 정부는 설탕전매제를 실시하였다.

또 일본은 17세기 전반에 막부가 국제적 화폐유통에서 독립한 통일적인 화폐제도를 만드는 데 성공하였다(금·은·동의 三貨制). 큰 번(藩: 다이묘가 지배하는 영역 및 그 지배기구)은 반독립국가와 같아서 한사츠(藩札: 번 내에서 강제통용력을 가지는 지폐)의 발행이나 전매제를 시행하였고, 근세 후기에는 중상주의적 정책을 시행하였다. 이 정책은 막번(幕藩)체제의 통일성을 약하게 하였고 막부와 대립하는 일이 많았지만, 영지 내의 경제발전을 자극하였으며, 영지 내 상업자본의 발달, 금융제도 정비, 자본축적을 촉진하였다. 일본이 동아시아에서 가장 빨리 자본주의화하는 조건이 되었다.

동북아시아 소농경영의 특징

동북아시아는 서유럽과 함께 세계적으로도 소농경영이 가장 발달한 지역이지만, 두 지역 소농경영의 양상은 상당히 다르다. 그것은 기본적으로 농법의 차이에 규정되는데, 중경(中耕)농법과 휴한(休閑)농법의 차이이다.[6] 농법의 차이는 주로 기후조건에 의해서 규정된다(飯沼二郎, 『農業革命の研究—近代農學の成立と破綻—』, 農山漁村文化協會, 1985). 동북아시아 특히 그 몬순지대(환중국해 교역권과 거의 일치)는 여름에 고온다습하고 작물의 생육이 왕성하지만 잡초도 무성하다. 잡초를 제거하지 않으면 작물은 잡초와의 경쟁에 져서 수확이 격감해 버리지만, 제초를 잘하면 수확은 비약적으로 증가한다. 작물이 자라는 중에 제초해

---

6 농업은 공업과 달리 자연환경의 영향이 크며, 자연환경의 차이에 의해서 세계 각지의 농업 양상은 크게 다르다. 특히 그 토지의 기온이 높아지고 작물의 생육이 좋은 여름에 건조한가 습윤한가 하는 것에 결정적인 영향을 받는다. 프랑스의 기후학자 마르톤(E. de Martonne)의 건조지수(I=R/[T+10], I는 건조지수, R은 연 강수량으로 단위는 밀리미터, T는 연간 평균기온을 섭씨로 나타낸 것)를 농업에 적용하고, 여름의 건조지수를 더해서 세계의 농경방식을 4개의 유형으로 분류한 사람이 飯沼二郎 씨이다.
I지역(연지수 20 이하이며, 여름지수 5 이하)은 가장 건조한 지역이고 사막이 많은데, 연지수 10~20의 지역에서 행해지는 것이 休閑保水 농업이다. II지역(연지수 20 이상이며, 여름지수 5 이하)은 겨울비 유형이고 봄부터 가을까지 건조하기 때문에 I지역과 같은 농업이 행해진다. III지역은 건조한 지역이지만 여름비 유형이기 때문에 여름 작물의 재배가 가능하다. 경지에 작물이 있을 때는 중경하여 수분을 보전하고, 수확 후에는 쟁기로 땅 표면을 얕게 갈고 고르게 눌러 수분을 보전한다. IV지역은 습윤하기 때문에 농업에 가장 필요한 것은 보수가 아니고 제초이다.
지중해 지역(II지역)을 제외한 서유럽 및 동아시아는 IV지역이지만, 서유럽은 여름에 비교적 비가 적으며 기온도 그다지 높지 않기 때문에 제초하지 않고 2년간 작물을 재배할 수 있다. 그러나 3년째가 되면 잡초가 무성하여 휴한하며, 여름에 깊이 갈아 잡초를 파묻어 죽인다(휴한제초). 이것에 대해서 동아시아는 여름에 몹시 고온다습하여 잡초가 극히 무성하기 때문에, 작물이 자라는 중에 인력으로 제초하지 않으면 안된다(중경제초).
농업에 미치는 자연환경의 결정적 중요성으로부터 세계 농업의 기본적 유형을 규정한 飯沼二郎 씨의 농법이론 공헌은 크다(飯沼二郎, 『農業革命の研究—近代農學の成立と破綻—』, 農山漁村文化協會, 1985; 『增補農業革命論』, 未來社, 1987).

야 하는, 즉 중경제초이기 때문에 제초는 인간이 손으로 하지 않으면 안된다. 그로 인해 지극히 노동집약적으로 되고 가족노동에 의한 경영면적은 작아지지만, 토지생산성은 극히 높다.

서유럽(알프스·피레네 이북)은 여름에 기온은 그다지 높지 않으며 강수량도 많지 않다. 그 때문에 잡초가 무성하지 않아서 3년에 한 번 경지를 쉬게 하여 잡초를 제거하면 충분하며, 휴경 중의 제초이기 때문에 말이나 소가 끄는 쟁기로 땅을 갈아엎을 뿐이다. 이 방법은 제초노동이 비교적 적게 들기 때문에 동일한 양의 노동으로 동북아시아보다 넓은 면적을 경영할 수 있다. 그러나 단위면적당 작물 수확량은 동북아시아보다 훨씬 적다. 더구나 겨울에 한랭하기 때문에 1년 1작밖에 할 수 없다. 상대적으로 넓은 면적을 경작하기 때문에 땅을 갈아엎을 때 축력경(畜力耕)을 하게 되어 농업에서 경종(耕種)과 함께 목축이 중요성을 가진다. 동북아시아에서는 경영면적이 작고 인력경(人力耕)이 많기 때문에 목축이 발달하지 않고 경종 중심의 농업이 된다.

동북아시아 소농의 다각적·복합적 발전

경종농업은 기후와 작물의 생육에 규정되기 때문에 계절적 차이가 크고, 그리하여 노동수요도 연중 크게 변동한다. 그것과 비교하면 목축은 노동수요의 계절적 변동이 훨씬 작다. 그 때문에 경종 중심의 동북아시아 소농은 경영을 발전시키려면, 노동수요의 연중 변동을 작게 하고 되도록 평균화하는 것이 결정적으로 중요하다. 노동의 계절성이 서로 다른 작물을 조합하여 이모작, 삼모작을 행하며, 벼농사에서도 조도(早稻), 중도(中稻), 만도(晩稻)와 각종 상품작물을 결합하며, 나아가서 농한기에 농산물가공업을 영위하는 등 노동수요의 계절적 차이를 작게 하여, 동일 노동력으로 경영의 총생산물을 증가시킬 필요가 있었다.

동북아시아에서 소농경영의 발달은 노동집약적인 영농다각화로 향하며, 소농이 그러고도 남는 잉여노동력을 사용해서 수입을 늘리려고 하면 겸업화로 향하게 된다. 농업을 하는 한편 부업으로서 상공업, 서비스업, 임노동 등에 종사하는 것이다. 그런데 개별 소농이 한 해 동안, 여러 업종의 서로 다른 노동을 복잡하게 조합하여 경영 효율성을 높이려면 가족노동력이 가장 적합하다.

동북아시아에서 소농사회가 최초로 성립한 것은 중국으로서 15세기 장강 하류 유역의 강남이었다고 생각되지만, 소농사회가 가장 발달한 것은 17세기 말~18세기의 일본이었다. 그 중요한 조건은 중국으로부터 선진기술을 도입한 것이다. 에도시대(1600~1867) 소농의 겸업 중에서도 주요한 것은 면공업과 비단공업이었는데, 두 가지 모두 15~18세기에 중국으로부터의 기술도입에 의해서 성립·발전한 것에서도 알 수 있다. 소농경영이 비교적 안정적으로 성립하고 영속성을 가지게 되면, 경영체로서의 집안(家)의 존속이 중요하게 되고, 집안의 존속을 염원하는 조상숭배가 성립한다. 또 복잡한 각종 노동을 통합하고 연중 효율적·합리적 경영을 하기 위해서는 계획을 세우고 가족노동을 지휘·감독하는 경영 기능이 점점 중요해지며, 그것을 담당하는 가장의 권한이 강화되어 가부장제가 발달하게 된다. 가부장제, 집안의 존속, 조상숭배 등은 그 이전에는 지배계급만의 일이었으나, 소농사회에서는 일반 서민에게까지 넓어지고 사회의 보편적인 제도, 관념으로 된 점에서 획기적이었다. 그것과 함께 근로 윤리가 서민 속에 침투하였다.[7]

---

7 速水融 씨는 에도시대의 경제발전을 평가하고 그 기초로서 농민이 장시간의 강도 높은 노

농촌공업의 발달

이러한 소농경영의 다각적·복합적 발전 속에서 농촌공업이 발달하기 시작하였다. 농촌공업이 발달하는 것은 세계적으로는 서유럽과 동북아시아, 동북아시아 중에서는 특히 일본이었다. 서유럽 소농경영의 발달은 동북아시아와 같은 겸업화, 복합경영의 발달은 아니었고, 전업화, 농업과 공업의 분리였다. 농경이 조방적이었던 서유럽 농업에서는 생산성을 높이기 위해서 경영면적을 넓혔으며, 농업(목축을 포함)에 전업하는 지역과 농업에 적합하지 않아서 농업을 하면서도 공업으로 주력을 옮겨 가는 농촌공업지대로 지역이 분화되었다. 서유럽 농업은 1년 1작밖에 할 수 없었으며, 경작강제(耕作強制)를 동반하는 촌락공동체가 강고하였던 것도 소농경영의 다각적·복합적 발전에는 불리하였다.

농촌공업의 발달은 동북아시아에서는 농가겸업, 경영 내 분업의 고도한 발달이라는 형태였으며, 서유럽에서는 농업과 공업의 분리, 사회적·지역적분업의 발달이라는 형태를 취하였다. 이러한 차이는 종래는 발전수준·발전단계의 차이라고 간주되는 일이 많았지만, 이상과 같이 생각하면 오히려 유형적인 차이라고 생각하는 것이 적절할 것이다.

일본은 동북아시아 중에서 농촌공업이 가장 발달하였으며, 18세기 말·19세기 초에 초기자본주의 단계(프로토공업화 단계)에 달해 있었다. 초기자본주의 단계라고 하는 것은 자급적인 혹은 단순상품 생산적인 소경영의 광범한 전개 속에서 자본제적 가내공업(선대제 가내공업)을 중심으로 하고, 그것에 소자본

동을 행하게 된 것을 들었으며, 그것을 'industrious revolution'(근면혁명)이라고 하여 영국의 산업혁명과 대비하였다(「近世日本の經濟發展とindustrious revolution」, 新保博·安場保吉編, 『近代移行期の日本經濟』, 日本經濟新聞社, 1979).

가 경영(소경영에 소수의 임노동자가 도입된 경영)이나 매뉴팩처가 더해진 초기자본주의적 경영이 발달하는 농촌공업의 단계이다. 이 단계까지 농촌공업이 발달해 있었던 것이 일본이 개항 이후 이른 시기에 자본주의화하는 하나의 기초조건이었다(中村哲, 『日本初期資本主義史論』, ミネルヴァ書房, 1991 참조).

왜 동아시아의 자본주의맹아는 본격적인 자본주의로 발전하지 않았을까?

결국 그것은 국가권력이 중앙에 집중되는 정도의 양적·질적 차이에 있었다. 애초부터 봉건사회였던 서유럽에서는 봉건영주(지방권력)의 자립성이 강하여 경제의 발달과 함께 봉건영주가 그 성과를 흡수해서 그 권력이 점차 강화되었으며, 절대왕정이 성립해서 국가 간 경쟁이 치열하게 되었고, 국내경제 통합, 국가재정 팽창, 국채발행, 원격지 교역의 국가에 의한 추진·통제, 군사력 강화가 진전하였다. 동아시아에서는 중화제국 체제가 존속하고 국가 간 경쟁은 없었으며, 국민국가 형성, 국가재정 팽창, 국채발행도 없었다. 오히려 17세기 후반 이후에 일본과 한국의 쇄국, 동남아시아의 식민지화 진행으로 환중국해 교역권은 쇠퇴하기 시작하였다. 일본은 국내적으로는 봉건사회였으며, 15·16세기의 전국시대에는 봉건영주로의 권력 집중이 급속히 진전하였지만, 국제적 조건에 규정되어 막부에 의한 전국적인 권력 집중과 국민국가 형성은 뒤늦었다. 이 차이가 자본주의 형성 속도에 결정적인 영향을 미쳤던 것이다. 동아시아자본주의는 맹아단계에서 다음 단계로 발전하지 못하였으며, 19세기에 구미 주도의 세계시장에 편입되고 그것에 규정되어 다음 단계의 발전을 개시한 것이다.[8]

2. 제2단계(형성기): 19~20세기 전반

구미 주도의 동아시아 시장 재편성

18세기 말부터 19세기 초에 걸친 영국 산업혁명을 기점으로 해서 세계경제는 새로운 단계로 들어섰지만, 영국을 중심으로 하는 19세기적 산업자본주의가 세계경제를 일단 통합하는 것은 19세기 중기였다. 자본주의가 지구적 규모의 세계체제로 된 것이다. 동아시아에서는 동남아시아가 19세기에 샴을 제외하고 유럽의 식민지로 되었는데, 필리핀만은 19세기 말의 아메리카–스페인 전쟁의 결과로 미국의 식민지로 바뀌었다. 샴은 1855년에 불평등조약을 맺어야 하였으며, 1893년에는 보호국이었던 라오족의 세 왕국(현재의 라오스)을 프랑스에 빼앗겼다. 동북아시아는 1840년의 아편전쟁에서 중국이 패배하여 영국과 불평등조

---

8 국가권력에 의한 자본주의 형성의 가속화는 마르크스가 말한 본원적축적의 과정이다. 본원적축적의 "어떤 방법도 국가권력 즉 사회의 집중되고 조직된 폭력을 이용해서, 봉건적 생산양식으로부터 자본주의적 생산양식으로의 전화과정을 온실 속에서와 같이 촉진하여 과도기를 단축하려고 한다." "봉건적 농업사회로부터 산업사회로의 전화에 즈음해서는, 또 그것에 대응해서 행해지는 세계시장에서의 여러 국민의 산업전쟁에서는 이른바 자연적인 방법이 아닌 강제수단에 의해서 달성되는 자본의 가속적인 발전이 긴요하다. … 국민적 자본이 점차 완만하게 산업자본으로 전화해 가는 것과 그와 달리 보호관세를 매개로 하여 주로 토지소유자나 중소농민이나 수공업에 부과되는 조세에 의해서, 독립 직접생산자에 대한 가속적 수탈에 의해서, 자본에 의해 강행적으로 가속되는 축적과 집적에 의해서, 요컨대 자본주의적 생산양식의 여러 조건의 가속적 형성에 의해서 이 전화가 시간적으로 빨라지는 것의 사이에는 매우 큰 차이가 있다"(K. マルクス(Marx), 『資本論』, 제1권 24장 「いわゆる本源的蓄積」, p. 779, 大月書店版, 『マルクス=エンゲルス全集』 23b, p. 980, 제3권 47장 「資本主義的地代の生成」, p. 793, 大月書店版全集 25b, p. 1006).
동아시아에서 자본주의맹아가 본격적인 자본주의로 발전하지 않았던 것은 국가권력에 의한 정책적·강제적·폭력적인 본원적축적 과정이 없었거나 약하였기 때문이다. 그리고 동아시아에서 국가권력에 의한 본원적축적은 19세기에 구미 국가들에 의해서 이어서 일본에 의해서 일어났고, 특히 제2차 세계대전 후 식민지가 독립하고 독자적인 국가를 형성한 이후에 본격화하였으며, 현재도 진행 중이다.

약을 강제로 맺은 이후(난징조약), 일본(1858년), 한국(1876년, 일본에 의해서)도 불평등조약[9]을 맺어야 하였고, 구미 주도의 국제질서에 수동적·종속적으로 편입되었다.

경제적으로는 19세기 중기부터 운수·통신수단의 비약적 발전(구미-동아시아 사이의 기선 정기항로 개설과 해저전선 개통, 수에즈운하 개통 등), 유럽계 은행의 무역금융 진출 등에 의해서 동아시아 무역의 주도권은 구미 자본, 특히 영국 자본이 장악하게 되었다. 무역 내용도 영국을 중심으로 하는 구미와의 공업 제품 수입·1차산품 수출이 중심으로 되었다. 동아시아는 19세기 특히 그 중기를 획기적인 경계로 해서 구미 주도의 세계체제에 그 종속적 부분으로서 편입된 것이다.

동아시아 역내분업·시장의 발전

라틴아메리카, 아프리카 등은 종주국을 중심으로 하는 구미에 대해서 공업제품 수입·1차산품 수출이라는 수직적분업·무역체제에 편입되었을 뿐이나, 동아시아는 그러한 관계를 중심으로 하면서도 역내무역이 발달하였다(杉原薫, 『アジア間貿易の形成と構造』, ミネルヴァ書房, 1996). 1883~1913년(1913년은 제1차 세계대

9 19세기에 성립한 구미 주도의 세계체제를 법적으로 뒷받침하는 것이 근대국제법이다. 근대국제법은 서유럽에서 주권국가가 형성된 17세기에 국가 간의 주권평등 원칙을 승인한 것이며, 19세기에 그 운용이 세계적으로 확대되었다. 그것은 세계의 국가·지역을 ① 국가주권을 가진 문명국, ② 주권이 불완전하게만 인정받는 반(半)미개국, ③ 전혀 인정받지 못하는 미개국의 셋으로 나누었다. 이 경우 문명이라는 것은 서유럽 문명을 가리킨다. ③은 정복대상이 되고 식민지화되었지만, ②에 대해서는 불평등조약이 강제되었다. 문명국(구미 국가들)은 그 국가들을 일단 승인하고 조약관계에 포함시켰지만, 근대국제법을 적용하지는 않았으며, 자국민 보호를 명목으로 치외법권, 협정관세 등을 이용해서 그 국가들의 주권을 제한하였다. ②로 취급되었던 국가는 터키(현재의 튀르키예), 페르시아(현재의 이란), 샴, 청, 일본, 조선 등이다.

전 발발 직전 연도로서 19세기적 무역구조의 최후 연도)에 동아시아·인도의 구미 방면 무역의 성장률은 연평균 4%로서 세계무역의 성장률과 거의 같았지만, 동아시아·인도의 역내무역 성장률은 5.5%로서 그보다 높았다.[10] 그 때문에 동아시아에서는 생산된 경제잉여의 상당량이 구미에 빼앗기지 않고 지역 내에 축적되었다. 동아시아는 구미중심의 세계시장에 종속적으로 편입되면서도 그 조건을 주체적으로 이용해서 역내경제를 발전시켰으며, 구미로부터 상대적 자립성을 획득해 갔던 것이다. 그 조건은 다음의 셋이다. ① 구미와의 무역(부차적으로 역내무역)에서 발생한 잉여를 기초로 해서 서서히 높아진 생활수준, ② 그 소비수요에 대응하는 아시아 재래물산을 근대적 상품으로 바꾸는 데 성공한 일본의 공업화, ③ 그 수요공급을 연결한 화교와 재외 인도인의 유통망.

일본의 공업화

일본의 공업화는 구미와 다른 사회·생활양식 속에서 그에 적합한 형식으로 이루어져야 하였다. 생산 제품도 구미와 같은 것은 아니고 일본인의 소비에 어울리는 것이어야 하였다. 예를 들면 일본 산업혁명의 중심이 된 것은 면공업이었지만, 그 제품은 굵은 실, 두꺼운 면직물이라는 재래 수요에 대응하는 것이었다. 일본의 공업화가 개발한 제품은 사회·생활양식이 비교적 유사하였던 다른 동아시아에 수용되었고, 일본이 생산하는 소비재의 동아시아 방면 수출

10 杉原薫 씨는 동남아시아를 중심으로 연구하며 '아시아 역내무역'에 인도를 넣는다. 한편, 杉原 씨의 실증은 19세기 80년대부터 제1차 세계대전까지가 중심이지만, 그렇게 만들어진 틀은 양차대전 사이에도 적용되고 있다. 양차대전 사이의 아시아 무역 구조는 제1차 세계대전 이전과 크게 달랐기 때문에 스기하라 씨의 양차대전 사이의 연구는 실태와 크게 어긋난다.

이 급증해 갔다. 일본의 공업화는 단순히 구미 이외에서 처음으로 공업화에 성공하였다는 것만은 아니었다. '아시아형' 상품의 근대화·개발에 성공하고, 아시아로의 제품 수출을 발전시켜 구미자본주의보다 일본이 아시아의 사회·경제를 더 넓고 깊게 변혁해 갔던 것이다.

일본의 공업화는 동아시아 역내무역의 '성장 엔진'이었던 것이다. 일본의 공업화가 동아시아 역내무역을 주도하게 되었는데, 그때까지의 전근대적인, 생산과정의 변혁을 동반하지 않는 '수요견인형' 무역으로부터 공업 제품과 1차산품의 무역, '공업화형' 무역을 중심으로 바꾸었던 것이다. 종래 일본자본주의의 역사적 연구는 아시아와의 관계를 대립·침략 면을 중심으로 보아 동아시아 경제에 대한 적극적인 역할, 동아시아의 발전을 촉진하고 그 경제를 통합해 가는 면을 거의 무시하고 있었다.

일본 공업의 복선적(複線的)발전

이러한 일본의 공업화에는 재래산업의 역할이 컸다. 종래 일본의 공업화에 대한 일반적인 견해는 구미의 압력(웨스턴 임팩트)을 받은, 정부주도의 이식형(移植型) 공업화라는 것이었다.

그러나 일본의 공업화는 구미와의 무역, 정부주도에 의한 구미로부터의 생산재·기술·제도의 도입과 함께 농가겸업적인 농촌공업의 발달, 농촌과 도시 모두에서 일어난, 초기자본주의라고 할 만한 광범한 재래산업이 커다란 역할을 수행하였다. 농가겸업, 재래산업은 전체로서는 산업혁명 이후에도 발전하였고, 그 속에서 중소공업, 영세공업이 광범하게 발달해 갔다. 19세기 후반·20세기 초에는 이식형의 근대적 대공업은 아직 경제의 극히 일부를 차지하는 데 지나지

| 표 1-1 | 유업인구의 구성

연도	인구(천 명)					구성비(%)			
	유업인구	농림업	비농림업	그중 근대산업	그중 재래산업				
	A	B	C=A-B	D	E=C-D	B/A	C/A	D/A	E/A
1872~1875	21,414	15,555	5,859	-	-	72.6	27.4	-	-
1876~1880	21,730	15,624	6,106	-	-	71.9	28.1	-	-
1881~1885	22,115	15,650	6,465	406	6,059	70.8	29.2	1.8	27.4
1886~1890	22,683	15,625	7,058	468	6,590	68.9	31.1	2.1	29.1
1891~1895	23,458	15,509	7,949	681	7,268	66.1	33.9	2.9	31.0
1896~1900	24,119	15,618	8,501	906	7,595	64.8	35.2	3.8	31.5
1901~1905	24,752	15,843	8,909	1,165	7,744	64.0	36.0	4.7	31.3
1906~1910	25,288	16,004	9,284	1,554	7,730	63.3	36.7	6.1	30.6
1911~1915	25,950	15,760	10,190	1,965	8,225	60.7	39.3	7.6	31.7
1916~1920	26,860	14,320	12,540	2,837	9,703	53.3	46.7	10.6	36.1
1921~1925	27,778	13,675	14,103	3,237	10,866	49.2	50.8	11.7	39.1
1926~1930	28,906	13,833	15,073	3,475	11,598	47.9	52.1	12.0	40.1
1931~1935	30,548	14,185	16,363	3,696	12,667	46.4	53.6	12.1	41.5

주: 1) A, B: 梅村又次, 「産業別雇用の變動: 1880-1940」, 一橋大學, 『經濟研究』, 제24권 제2호, 1973.
2) D: 종업원 5인 이상의 공장종업원 수(1882년은 山口和雄, 『明治前期經濟の分析』, 東京大學出版會, 1956. 1894~1908년은 『農商務統計表』에서 추계, 1909년 이후는 『工場統計表』, 데이터가 존재하지 않는 기간은 직선 보간), 교원 수(東洋經濟新報社, 『明治大正國勢總覽』), 공무원 수(江見康一·鹽野谷祐一, 『長期經濟統計 7 財政支出』, 1966), 私鐵·전력 종업원 수(南亮進, 『長期經濟統計 12 鐵道と電力』, 1965), 선원 수(勞動運動史料編纂會, 『日本勞動運動史料 10 統計編』, 1959), 市町村 공무원 수(『明治大正國勢總覽』)의 합계를 「근대산업」의 유업인구로 임시로 정의하였다. 中村隆英, 『戰前期日本經濟成長の分析』, 岩波書店, 1971, pp. 16, 20, 338, 339에 의함.
출처: 中村隆英, 『明治大正期の經濟』, 東京大學出版會, 1985, p. 188.

않았다. 나카무라 다카후사(中村隆英) 씨의 연구에도(표 1-1), 일본의 산업혁명이 시작하는 1880년대에는 대부분의 비농림업은 재래산업이었으며, 그 후 근대산업이 급속히 증가하였지만 재래산업도 계속해서 증가하였다. 재래산업은 질적으로도 바뀌어 기술과 제품을 혁신하였으며, 그 속에서 수출산업화하는 부문도 많았다. 일본의 공업화는 이식형 근대적 대공업과 재래산업의 근대화라는 복선적발전이었던 것이고, 그 점에서도 구미의 공업화와는 달랐다. 한국, 대만, 중국의 공업화도 일본보다 시기적으로는 늦지만, 선진국에서 기술·제도를 도입한 근대적 대공업과 중소영세 재래산업의 복선적발전이라는 점에서 공통된다. 이것에 비해서 라틴아메리카, 아프리카에서는 중소영세공업의 발전이 매우 약하여 경제발전의 장애물로 되어 있었다.

동아시아 역내무역 담당자로서의 화교

아시아 역내무역의 담당자는 역내상인인 화교와 재외 인도인이었다. 라틴아메리카, 아프리카 등에서는 지역 내의 원격지 교역을 담당한 상인이 세계시장에 포섭되는 과정에서 괴멸되거나 큰 타격을 받았으며, 그 때문에 세계시장에 포섭되었을 뿐 역내교역이 발달하지 않았고, 구미에 대한 경제적 종속이 일방적으로 진행되었다. 이러한 차이를 낳은 조건에는 16~18세기의 동아시아 경제발전 특히 환중국해 교역권의 발달이 있다. 하지만 그것이 그대로 19세기에 이어진 것은 아니었으며, 19세기에 영국 주도하에 세계시장에 편입되어 재편성된 것이다. 화교와 재외 인도인의 네트워크도 영국을 중심으로 하는 구미 자본이 주도하는 시장·유통을 전제로 하고 그것을 보완하여 형성된 것이며, 구미의 여러 국가·자본으로부터 독립적으로 형성된 것은 아니었다. 한편, 20세기가 되면 일본의 무역상사가 아시아 역내무역의 담당자로서 중요한 역할을 수행하는 것에도 주의할 필요가 있다.

양차대전(兩次大戰) 사이의 중국자본주의의 형성

중국경제의 변화는 19세기에 비교적 완만하였지만, 19세기 말에는 무역의 영향이 농촌까지 미치기 시작하였고, 농촌을 포함하는 국내시장이 형성되기 시작하였다. 그것과 함께 근대공업이 개항장을 중심으로 발달하기 시작하였으며, 제1차 세계대전 중에 구미의 공업 제품 수입이 줄어들자 급속히 발전하였다. 그 중심은 중국 자본이었으며, 1933년에 노동자 30인 이상의 공장 중에서 외국 자본은 생산액의 21.9%, 노동자 수의 17.2%에 지나지 않았다.

이러한 중국자본주의의 발달을 기반으로 해서 1928년에 국민당이 일단 전국을 통일하였다. 국민당 정부는 대외자립과 국내경제 개발정책을 추진하였는데, 관세자주권을 되찾아(1928년 7월에 미국, 12월에 영국, 일본이 가장 늦어서 1930년 5월) 관세를 인상하고, 면제품 등 경공업의 수입대체공업화를 촉진하였다. 1930년대 전반에는 경공업 주요 부문의 수입대체에 성공하였으며(제1차 수입대체), 공업화의 진전과 함께 수입의 중심은 중화학공업 제품으로 옮겨 갔다(표 1-2). 관세수입이 대폭 증가하여 재정기반이 강화되었으며, 1933·1935년의 화폐제도 개혁도 미·영의 지지를 받아 성공하였다. 국민정부는 민족주의적인 개발독재 정권이었다.

일·중 대립

국민정부의 정책에 대해서 미·영은 지지하였다. 중국 내셔널리즘이 더 급진화하는 것을 막고, 또 국민당 정부가 소련에 접근하는 것을 막기 위해서 국민당 정부에 의한 중국의 안정을 바랐던 것이다. 가장 대립적이었던 것이 일본이

| 표 1-2 | 중국 수입품 구성의 추이 (단위: 백만 달러, %)

	1926		1932		1933		1934		1935		1936	
1차산품	306.7	35.90	163.2	45.78	162.6	45.83	138.6	39.78	132.2	38.98	83.3	29.80
중화학공업 제품	161.4	18.89	95.4	26.76	115.9	32.65	138.8	39.83	136.4	40.23	131.3	46.93
기계	29.0		17.8		20.9		32.6		35.0		33.4	
금속	57.0		32.4		45.5		52.3		45.3		46.4	
화학	75.3		45.2		49.4		53.8		56.1		51.3	
경공업 제품	372.5	43.60	93.6	26.31	72.3	20.36	63.5	18.25	55.5	16.39	39.7	14.26
섬유	212.9		43.4		29.9		26.0		20.3		14.3	
식품	117.1		38.2		30.7		24.8		22.2		14.4	
요업	8.4		4.8		4.3		4.2		3.9		2.5	
잡화	34.1		7.4		7.4		8.6		9.2		8.5	
분류 불능	14.1	1.65	4.1	1.16	4.2	1.18	7.4	2.13	14.9	4.42	24.9	8.91
총계	854.4	100.00	356.5	100.00	354.9	100.00	348.4	100.00	339.2	100.00	279.7	100.00

주: 그 해의 해관 보고에 기재된 품목별 수입액을 독자적인 기준에 따라서 분류하고 합산하여 구한 것. 분류 기준에 대해서는 久保 논문 말미의 補註를 참조.
출처: 久保亨, 「南京政府の關税政策とその歴史的意義」, 『土地制度史學』, 제86호, 1980년 1월, p. 45.

었는데, 국민당 정부의 경제정책에 반대하였으며, 중국을 일본제국권(帝國圈)에 편입하는 노선을 강행하였다. 확실히 중국의 경공업 수입대체에 의해서 가장 타격을 받은 것은 일본, 이어서 영국이었으며, 미국은 중국의 공업화에 원료, 연료, 자본재를 공급하는 입장이어서 유리하였다. 그러나 일본의 대중 수출의 중심이었던 면공업은 상하이, 톈진, 칭다오 등에 공장을 건설하는 등 직접투자로 관세장벽을 회피하고 있었으며, 1930년대에는 기계나 황산암모니아 등 중화학공업 제품의 대중 수출이 늘고 있었다. 당시의 일본자본주의는 중화학공업을 중심으로 종래보다 한 단계 고도화하는 중이었고, 일본자본주의와 중국자본주의는 상호보완적인 면을 발전시켜 갈 수도 있었다. 경제 면에서는 국민정부와 전면적으로 대립할 필연성은 없었다고 생각된다. 그러나 일본은 1931년에 만주사변을 일으켰고, 1937년에는 전면적인 무력침략을 단행하였다. 당시 일본에는 중국의 자본주의적 발전을 인정하고, 중국과의 무역·투자를 발전시키고, 경제적·정치적 관계를 강화해 가려는 노선과 중국자본주의의 독자적인 발전을 인정하지 않고, 군사력을 써서라도 중국을 굴복시키고, 일본제국권에 편입하려는 노선이 있었는데, 일본은 결국 후자의 노선을 선택하고 말았다.

일본은 중국의 자본주의적 발전, 민족주의 발전을 과소평가하였으며, 국민정부가 민족주의를 대표하고 있는 것을 보지 못하였다. 또 세계적으로는 양차대전 사이에 제국주의는 종말에 이르러 다음 시대를 맞이하고 있었지만, 일본은 그것을 이해하지 못하였다.

동남아시아: 식민지 경제로부터 동아시아·태평양경제권으로

19세기 특히 그 후반부터 동남아시아에 식민지형 경제가 형성되었는데, 20세기 특히 제1차 세계대전 후에는 동남아시아의 무역구조가 크게 바뀌었다. 19세기에는 영국을 중심으로 종주국과의 관계가 주요하였지만, 20세기에 들어서면 수출에서는 미국, 수입에서는 일본과의 관계가 긴밀해졌다. 제1차 세계대전 후의 동남아시아 무역은 미국의 자동차산업을 비롯한, 20세기자본주의의 중핵이 되는 새로운 산업이 주도하였다. 수출에서는 고무, 주석 등 1차산품 수출이 늘었고, 수입에서는 수출로 구매력이 증대한 동남아시아 시장에 영국이나 종주국을 대신해서 일본의 값싼 소비재가 대량으로 수입되었다. 동남아시아에서 유럽 자본에 의한 플랜테이션 대신에 현지의 소농이 수출용 1차산품 생산에 진출하는 경향이 강해졌던 것도 일본제 소비재의 시장을 키웠다.

1929년의 대공황 이후 1차산품 수출이 격감하고 동남아시아의 구매력이

| 표 1-3 | 인도네시아 수입 상대국별 내역(1900~1939년) (단위: %)

연도	수입국					
	네덜란드	영국	독일	미국	일본	기타
1900	35.5	12.7	1.6	1.5	0.2	48.5
1915	28.8	20.5	1.1	3.9	3.4	42.3
1920	26.0	18.5	3.4	15.9	12.0	24.2
1929	19.3	10.6	10.5	11.8	10.4	37.4
1934	13.0	8.1	7.3	6.1	31.9	33.6
1939	20.8	7.0	8.6	13.3	17.8	32.5

주: 기타는 싱가포르와 페낭으로부터의 수입을 포함한다.
출처: 1) Mededeelingen van het Centraal Kantoor voor de Statistiek 161, *Handelsstatistiek NEI, 1874-1937: Indisch Verslag*, 1940, p. 339.
2) アン·ブース,「日本の經濟進出とオランダの對應」(杉山伸也, イアン·ブラウン編著,『戰間期東南アジアの經濟摩擦』, 同文舘, 1990), p. 201.

줄었지만, 값싼 일본 제품의 수요는 더 한층 증가하였다. 동남아시아의 대미 무역은 흑자였지만 대일 무역은 1930년대에 대체로 적자였다. 일본의 대미 무역은 상당한 적자였기 때문에, 자금적으로도 미국→동남아시아→일본→미국이라는 태평양을 사이에 두는 순환구조가 형성되기 시작하였다. 동남아시아와 영국을 비롯한 유럽의 관계는 폐쇄적인 프랑스 식민지인 프랑스령 인도차이나를 제외하면 급속히 후퇴하였다(표 1-3). 동남아시아는 양차대전 사이에 영국과 종주국을 중심으로 하는 식민지적 경제관계로부터 동아시아·태평양경제권에 편입되는 방향으로 바뀌기 시작한 것이다.

| 그림 1-4 | 무역총액의 수량지수

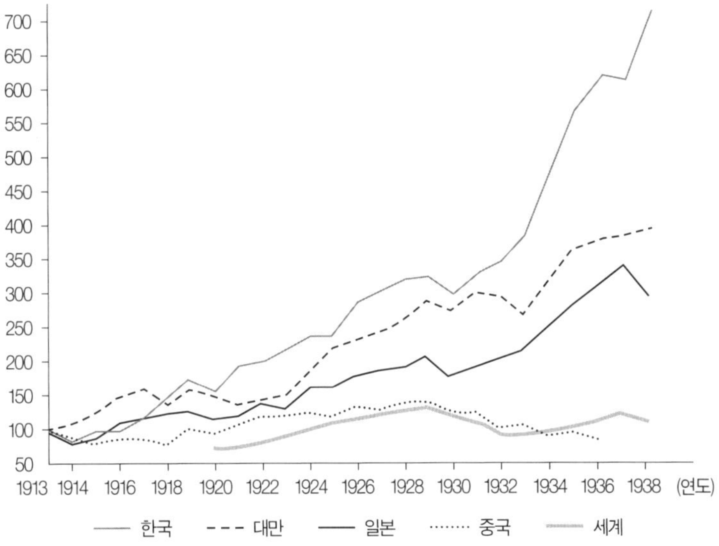

주: 수량지수의 기준연도는 일본, 대만, 한국은 1934~1936년, 중국은 1913년, 세계는 1929년으로 일치하지 않는다. 그 때문에 상호비교에는 엄밀하게는 시기별 물가변동의 문제가 있지만 경향을 파악하기에는 충분하다고 생각한다.

출처: 堀和生,『朝鮮工業化の史的分析』, 有斐閣, 1995, p. 26.

일본제국권의 고도성장과 급팽창

일본자본주의는 제1차 세계대전 중에 급성장하였다. 뒤처져 있던 중화학공업부문이 자립하기 시작하였으며 대외적으로는 특히, 구미가 후퇴한 동아시아 시장에 진출하였다. 1929년의 세계 대공황 이후 세계의 공업생산이 축소·정체하는 중에 동아시아의 공업생산과 무역은 급증하였다(그림 1-4, 1-5). 주목되는 것은 식민지인 한국과 대만의 공업화가 급속히 진전한 것인데, 한국을 예로 들

| 그림 1-5 | 각국의 공업생산 지수

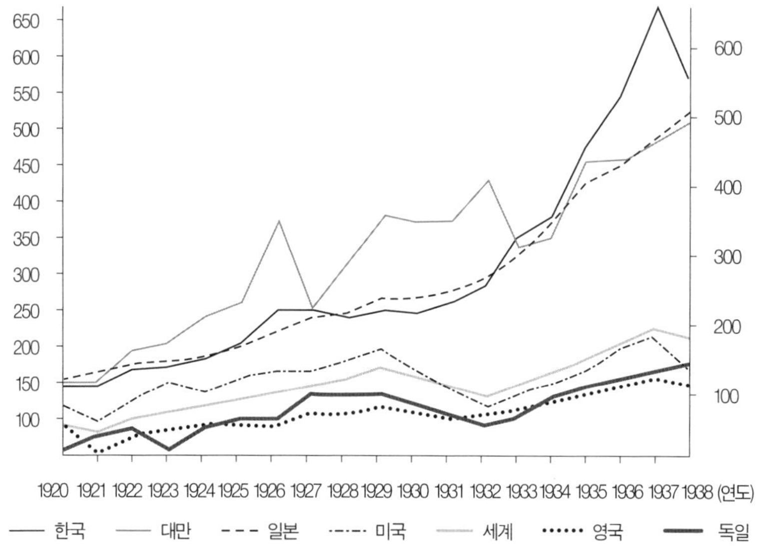

주: 1) 1913=100. 한국은 1914=100.
2) F. ヒルガード 지음, 山口和男外譯, 『工業化の世界史』(Folke Hilgerdt, *Industrialization and Foreign Trade*), ミネルヴァ書房, 1979, pp. 152~153. 溝口敏行·梅村又次編, 『舊日本植民地經濟統計—推計と分析』, 東洋經濟新報社, 1988, pp. 273, 276.

면 식민지로 된 직후인 1911년에는 국내총생산의 65.2%를 차지하고 있던 1차산업은 1938년에는 49%로 절반에 미치지 못하였다(표 1-4). 무역의 내용도 1925년에는 수출의 75.6%는 식료품(쌀, 대두)이고, 공업 제품은 20.2%였지만, 1940년에는 식료품 21.4%, 공업 제품 59.9%로 되었다.

식민지기의 공업화는 그것을 인정하는 입장에서도 군사적 공업화라거나, 일본 본토와 결부된, 한국 내부의 수요와는 결부되지 않은 비지적(飛地的) 공업화라거나, 일본 자본이 주체이고 한국인 자본은 오히려 그것에 의해서 축출되었다고 이해되었다. 그러나 실제로 연구해 보면 군사적이지도 비지적이지도 않

| 표 1-4 | 조선·한국의 산업별 국내총생산의 구성 및 연평균증가율

연도	구성비			연평균증가율		
	농림어업	광공업	서비스업	농림어업	광공업	서비스업
1911	65.2	4.5	30.3			
1920	66.2	6.9	26.9	4.4	9.2	2.9
1930	58.8	8.6	32.7	0.8	4.5	4.3
1938	49.0	16.6	34.4	2.5	13.9	5.6
1953	47.3	10.1	42.6			
1960	36.8	15.9	47.3	2.3	12.3	4.1
1970	26.7	22.5	50.8	4.5	15.8	9.5
1980	14.9	31.0	54.1	1.0	14.5	8.4
1990	9.1	29.6	61.3	2.9	11.4	9.4

주: 증가율은 전년도와의 차이의 연평균증가율. 1911~1938년은 조선, 1953~1990년은 한국.
출처: 1) 溝口敏行·梅村又次編, 『舊日本植民地經濟統計 — 推計と分析』, 東洋經濟新報社, 1988; 한국은행, 『국민계정』, 1990.
2) 安秉直·金洛年, 「韓國經濟發展的長期趨勢(1910-現在) — 以經濟發展的歷史背景爲中心」, 1995년 8월, 중국 심포지엄 '동아시아경제의 근대화' 제출논문(中村哲·羅榮渠·安秉直編著, 『論東亞經濟的現代化』, 北京: 東方出版社, 1998에 수록).

고, 한국 내부의 민간수요와 결부된 공업화이며, 그 속에서 한국인 자본도 급성장하고 있는 것이 판명된다. 대만도 기본적으로 같았으며, 대만인 자본의 성장은 한국인 자본 이상이었다. 이 시기 한국과 대만의 급속한 공업화·자본주의화는 일본, 일본인 자본이 주도하는 일본제국권의 일환으로서의 그것이었지만, 동시에 한국과 대만의 경제를 밑바탕으로부터 변혁하고 자본주의화하는 것이었다. 그것은 또 일본에서 해방된 이후 이른 시기에 공업화하고 신흥공업경제로 되는 전제조건이기도 하였다.

일본제국권의 급팽창에 의한 동아시아 역내분업·시장의 분단과 일본제국의 붕괴

1929년 이후 세계시장은 축소·분열해서 블록경제로 되어 갔으며, 일본은 필사적으로 제국경제권(엔블록)의 확대를 강행하였다. 중화학공업화를 주축으로 그 시장을 국내뿐만 아니라 식민지에서도 구하며, 식민지의 경제개발을 강행하여 제국권 전체의 경제적 역량을 높여서 미·영에 대항하려 한 것이다. 생산이 급증하는 중화학공업 제품의 약 3분의 1은 식민지 및 만주에 수출되었다. 그 강경노선은 만주사변, 일중전쟁(앞으로는 중일전쟁으로 옮김)을 일으켰고, 나아가서 동남아시아에 무력 진출을 꾀하여 태평양전쟁을 일으켰으며 패배하였다.

1920년대까지는 일본제국권의 고도성장은 동아시아 전체의 경제발전과 대립하는 면보다도 촉진하는 면이 컸다. 그러나 1930년대에는 폐쇄적인 일본제국권의 급팽창은 동아시아의 분업·무역 구조를 분단하고 파괴하는 측면이 점차 강해졌다. 미·영은 일본의 강경노선에 대항해서 일본 고립화 정책을 취하기도 하였다. 중일전쟁과 태평양전쟁에서 대립은 결정적으로 되었으며, 일본제국은 자멸하게 되었다.

양차대전 사이에 일본자본주의는 중화학공업화를 중핵으로 해서 이전보다 한 단계 더 고도화하고 있었으며, 중국의 공업화도 진전해서 동남아시아로 중국의 공업 제품 수출도 시작되어, 동아시아에 두 공산물 공급국이 성립하게 되었다. 한국과 대만은 식민지였음에도 공업화가 급속히 진전하였다. 동북아시아와 동남아시아의 경제관계는 한 단계 더 깊어졌다. 영국, 네덜란드, 프랑스라는 서유럽 종주국을 중심으로 하는 식민지체제가 붕괴하기 시작하였으며,

미국 주도의 동아시아·태평양경제권의 형성이 시작되고 있었다. 이러한 면에서 보면 양차대전 사이는 19세기적 식민지체제로부터 20세기 후반 동아시아의 자본주의적 경제권 형성으로의 과도기·이행기라고 할 수 있을 것이다.

3. 제3단계(확립기): 20세기 후반~21세기

세계자본주의는 제2차 세계대전을 거치면서 영토적 지배=식민지를 필요로 하는 제국주의 단계를 끝냈고, 식민지는 독립하였으며, 다국적 거대기업을 중심으로 하는 단계에 들어갔다. 정치적으로는 미·소 양극 대립의 국제관계가 세계를 지배하였으며, 경제적으로는 미국의 세계패권 아래에서 이른바 브레턴우즈체제가 성립하였다. 동아시아도 냉전체제하에서 미국의 정치적·군사적·경제적 영향력이 비약적으로 증대하는 한편 자본주의권과 사회주의권으로 분열하였다.

일본제국권은 미국 주도하에 영역적으로도 구조적으로도 완전히 해체되었다. 일본 본토는 전후개혁(제2차 세계대전 후 일본에서 행해진 비군사화, 자유화 개혁의 총칭)에 의해 비군사화·민주화하여 선진국형의 제도적 틀이 만들어졌으며, 경제부흥이 끝나자 한국전쟁의 특수에도 힘입어 1950년대 중엽부터 고도경제성장이 시작되었고 1960년대에 선진자본주의 국가로 되었다. 한국과 대만[11]은 정치적으로는 독립하고 경제적으로는 일본제국권에 대한 종속에서 벗어나 세계경제 특히 미국경제와 결부되었으며, 그것에 의해서 새로운 발전의 조건을 얻었다. 1960년대부터 급속히 수출주도공업화하여 신흥공업경제화, 중진자본주

11 대만은 일본의 패전에 의해서 중국령이 되었지만, 國共內戰에서 국민당 정부가 패배하고 대만으로 물러났기 때문에 실질적으로 중국 본토와는 별개의 국가가 되었다.

의화하였다. 일본으로부터의 생산재·자본재 수입도 공업화의 중요한 조건이었다. 중국은 일본과 아시아 신흥공업경제의 경제발전에 자극되어 1978년에 개혁개방정책으로 전환하였다. 그 방향은 세계시장 참가와 자본주의화이며, 사회주의로부터의 전환이 급속히 진전되고 있다. 동남아시아 국가들도 정치적 독립을 달성하고 1967년에 아세안을 결성하였다. 일본자본주의도 전쟁 이전에 쌓은 관계와 전쟁배상을 이용해서 비교적 빨리 동남아시아에 다시 진출하였다. 동아시아 광역경제권의 본격적 성립기이며, 그 형성과정에서 일본의 선진자본주의화, 한국·대만·싱가포르·홍콩의 신흥공업경제화 및 중진자본주의화, 아세안 국가들의 공업화 개시, 중국·베트남의 개혁개방정책으로의 전환(사회주의 계획경제로부터 개발독재형 자본주의로의 전환)에 의해 동아시아 전체가 자본주의적으로 공업화하고 있다.

특히 1985년의 플라자 합의 이후 일본 자본의 동남아시아와 중국에 대한 직접투자가 급증하였으며, 이어서 홍콩, 대만, 한국, 싱가포르라는 아시아 신흥공업경제의 동남아시아와 중국에 대한 직접투자가 본격화하였다. 그 과정에서 동아시아의 역내분업이 급속히 발전하고, 투자도 일·미 자본에 신흥공업경제의 자본도 참가하여 급증함으로써 경제권으로서의 통합이 강해지고 있으며, 내용적으로도 고도화하고 있다. 1998년에 역내무역은 무역액의 44%, 역내투자는 투자액의 80% 이상에 달하였다. 동아시아 경제발전의 종언이라고 세평에 올랐던 1997년 아시아 금융위기로부터도 예상 외로 빨리 회복되었다. 경제위기 속에서 동아시아 국가들의 연대가 강해졌으며, 위기가 동아시아경제권의 더 강력한 통합을 낳고 있는 것으로 보인다.

1980년대까지는 역내에서는 일본, 역외에서는 미국의 존재가 두드러졌지만, 1990년대에는 역내국가들 사이의 격차가 축소되었으며, 상호의존하는 면이 강해졌다. 미국 시장에 대한 의존도가 저하하기 시작하였으며, 역내국가들이 서로 시장을 제공하는 측면이 강해졌다. 역내시장의 내용도 무역을 중심으로 하는 단계로부터 무역과 함께 투자가 중요한 역할을 하는 단계에 들어갔다. 1990년대에 세계는 탈냉전, 정보화를 중심으로 하는 제3차 산업혁명의 시기, 20세기자본주의로부터 21세기자본주의로의 이행기·과도기에 들어갔다고 생각되며, 동아시아 경제권도 그 이전보다 한 단계 더 고도화하는 과정에 들었다. 그러나 정치적으로는 동아시아 특히 동북아시아는 안정되어 있지 않다. 앞으로 중요한 것은 동아시아 국가들의 정치적 협조와 국제적인 제도의 구축이다.

02

동아시아자본주의 연구의 과제

머리말

1. 동아시아자본주의론·아시아 신흥공업경제론의 현재

2. 세계자본주의의 발전단계

3. 동아시아자본주의 형성의 내적 조건들

머리말

현대 특히 1980년대 후반부터 세계가 커다란 변혁기에 들어섰다는 것은 많은 사람들이 실감하고 있는 바이다. 소련·동유럽의 사회주의 체제 붕괴와 자본주의화, 중국·베트남의 사회주의로부터 시장경제로의 전환, 이 국가들의 개발독재형 자본주의화, 미국 세계패권의 후퇴, 세계적 불황, 특히 선진국의 실업 증대와 거대기업의 리스트럭처링, EC(EU의 전신), NAFTA, APEC 등 지역경제통합의 움직임, 민족·지역 분쟁의 빈발, 후발도상국 특히 아프리카·서아시아·남아시아의 경제적 곤란과 빈곤의 축적 등등.

그중 중요한 움직임으로서 동아시아(동북아시아·동남아시아)자본주의의 급속한 발전이 있다. 그것은 사회주의의 해체 및 그 자본주의화의 한 요인이었으며, 세계경제 재편의 한 핵심이다. 동아시아자본주의 연구는 현대자본주의 연구의 중요한 구성 부분이지만 구미중심의 종래 경제이론으로는 충분히 해명할 수 없는 요소가 크다. 그 때문에 동아시아자본주의의 역사적 경험을 이론화하면, 종래의 구미중심주의적 경제학, 근대경제학뿐 아니라 마르크스경제학에도 중요한 혁신을 일으킬 것이다.

동아시아자본주의의 분석에서 유효한 방법은 비교사일 것이다. 말하자면 역사적 관점에 선 국제비교이다. 비교사적 분석은 이전부터 상당히 행해지고 있지만, 그 다수는 서유럽 역사를 기준으로 하고 그것과의 상이함을 시기적·단계적 후진으로 취급하던가, 서유럽을 정상적인 역사적 발전으로 전제하고 그것과의 상이함을 왜곡된 역사라고 주장하는 것이었다. 세계는 20세기자본주의로부터 21세기자본주의로의 이행기에 들어갔으며, 동아시아자본주의가 그 이행의 추진력이 된 현대에는 종래의 서유럽 기준의 비교사를 대신하는 새로운 비교사가 필요하다. 그것은 각각의 지역·민족·국가의 양상을 그 자체로 설명할 수 있는 다원적인 비교사일 것이다. 이 새로운 비교사의 방법을 만들어 가기 위해서도 동아시아자본주의는 좋은 분석대상이다.

1. 동아시아자본주의론 · 아시아 신흥공업경제론의 현재

1950년대에 경제개발론이 생겨났으며, 이어서 수출지향공업화 전략의 유효성이 주창되었다. 그 연장선상에서 1970년대 말에 신흥공업국론이 나왔다. 종래의 개발도상국 경제개발론의 과제는 저개발 상태에 있는 도상국 경제를 어떻게 근대적 경제발전의 궤도에 올릴 수 있는가라는 것이었지만, 신흥공업국론은 그 과제와 함께 신흥공업국의 수출 증가(특히 선진국으로의)를 선진국에 대한 도전 또는 위협으로 보는 점에서 새로웠으며 종래의 경제개발론과 차이가 있었다. 개발도상국의 경제개발 필요성과 동시에 그것이 선진자본주의국을 중심으로 하는, 이미 이루어져 있는 세계경제 질서에 대한 착란 요인이라고 하는 시점이 제출된 것에 새로움이 있었던 것이다(신흥공업국론은 1979년 OECD의 보고서 *The Impact of the Newly Industrializing Countries on Production and Trade in Manufactures*에서 주창되었다. 다음 해에 일본어 번역『OECDレポート 新興工業國の挑戰』이 東洋經濟新報社에서 출판되었다).

1980년대 후반부터 오늘까지 신흥공업국의 상황을 다음과 같이 요약할 수 있다. ① 신흥공업국 중에서도 동아시아 신흥공업국(지금부터 신흥공업국을 신흥공업경제라고 쓴다. 신흥공업국[Newly Industrializing Countries]을 신흥공업경제[Newly Industrializing Economies]라고 명칭을 변경하였던 것은 1988년 6월에 캐나다 토론토에서 행해진 G7 정상회담이었는데, 대만, 홍콩은 country[국가]가 아니라고 주장하는 중국을 배려한 것이라고 한다)에 초점이 맞추어져 있었다. ② 아세안 국가들, 특히 말레이시아, 태국이 1980년대 말부터 신흥공업경제로 바뀌었고(중진자본주의), 인도네시아도 그것을 뒤따르고 있다. ③ 중국이 일본, 신흥공업경제, 아세안에 자극되어 폐쇄적인 중앙지령형 계획경제를 포기하고, 개방정책으로 전환하여 시장경제화를 추진하고 있으며, 금후 개발독재형 중진자본주의화할 가능성이 강해지고 있다. 거기에는 많은 곤란이 동반할 것이다. ④ 나아가서 이 개방정책과 시장경제화의 추진은 인도와 베트남으로 확대되고 있다. ⑤ 1970년대 말부터 1980년대 전반에 신흥공업경제로부터 탈락하는 것처럼 보였던 라틴아메리카 국가들(멕시코, 브라질, 아르헨티나)이 1980년대 후반 이후 멕시코를 선두로 개방·자유화 정책, 민영화 정책으로 전환하였으며, 서서히 경제가 회복하고 있다. 정치적으로는 군사정권으로부터 문민정권하의 민주주의로 움직임이 확산하고 있다. ⑥ 아시아 신흥공업경제는 1980년대 말 이후 중진자본주의적 발전이 한계에 부딪혔으며, 선진자본주의로의 구조전환 과정에 들어갔다.

이러한 현상으로부터 판단하면, 신흥공업경제론의 과제는 복잡하게 되지 않을 수 없다. 첫째, 1970년대보다도 훨씬 많은 나라가 신흥공업경제로 바뀌었거나 바뀌고 있으며, 그 국제적·국내적 조건도 다양하다. 종래와 같은 신흥공업경제의 일반론은 아니고 보다 구체적인 수준에서의 분석과 이론화가 필요하며, 또 그 유형화(예를 들면 동아시아 신흥공업경제, 라틴아메리카 신흥공업경제, 중국형 등)의 필요도 있다. 동아시아 신흥공업경제의 선진국화 가능성이 현실화하기 시작한 것에서 판단하면, 그 선진국화의 조건을 해명하는 것도 필요하다.

둘째, 경제를 둘러싸고 있는 사회, 정치, 문화도 관련지어 파악할 필요가 있다. 경제를 둘러싼 이 환경들이 구미와는 매우 다른 신흥공업경제, 그중에서도 동아시아자본주의에서 이것은 특히 중요하다.

이어서 동아시아자본주의론에 대해서 말하면 첫째로 1980년대 후반 이후부터 특히 명확하게 되기 시작하였지만, 개개의 국가·지역만이 아니고 동아시아 지역이 상호관련성을 계속 강화하였으며, 지역 전체가 하나의 자본주의적 지역경제권을 형성하기 시작하였다. 예를 들면 동아시아 지역은 과거 30년간에 걸쳐 세계경제보다 3배나 높은 성장을 이루었으며, 동아시아 수출무역 전체에서 차지하는 동아시아 역내무역의 비중은 1986년 30.9%에서 1991년 42.6%로 급증하였고, 이미 NAFTA의 그것을 초과하였다. 또 동아시아 지역의 총수출액이 세계수출무역에서 차지하는 비중은 1980년의 14.4%에서 1992년의 24.0%로 증대하였다.

둘째로 동아시아자본주의의 발전은 오늘날에는 세계경제의 교란 요인일 뿐만 아니라 세계경제 구조 변화의 중심이 되었다.

셋째로 동아시아자본주의는 구미자본주의와는 형성방식과 구조가 상당히 다르며, 구미자본주의와 견줄 만한 자본주의 유형으로서 고찰할 필요가 있다.

제2절에서는 세계자본주의의 발전과정을 주로 비(非)구미=주변부 측에서 관찰하여 3단계로 구분하고, 세계시장 측(개개의 신흥공업경제에 대해서는 외적 요인)에서 신흥공업경제를 낳은 조건의 형성을 고찰한다. 종래의 주변부로부터의 세계자본주의론은 중심부에 의한 주변부의 착취·수탈·지배의 면에만 초점이 맞추어져 있었지만(전형적으로 신종속이론), 그 측면만으로는 주변부 여러 나라의 신흥공업경제화와 중심부로의 진입, 동아시아자본주의의 흥륭과 그것이 세계자본주의의 구조전환의 핵으로 되는 상황을 설명할 수 없다. 그리하여 여기에서는 세계자본주의 체제 속에서 주변부의 자본주의화가 가능하게 되는 측면을

본다. 말할 것도 없지만, 이 과정은 세계자본주의의 발전과정이며, 신흥공업경제화하는 국가·지역을 포함하는 세계의 여러 국가·지역이 더 깊이 세계자본주의에 편입되어 가는 과정인 것이다.

제3절에서는 동아시아 여러 국가·지역의 역사적 경험으로부터 그 자본주의화의 내적 조건들을 검토한다.

2. 세계자본주의의 발전단계

이전부터 세계자본주의의 발전단계로서 중상주의(17·18세기), 자유주의(19세기), 제국주의(20세기)라는 구분이나, 상업자본주의, 산업자본주의, 금융자본주의(독점자본주의)라는 구분이 사용되어 왔다. 그러나 이러한 단계 구분은 구미 중심, 구미 주체의 구분이어서 비구미의 여러 국가·지역, 즉 아시아·아프리카·라틴아메리카는 그 속에 주체로서 위치지어져 있지 않다. 식민지·종속국으로서, 구미에 지배되는 것으로서 수동적인 존재로 포함될 뿐이다.

19세기의 세계시장은 유럽 역내무역 및 유럽과 그들의 이주 식민지 사이의 무역이 압도적인 비중을 차지하고 있었으며, 그 이외의 아시아, 아프리카, 라틴아메리카 무역도 대부분 구미와의 무역이었다. 구미 국가들은 공업 제품을 수출하였고, 비구미 지역은 구미 국가에서 공업 제품을 수입함과 동시에 원료, 식량 등의 1차산품을 수출하였다. 그리고 비구미 지역의, 구미 국가들에 대한 정치적 관계는 구미 국가들의 식민지이거나 불평등조약을 맺어 정치적 독립이 제약되는 종속국이었다.

19세기적 국제관계의 기본원리인 근대국제법은 17세기부터 유럽에서 형성된 것인데, 그것에 의하면 유럽 문명을 가지는 나라만이 문명국으로 간주되었으며, 국제법상의 주체로서 인정되는 것도 문명국뿐이었다. 문명국 요컨대 구미의 국가들만이 주권국가로서 국제적으로 승인되는 것이었다. 비구미의 국가·지역들은 예를 들어 그곳에 독자적인 국가가 존재하더라도 국제법에서는 '주인 없는 땅'으로 간주되었고 정복대상이 되었다. 구미 국가들의 식민지로 되거나, 그렇게는 아니어도 구미 국가들과 대등한 국가로는 인정되지 않았고 불평등조약이 강제되어 국가주권이 제한되었다. 19세기에 구미 국가들과 비구미 국가·지역들의 경제관계(무역, 투자)는 경제적 내용 자체가 불평등하다기보다는 정치적 불평등성에 기초하는 경제적 불평등관계였던 것이다. 단지 라틴아메리카 국가들의 다수는 19세기에 독립하였고 19세기 후반에는 주권국가로서 승인되었는데, 그것은 지배층이 유럽 출신 이민에게 독점되어 있었기 때문이다. 그런데 라틴아메리카 지배층의 국내경제는 피지배층(메스티소, 인디오) 경제보다 구미 경제와 더 강하게 결합한, 즉 비지적(飛地的) 존재였기 때문에 경제구조는 구미의 식민지와 마찬가지였으며, 그러한 구조는 독립 이후 오히려 더 강화되었다.

이 구미중심의 근대국제법은 20세기에 변화하였다. 그 계기는 민족해방운동의 발전 및 러시아혁명의 지도자 레닌과 아메리카 대통령 윌슨에 의해서 제창된 민족자결의 원칙이었다. 제2차 세계대전 후에는 모든 국가의 주권을 승인하는 현대국제법이 자리잡았고, 비구미 지역 대부분은 점점 독립해서 주권국가가 되었다.

19세기적 국제정치체제하에서는 비구미 지역의 국가가 자본주의적 공업화를 꾀하려고 하면, 구미자본주의 국가들에 원료와 식량을 수출함과 동시에 수입대체공업화를 추진하고, 그것에 성공한 단계에서 구미로부터 이식된 공업에 의한 생산물을 주변의 저개발국에 수출하고, 그 시장을 확보하기 위해 불평등조약을 강제하거나 식민지화한다는 방식을 취하였다. 요컨대 국제정치 체제 속에서 구미와 같은 주권국가 그룹에 참가하고, 자기도 제국주의 국가로 됨으로써 자본주의적 공업화를 완수하였던 것이다. 그 전형이 일본이다.

제2차 세계대전 후에 확립된 국제질서하에서는 국제연합, GATT, IMF, 세계은행 등의 국제기관이 만들어졌으며, 독립한 비구미 국가들도 법적으로는 그 구성원으로 인정되었다. 경제적으로는 자본주의의 생산력이 한 단계 더 고도화하고(포드주의), 다국적기업을 중심으로 선진국 상호 간의 경제적 결합관계가 강화되어 선진자본주의의 세계시장 침투력은 현격히 높아졌다. 이러한 국제정치·경제체제의 전환은 양차대전 사이에 개시되었고, 제2차 세계대전 후 1950년대에 확립되었는데, 그 새로운 국제체제하에서 비구미 국가들 중에 이 조건을 주체적으로 이용해서 자본주의적 공업화를 추진하는 국가들이 생겼다. 그것은 강력한 국내경제 통합력을 바탕으로 국내에 침투하는 선진국의 경제력을 통제할 수 있는 국가들이었는데, 그들은 선진국(구미와 일본)의 다국적기업과 협력도 하였다. 그 전형이 아시아 신흥공업경제이다. 그 공업화의 한 특징은 선진국에서 이식된 공업(다국적기업의 직접투자나 외자와의 합작기업을 포함해서)의 생산물을 선진국에 수출하였다는 것이다. 그것은 19세기적 국제정치·경제체제하에서는 불가능에 가까운 것이었다. 식민지는 말할 것도 없고 독립국이라도 가격경쟁력을 가지는 상품을 선진국에 수출하는 경우, 그것이 선진국의 국내산업에 위협이 된다면, 선진국은 저임금에 의한 수출덤핑이라고 하여 고율관세 등으로 수입을 저지하는 일이 가능하였기 때문이다.

나아가서 1960년대 이후 비구미 지역은 비동맹국회의나 UNCTAD(유엔무역개발회의) 등을 중심으로 단결하여 선진자본주의 국가에 압력을 행사하였고, 그리하여 GSP(일반특혜관세)와 같은 개발도상국의 선진국 방면 공산품 수출을 유리하게 하는 조건도 생겼다. 그러나 GSP 수혜국은 이미 상당한 공업화를 이룬 수출경쟁력을 가진 국가들이었다. 예를 들면 1980년에 GSP 혜택을 입은 선진국 수입 254억 달러 중에서 한국이 12.9%, 대만이 12.0%, 홍콩이 9.5%, 브라질이 6.6%, 인도가 4.9%, 싱가포르가 4.9%를 차지하였다.

1973년에 국제통화제도는 변동환율제로 바뀌었으며, 석유위기가 일어났고, 세계경제는 정체 국면에 들어갔다. 선진국의 포드주의는 벽에 부딪혔으며, 전통적인 중화학공업은 후퇴하였고, 그 대신에 마이크로 일렉트로닉스를 중심으로 하는 조립가공산업이 급속히 발전하기 시작하였다. 한편, 유로달러의 급증 등으로 국제금융 시스템의 중심이 정부·국제기관에서 민간은행으로 이동하였으며, 자본의 국제이동이 크게 자유화되었다. OECD 국가들의 정부 외화준비는 1973년 1,820억 달러에서 1987년 말 7,890억 달러로 증가하였지만, 은행이 보유한 외화표시 대외자산은 2,480억 달러에서 3조 560억 달러로 급증하였다. 한편, 선진국의 전통적인 중화학공업 기업은 위기에 빠졌고, 살아남기 위해서 플랜트수출에 힘을 쏟았다. 그리하여 플랜트 수입국의 거래조건이 그 이전보다는 유리하게 되었다. 물론 그러한 외적·국제적 조건의 변화를 효과적으로 이용할 수 있었던 것은 그 정도의 주체적 조건을 갖춘 나라들 곧 신흥공업경제였고, 선진국(특히 민간은행)으로부터의 차입에 의한 플랜트수입을 행하여 중화학공업화(제2차 수입대체)를 추진하였다.

1980년대 특히 그 후반 이후에 전개된 신흥공업경제로의 첨단기술 이전도 위와 비슷하였다. 선진국 경제의 정체에 의한 선진국 다국적기업의 경쟁 격화 속에서 신흥공업경제로의 첨단기술 이전, 선진국 다국적기업과 신흥공업경제 기업의 합작 및 각종 제휴관계가 진전하였던 것이다. 그것이 신흥공업경제 특히 동아시아 신흥공업경제의 선진국화 과정의 한 요인이었다.

한편, 대부분의 저개발국 특히 아프리카, 서아시아, 남아시아의 여러 나라는 채무 누적에 의한 재정 경직화, 개발정책 실패, 국내정치의 불안정화와 민족·부족·계급 간 대립의 격화가 발생하고 있으며, 신흥공업경제와 격차는 더 커지고 있다.

19세기자본주의 체제에서 비구미 지역의 자본주의적 공업화는 그 체제 속의 종속적 주변부로부터 지배적 중심부로의 전화(轉化) 즉 제국주의적 공업화였으나, 20세기자본주의 체제하에서의 신흥공업경제의 자본주의적 공업화는 주변부로부터 중심부로의 진입이라는 길을 걷고 있다.

3. 동아시아자본주의 형성의 내적 조건들

종래의 경제학은 개발도상국의 자본주의적 공업화를 규정하는 요인을 항상 선진국 및 세계시장 측에서 보는 경향이 강하였다. 근대경제학 계통의 이론은 물론이며, 마르크스경제학 계통의 국제경제학이나 경제개발론도 그러하며, 신종속이론이나 세계시스템론에도 그 경향은 강하다. 그것은 경제학 자체가 구미중심주의적 성격을 본래적으로 가지고 있어서 그것으로부터 벗어나기 곤란한 것, 개발도상국 경제의 연구가 겨우 1950년대에 시작되었을 뿐이며 개개의 국가·지역의 실증적 연구(특히 그 국가·지역의 연구자에 의한 연구)가 본격화한 것은 훨씬 새롭고 극히 최근의 일이라는 것에 말미암은 바가 크다. 예를 들면 구미와는 매우 다른 농업의 소경영적 발전이나 중소기업의 발전에 대해서는 최근까지 구미 경제학의 관심은 극히 낮았다.

물론 개발도상국 경제는 세계경제의 규정력이 압도적이며, 국내적 요인도

대체로 국제적 요인과 결부되어 있지만, 개발도상국의 국내적 요인에 대한 연구가 진전할수록 그 중요성에 대한 인식이 점점 높아지고 있다. 국내적 요인은 나라마다 다르고 복잡하지만, 그 구체적 실증을 포함한 이론화는 극히 중요하다. 지금부터 그중에서 몇 가지를 들어 불충분하나마 국내적 요인의 중요성을 밝혀 두려 한다.

농업생산의 소경영적 발전

지금까지 경제개발론의 한 결함은 개발도상국의 농업·농촌 양상에 주의를 기울이지 않았던 것이다. 소련을 모델로 한, 중화학공업화에 의한 경제개발론, 농촌 잉여노동력 활용에 의한 공업화 추진을 주장하는 이중경제 발전 모델(Arthur Lewis), 위장실업 노동력을 이용하는 빅 푸시와 대규모 투자계획(Rosenstein-Rodan), 투자율 상승의 결정적 중요성을 설명한 테이크오프 이론(Rostow) 등은 모두 공업화를 근대적 경제성장의 열쇠로 생각하였으며, 농업은 후진적인 전근대적 부문이며 경제성장의 장애로 간주하였다.

그러나 개발도상국이 근대적 경제발전을 개시하는 초기단계에는 농업이 압도적 비중을 차지하며, 그 생산력의 발전이 극히 중요하다. 그 농업생산의 발전은 노동집약적이며, 소농경영의 발달은 상품생산화, 다각화, 농업 외의 상공업이나 임노동과의 겸업 발달이라는 형태를 취한다. 소농민의 다각적·복합적 발전이 어느 정도로 진전하는가가 초기단계의 중요한 조건이다. 농업은 증가하는 비농업 인구에게 식량 등의 생활 수단을 공급하며, 초기의 공업부문에 원료를 공급한다. 생산력 상승에 의한 농업잉여는 근대적 대공업이나 사회기반시설에 대한 투자자금의 원천이기도 하며, 공업화의 초기단계에 급증하는 인구의 다수를 농촌, 농업에 흡수하기도 하며, 발전하는 공업에 시장을 제공하기도 한다.

특히 동아시아의 농업은 극히 노동집약적이고, 더구나 논 농업 중심이어서 노동의 계절성이 극히 크기 때문에 생산력 상승과 다각화·겸업화가 진전하지 않으면, 농업생산물과 노동력의 잉여는 만들어지지 않는다. 그리하여 비농업 부문에 노동력이 흡수되어 버리고 모내기나 수확기 등에 노동력이 부족하게 되면, 농한기에 과잉노동력이 있으면서도 농업생산이 감퇴하는 사태조차 초래되는 것이다.

동아시아의 19세기, 전근대 최후의 단계에서 소농민경영이 가장 발달하였던 것은 일본이며, 이어서 한국, 대만, 중국이었다. 동북아시아는 당시 서유럽, 북아메리카 다음으로 농업의 소경영적 발전이 진전해 있었으며, 그것이 이 지역의 근대적 경제발전의 기초조건을 이루었던 것이다(이상의 서술에 대한 상세한 설명은 中村哲, 『近代世界史像の再構成—東アジアの視點から—』, 青木書店, 1991; 安秉直 옮김, 『世界資本主義와 移行의 理論』, 比峰出版社, 1991을 참조).

토지개혁

최근까지 한국의 농지개혁에 대한 평가는 극히 낮았다. 또 일본의 제2차 세계대전 후의 농지개혁에 대해서도 1960년대까지의 평가는 낮았으며, 강좌파(講座派) 이론에서는 농업의 반(半)봉건제가 온존되었다는 평가조차 있었다. 그러나 한편에서는 일본이나 한국의 고도경제성장의 한 조건으로 토지개혁이 평가되었으며, 다른 한편에서는 세계의 토지개혁에 대한 실증적 연구와 그것에 기초한 비교사적 연구 위에서 일본, 한국, 대만의 농지개혁은 세계적으로 보아 상대적으로 철저하였고, 그 경제적·사회적 효과도 크다는 것이 명확해지기 시작하였다. 최근에는 오히려 반대로 농지개혁 만능론조차 나타났다(徐照彦, 『東洋資本主義』, 講談社, 1990).

토지개혁은 소농민경영의 근대적 발전에 중요한 조건을 만들어 내며, 농촌의 소득수준을 높여서 국내시장의 확대에 공헌한다. 경제발전의 장애가 된 지주세력을 배제하거나 약하게 하며, 계층적 소득격차를 줄이며, 농업잉여나 농촌 잉여노동력의 도시나 비농업부문으로의 이전·이동을 촉진하는 등의 커다란 효과가 있지만, 모든 토지개혁이 이러한 효과를 낳는 것은 아니고, 철저한 토지개혁일수록 효과가 크다고도 할 수 없다.

토지개혁과 경제발전의 관계를 관찰하는 경우, 다음과 같은 점들에 주의해야 한다.

① 근대적 토지개혁에는 크게 나누어 세 개의 단계·형태가 있고, 그것들을 구별하는 것이 필요하다(전게 『近代世界史像の再構成』. 특히 제6장 3. 토지개혁 참조).

② 법률이나 제도의 차원에 그치지 않고, 개혁의 입안·실시 실태를 명확하게 하는 것이 필요하다.

③ 농업·농촌의 실태에 적합한 개혁이 아니면, 아무리 철저한 개혁이라고 해도 큰 효과를 낳지 않는다. 예를 들면 멕시코혁명의 결과로 행해진 토지개혁은 그때 세계에서 가장 철저한 토지개혁이었지만, 농업·농촌의 실태에 어울리지 않는 것이었으며, 그 효과는 1940년대 이후 점차 감퇴하여, 1960년대 이후가 되면 멕시코 농업은 토지개혁을 하지 않았던 다른 라틴아메리카 국가들과 실질적으로 다르지 않아서 네오 라티푼디오(근대적 대경영)와 미니푼디오(생산력이 낮고 가난한 소농경영)의 이중구성으로 되어 있었다. 일본, 한국, 대만의 1940년대 후반에서 1950년대에 걸친 농지개혁이 꽤 철저하면서도 큰 성공을 거두었던 것

은, 소농민경영과 그것이 구성하는 농촌구조가 그 개혁에 적합한, 상당히 높은 수준에 도달해 있었기 때문이다.

④ 토지개혁에 여러 계급이 관계하는 방식, 특히 농민이 어느 정도 적극적으로 그 실시과정에 참가하였던가, 그때 농민 조직화의 정도나 형태 등은 어떠하였던가.

⑤ 토지개혁과 관련하여 소농민경영의 발전을 지원하는 정책이 행해졌던가, 농업을 둘러싼 여러 조건(상공업의 발달 등)은 어떠하였던가.

비공식부문

개발도상국에는 대도시 그중에서도 수도에 방대한 비공식부문이 형성되어 있다. 그 사실로부터 이중경제론의 2부문론 대신에 농업 부문, 도시 비공식부문(농업 이외의 전통부문), 도시 공식부문(근대부문)이라는 3부문론이 나타났다.

영국을 위시한 서유럽 국가들에서도 19세기 대도시에는 많은 슬럼이 형성되었다. 19세기 말부터 20세기 전반의 일본도 마찬가지였다. 서유럽, 일본은 선진국으로 발전하면서 슬럼이 점차 축소되었다. 대도시 인구는 임노동자, 화이트칼라, 상공업 자영업자 등을 중심으로 구성되어 이른바 도시 중간층의 비중이 높아졌으며, 슬럼은 임노동자나 중하층 자영업자 등의 거주구역으로 바뀌어 갔다. 이에 대하여 현재의 개발도상국이나 신흥공업경제의 비공식부문은 과거의 서유럽이나 일본의 슬럼보다 훨씬 방대하며, 경제가 발전해도 축소되지 않는다고 이야기된다.

① 그러나 이 비공식부문은 전통적 부문에서가 아니고 개발도상국의 경제개발(=근대화)과정에서 형성된 것이다.

② 그 경제적 내용을 보아도 일본의 자본주의화 초기단계에 관찰되었던 것과 유사하며, 직접적으로 자본주의적 관계에 들어가 있지는 않지만, 여러 가지 형태로 간접적으로 자본주의와 관련을 가지고 있는 일이 많다.

③ 비공식부문으로 불리는 것의 내부에도 일부에서는 근대적 임노동자나 자본주의적 가내노동자가 형성되고 있다. 신흥공업경제의 비공식부문에서는 그 경향이 한층 현저하며, 도시 중간층도 형성되어, 본래의 비공식부문은 축소되고 있다.

④ 따라서 확실히 과거의 서유럽이나 일본의 슬럼보다 방대한 인구를 품으며, 독자적인 측면도 가지고 있겠지만, 개발도상국의 경제발전과 함께 형성되고, 변질되고, 축소되는 것이며, 그 구체적인 양상을 조사·분석하는 일이 필요하다.

중소공업

공업화에 관한 종래의 연구는 압도적으로 대공업 중심이었다. 경제개발론에서도 사정은 같다. 중소영세공업은 후진적 전근대적 존재이며, 자본주의가 발전하면 점차 없어지는 것이라는 생각이 강하였던 것이다. 이것도 서유럽의 역사적 경험을 기초로 하여 그것을 다분히 이념화한, 서유럽 중심주의적 사고이다. 중소영세공업은 서유럽에도 존재하였지만, 연구에서는 무시되었던 것이다. 비구미자본주의 국가인 일본은 제2차 세계대전 이전에 엄청나게 많은 중소영세공업이 존재하였기 때문에 예외적으로 중소공업 연구가 상당히 행해져 왔지만, 그러한 연구도 다수는 위에서 서술한 서유럽 중심주의의 입장에 선 것이었다. 방대한 중소영세공업은 일본자본주의의 후진성을 나타내는 것으로 이해되었고, 상대적과잉인구를 기초로 하는 저소득·저임금노동, 낮은 기술수준, 전기적(前期的) 상업자본의 지배라고 하는 특징이 부여되었다.

그러나 일본이 고도경제성장을 이루어 선진국화하였으며, 나아가서 1980년대 이후 제조업의 국제경쟁력이 선진자본주의 국가 중에서도 가장 강하게 되자 기술수준이 높은 중소공업의 두터운 존재 및 거대기업과 중소기업 사이의 계열·하청관계의 존재가 그 중요한 조건임이 명확하게 되었다. 또 아시아 신흥공업경제 특히 대만과 홍콩의 수출지향 공업화의 중심은 중소영세공업이었으며, 한국에서는 박정희 정권하의 중화학부문 대규모공업 육성정책이 1970년대 후반에 벽에 부딪혔고, 중소공업이 급속히 발달하기 시작하였다. 중국에서도 1978년 말 개혁개방정책으로의 전환 이후 향진(鄕鎭)기업이 급격히 발달하였는데, 그것은 농업에서 소농경영의 부활·발전과 함께 중국의 사회주의경제로부터 시장경제로의 전환이 구소련·동유럽과 비교해서 비교적 순조롭게 이루어지는 커다란 조건이 되었다. 요약하면 동아시아자본주의의 발달이 중소영세공업의 중요성을 분명하게 드러내며, 새로운 관점에 선 중소영세공업 연구의 필요를 제기하고 있는 것이다. 우선 여기에서는 다음 두 가지를 지적해 두고 싶다.

첫째, 공업화의 초기단계에는 상업자본과 영세공업의 성격·역할이 중요하다는 것이다. 우선 동아시아 국가들은 19세기 중기에 세계시장에 편입되었지만, 그 직전단계에서 상업자본에 의한 영세공업의 조직화(종래에 일반적으로 선대제라고 불려 왔던 것)가 진전하고 있었던 것은 일본뿐인 듯하며, 일본에서는 그 후 20세기 초기에 이를 때까지 상업자본과 영세공업의 관계가 발달해 갔다. 일본만은 아니고 일반적으로 자본주의화의 초기에는 자본·임노동관계가 아닌, 위와 같은 공업화가 양적으로는 오히려 압도적으로 많았다. 그 기술은 극히 노동집약적이고 언뜻 전통적으로 보이지만, 실제는 기술진보도 있었으며, 이전에는 전혀 존재하지 않았던 신제품이 생산되는 경우도 많았다. 그리고 그 기술진보나 신제품은 상업자본이 주도하는 경우가 많았다. 요컨대 자본주의화 초기단계에는 영세공업의 내부적 변화 및 영세공업과 상업자본의 관계 변화가 중요하며, 전근대적·전통적인 영세공업과 세계시장에 편입되면서 형성·발달하게 되는 영세공업을 구별해야 하는 것이다.

둘째, 대기업과 중소영세공업의 관계이다. 제2차 세계대전 후 일본의 경제적 성공 때문에 대기업과 중소기업의 계열·하청관계가 주목을 끌고 있지만, 일본에서도 그러한 관계가 형성되는 것은 1930년대 이후의 일이며 특히 제2차 세계대전 후이다. 20세기 초까지는 일본에서도 대기업과 중소공업은 직접적으로는 결부되어 있지 않았다. 대기업이 필요로 하는 것은 대기업이 생산하였으며, 중소공업이 필요로 하는 것은 중소공업이 생산하였다. 때로 생산물이 동일하기도 하였지만, 생산물의 품질과 그것이 유통되는 시장은 서로 다른 경우가 많았다. 예를 들면 대기업은 대형 제품·고급품을 생산하며, 중소공업은 소형 제품이나 저가 제품을 생산하였다. 그 반대의 경우도 있었다. 그러나 전혀 경제적 연관성이 없었던 것은 아니기 때문에 자본주의화 초기단계를 소재로 해서 대기업과 중소기업 사이의 직간접적인 관련·비관련 방식을 분석할 필요가 있다. 경제를 근대부문과 전통부문으로 분류하고, 그 비중을 이용해서 근대화 정도를 측정한다고 하는 방법은 자본주의화 초기단계에는 전혀 유효하지 않다. 대규모의 근대적 공업으로부터 완전히 전통적으로도 보이는 영세공업에 이르기까지 공업 전체에 대해서 그 관련 방식과 정도를 유형화할 필요가 있다.

세계시장에 수동적·타율적으로 편입된 후발국의 경우 선진국의 진전된 기술을 도입한 이식형 대공업의 건설이 필요하기는 하지만, 그것은 노동집약적인 중소영세공업의 육성과 양립해야 한다. 이식형 대공업의 건설에 지나치게 중점을 두면, 대공업이 국내의 다른 부문과 무관하게 되어 대공업 자체의 발달도 결국은 저해되기 때문이다. 그런 예는 라틴아메리카, 인도, 중국 등 지극히 많다.

국가와 사회통합

세계자본주의 체제에 편입된 개발도상국의 공업화에는 국가의 역할이 중요하다. 선진국이나 다국적기업의 강력한 경제적 침투를 방치하고 국내에서의 자유로운 활동을 허용하면 종속경제로 되는 것은 필연적이며, 반대로 그것을 저지하면 국제적으로 고립되고 경제발전에 뒤처져 버린다. 국제경제와 국내경제를 조정하고, 선진국이나 다국적기업과 협력을 계속하면서도 주체성을 유지하여 적절히 그들의 국내활동을 통제하고, 국내경제 통합을 추진하며, 국제적으로는 비교우위의 조건을 만들어 가는 것이 국가의 경제적 기능이다. 따라서 정치적 독립은 자립적 공업화를 위해 필요한 기본적 조건이다.

그러나 다른 한편에서 국가가 그러한 경제적 역할을 어느 정도까지 담당할 수 있는가는 그 사회의 양상에 의해서 정해진다. 사회를 구성하는 다양한 집단이나 단체의 성격, 그 발달수준, 그 사회단체들의 상호관계 등은 사회에 성격을 부여한다. 예를 들면 일본에서는 에도시대 이래 상공업자 단체(동업조합)가 발달하였으며, 메이지유신 이후에도 업종별·부문별·지역별로 상업회의소 등의 상공업단체가 고도로 발달하였다. 그리하여 정부의 많은 경제정책이 그러한 단체들을 통해서 실시되었다.

그렇지만 현재의 개발도상국에서는 상공단체의 자주적 발달은 일반적이지 않다. 그 때문에 정부 경제정책의 실효성 특히 국내경제에 대한 정책의 침투력이 낮거나, 한편으로 치우치는 일이 많다. 또 행정력으로 그 실효성을 높이려고 하면 관료제가 비대하게 되기 쉽고, 재정팽창의 원인이 되며, 부패·비효율을 낳게 된다.

지금부터 국가에 의한 사회·경제통합의 양상과 정도 및 국가에 대한 사회의 규정성에 중점을 두고 개발도상국 특히 동아시아 국가들을 관찰하는 경우의 몇 가지 문제점을 지적한다.

① 권위주의 체제론 특히 개발독재 체제론에 대해서 살펴본다. 개발도상국의 국가를 권위주의 체제 혹은 개발독재로 정의하는 일이 많지만, 그러한 개념은 그다지 유효하지 않다. 예전에는 민주주의적 정치체제가 근대적 경제발전에 가장 적합한 정치체제라고 하는 견해가 있었지만, 그것도 서유럽역사를 이상화한 이론이었던 것이다. 하지만 개발독재가 개발도상국의 경제발전에 가장 적합하다고도 할 수 없다. 이런 식의 국가 분류는 국가의 사회·경제통합 기능이라는 점에서는 형식적인 것에 지나지 않는다.

기타하라 쥰(北原淳) 씨는 태국의 역사적 경험에 기초해서 개발도상국의 독재체제를 전근대적인 I형과 근대적인 II형으로 나눈다. I형은 특정한 정부 요인이나 지배집단이 특정한 자본가나 자본가집단과 개별적으로 유착하여 상호의 사적 이익을 도모하는 유형이며, II형은 정부가 특정한 자본가나 기업의 이익으로부터는 중립적이며, 자본가단체, 자본가정당 등 자본가계층 전체와 제도적으로 관계하여 공적 이익을 도모하는 유형이라고 한다(徐照彦·北原淳編, 『アジアNIESと第三世界の發展』, 有信堂, 1991, 제1장). 이 견해는 개발독재체제와 경제적 근대화의 관계를 파악하는 데 어느 정도의 유효성이 있다. 그런데 I형을 전근대적이라고도 할 수 없을 것이다. I형과 II형의 구별은 오히려 국가의 사회통합 기능의 발달 정도의 차이이며, 개발도상국 국가와 신흥공업경제 국가 사이의 차

이라고 하는 것이 타당하지는 않을까?

전근대국가와 근대국가의 차이는 계급적인 것이며, 그 국가가 전통적 지배를 유지하려 하는가, 그것을 해체하고 근대화를 추진하려 하는가에 의해서 정해진다. I형이라도 후자라면 근대국가이다.

② 독재인가 민주주의 체제인가 하는 점도 형식적이 아니라 실질적으로 파악해야 한다. 민중의 정치 참여나 정치적 발언력이 어느 정도 인정되고 있는가, 정책에 민중의 이해관계가 어느 정도 포함되어 있는가라는 점을 관찰할 필요가 있다. 동아시아의 권위주의 체제에서는 대개 민중의 정치 참여가 어느 정도 인정되어 있었다. 동아시아 개발도상국의 대부분은 원래 식민지였으며, 독립을 쟁취하는 과정에서 민족적 내셔널리즘이 고양되었다. 그 때문에 국가의 정당성을 유지하기 위해서는 민중의 참여를 어느 정도 인정해야 하였던 것이다. 그것이 권위주의 체제를 실질적으로 견제하고, 권력의 부패나 비능률을 상당히 막았다고 생각된다. 19세기의 라틴아메리카 독립은 본국에서 이주한 서유럽계 지배층에 의한 본국의 식민지지배에 대한 반란에 지나지 않았으며, 20세기 50~60년대 아프리카 국가들의 독립도 그 내셔널리즘 고양의 대부분은 민중수준의 것이 아니었고 조작된 요소가 컸다.

③ 개발도상국 정치체제의 근대화에 대해서는 우선 다음 세 가지 점을 관찰하는 것이 유효할 것이다. (a) 전국적인 행정조직과 징세조직의 발달 정도, (b) 일국 단위의 경제정책이 그 나라의 국내외적 여러 조건에 적합한 정도 및 그 입안·결정·실시의 메커니즘, (c) 정부 정책에 각계각층의 요구가 반영되는 메커니즘의 존재 여부, 그 방식, 발달 정도이다.

식민지의 양상

동아시아의 많은 나라는 예전에는 구미 또는 일본의 식민지였다. 따라서 동아시아자본주의의 역사적 조건에 대한 연구에는 식민지를 어떻게 파악할 것인가 하는 과제가 있다. 종래에 식민지 및 그것에 대한 제국주의 지배에 관해서는 기본적으로 서로 대립하는 두 가지 사고방식이 있었다. 하나는 식민지지배의 긍정적인 면을 강조하고 부정적인 면을 과소평가하는 것으로 제국주의 본국의 지배는 후진적인 저개발국에 철도·도로·항만 등의 사회기반시설, 근대적 공업, 교육·의료 등을 도입하여 식민지를 문명으로 이끌었다고 하는, 제국주의 지배를 정당화하는 입장에 선 사고방식이다. 다른 하나는 이것과 대극에 위치하는 것으로, 민족해방운동 나아가서 제2차 세계대전 후에 식민지지배로부터 독립을 달성한 신흥국의 입장에서 제국주의에 의한 식민지 착취·수탈을 강조하는 사고방식이다.

그러나 서로 대립하는 두 가지 견해에는 기본적인 공통점이 있다. 그것은 양자 모두 식민지를 규정하는 기본적 요인을 지배하는 제국주의 측에 두고 있는 점이며, 식민지의 내적 조건은 경시하거나 부차적으로만 보는 경향이 있는 것이다. 이것은 앞에서 보았듯이 종래의 경제학 나아가서 마르크스경제학이나 신종속이론, 세계시스템론도 개발도상국의 자본주의적 공업화를 규정하는 요인을 선진국 측, 세계시장 측에서 관찰하는 경향이 강하였던 것과 공통되는 문제이다. 제국주의 본국과 식민지라고 하는 조건이 그러한 경향(선진국 중심주의·서유럽 중심주의)을 더 강화하고 있는 것이다.

1970년대에는 예전의 식민지였던 개발도상국 중에서 급속히 자본주의화하는 나라가 나타났다는 것이 인식되었다. 실제로는 그보다 이른 시기, 아마도

1930년대에 시작되었겠지만 1970년대에 선진국 경제가 정체하는 중에 선진국에 대한 수출을 주력으로 하는(이것도 선진국 측에 그렇게 보였다고 하는 면이 강하다) 신흥공업경제의 급속한 대두가 주목 받게 되었던 것이다. 나아가 1980년대에는 그 속에서도 특히 아시아 신흥공업경제의 발전이 현저하였으며, 그에 이어서 아세안 국가들도 자본주의화하기 시작함으로써 동아시아 지역의 급속한 경제발전과 자본주의화의 역사적 조건에 대한 관심이 생기기 시작하였다. 그 중심적 과제의 하나가 식민지지배의 양상과 독립 후 경제발전·자본주의화의 사이에 어떤 관련이 있는 것인가 하는 문제이다. 이 문제를 검토하는 경우 다음의 여러 가지에 주의해야 한다.

① 동아시아자본주의 형성·발전의 역사적 전제·조건으로서의 식민지 연구는 식민지의 내적 조건을 기본으로 할 필요가 있다. 그것은 첫째로 제국주의 본국의 시점에 선, 제국주의 연구의 일환으로서의 식민지 연구가 아니고 그 나라·지역의 역사적 발전과정 속에서의 식민지시대 연구이며, 그 나라·지역의 전근대로부터 현대에 이르는 역사의 일부라는 관점에서의 연구라는 것이다. 미리 말해 두지만, 이것은 제국주의 연구의 일환으로서의 식민지 연구가 필요 없다고 하는 것은 아니다. 양자는 연구대상이 공통되지만 연구의 시점이나 과제가 다른 것이다. 둘째로는 앞에서 서술한, 식민지에 대한 종래의 이해방식으로부터 벗어나야 한다. 셋째로는 종래의 식민지 연구는 제국주의 본국의 정책을 중심으로 하였지만, 이제는 정책수준의 연구가 아니고 경제 나아가서 사회·정치의 실태와 그 구조에 대한 연구를 중심에 둘 필요가 있다. 이 점은 신흥공업경제 연구나 개발도상국 연구에 대해서도 공통되는 문제이다. 종래의 신흥공업경제나 개발도상국 연구는 정책수준의 연구가 압도적으로 많으며, 개별 농촌 등에 대한 실태조사도 많지만, 국가 경제 전체의 구조분석이 본격적으로 진전해

야 한다.

② 제국주의 본국의 정책에 대해서도 그것에 대한 식민지 측의 대응, 양자의 상호작용, 그 결과물인 식민지 경제구조의 변화를 살펴보면, 본국의 식민지 정책이 식민지의 내적 조건에 크게 규정된다는 것을 이해하게 된다. 정책의 실효성이라는 점에서는 그 경향이 한층 더 강하다.

③ 식민지 양상의 차이. 식민지는 제국주의 국가에 의해서 국가 주권을 빼앗긴 상태이지만, 종주국의 식민지지배의 양상과 그 정책은 다양하게 다르다. 종주국이 다르기 때문만이 아니다. 같은 종주국이라도 식민지마다 그 정책이 다른 경우도 많으며, 같은 종주국의 같은 식민지에서 시기에 따라 다른 경우도 있다.

예를 들어 영국의 아시아 식민지도 크게 (a) 인도·실론(현재의 스리랑카)·버마(현재의 미얀마), (b) 말레이시아, (c) 홍콩·싱가포르의 세 유형으로 나눌 수 있다. 영국의 인도·실론·버마에 대한 지배는 착취·수탈의 면이 강하였기 때문에 식민지 민중에게 자본주의에 대한 반감을 심어 주게 되었으며, 독립 후의 정부는 사회주의적 정책을 펴게 되었다. 말레이시아에 대한 지배는 실론과 버마에 대한 지배정책을 반성하였던 것, 말레이시아 인구가 적었던 것 등 때문에 인도·실론·버마에 대한 지배와는 상당히 달랐다. 예를 들어 실론에서는 촌락공유지가 식민지 정부에게 빼앗겼고 플랜테이션 소유자에게 매각되었다. 1935년에 그 정책이 폐지될 때까지 약 42만 헥타르에 이르렀으며, 촌락공유지 상실은 소농민에게 커다란 타격을 주었다. 그러나 말레이시아에서는 1913년에 말레이인 보류지구법(保留地區法, Malay Reservations Enactment 1913)이 제정되었고, 말레이인의 촌락사회를 영국인 식민자로부터 지킬 목적으로 비말레이인에 대한 토지매각이 금지되었다. 말레이시아는 당시에 인구밀도가 낮았기 때문에 말레이인 소농민의 공유지를 수탈하지 않아도 영국인이 플랜테이션을 발달시킬 수 있다는 사정도 있었다. 독립 후 1960~1970년대 말레이시아의 급속한 경제발전은 농업부문의 발전에 의존하였는데, 식민지시대에 소농민경영이 어느 정도 발전하였던 것이 농업성장의 한 요인이었다고 생각된다. 영국은 홍콩과 싱가포르를 동아시아 지역에서 영국의 해운·금융·무역 나아가 정치·군사의 거점으로 개발하였다. 그것이 제2차 세계대전 후에 두 지역의 자본주의 발전의 기반으로 되었다.

제2차 세계대전 후의 몬순 아시아 경제발전에 관해서 뛰어난 연구를 하였던 하리 오시마는 이러한 사실에 기초해서 남아시아, 동남아시아, 신흥공업경제라는 세 지역의 독립 이후 경제발전이 서로 많이 달랐던 것은 식민지 통치의 차이 때문일 수 있다고 하였다(Harry T. Oshima, *Economic Growth in Monsoon Asia: A Comparative Survey*, Univ. of Tokyo Press, 1987; 小濱裕久·渡邊利夫譯, 『モンスーンアジアの經濟發展』, 勁草書房, 1989).

오시마의 연구에는 식민지정책을 중심으로 한 것이라는 결함이 있다. 식민지의 내부구조와 그 변화를 중심에 두고서 식민지의 비교사적 연구를 하는 것, 그것과 독립 후의 경제구조 변화를 관련지어 식민지를 유형화하는 것이 필요하다.

④ 식민지시대의 한국·대만 경제구조의 변화와 그 조건. 이 문제에 대해서 나는 예전에 조잡한 검토를 한 일이 있다(전게, 『近代世界史像の再構成』, 『世界資本主義와 移行의 理論』, 제3장). 그리고 한일 공동연구에 의해서 한국에서의 그 구체적인 양상이 상당한 정도로 명확하게 되기 시작하였다(『朝鮮近代の歷史像』, 日本評論社, 1988; 『近代朝鮮의 經濟構造』, 比峰出版社, 1989, 日本評論社, 1990; 『近代朝鮮水利組合研究』, 一潮閣, 1992, 日本評論社, 1992; 『近代朝鮮工業化의 研究』, 一潮閣, 1993, 日本評論社, 1993).

안병직 씨는 그 기본적 요점을 다음의 두 가지로 정리하였다. 첫째는 일본제국주의의 한국에 대한 식민지지배의 특징은 '개발을 통한 착취'이며, 그리하여 한국에서 일본 자본이 주도하는 자본주의가 발달하였다는 것이다. 둘째는 한국인 자본도 일본 자본에 억압되는 한편 그 영향하에서 발전하였다는 것이다(전게, 『近代朝鮮工業化の研究』, 서언). 그 원인은, 일본제국주의가 최후의 제국주의였고 선진국들의 식민지지배를 연구하며 정책을 전개하였던 것, 게다가 양차대전 사이 즉 19세기자본주의로부터 20세기자본주의로의 이행기에서의 식민지지배였던 것, 한국은 식민지 이전에 소농민경영이 상당히 고도로 발달한 상태였으며, 관료제도 전근대적 형태이기는 하지만 발전한 상태였던 것, 그러한 역사적 전제조건 위에서 조선 민중이 일본제국주의의 지배에 주체적으로 대응하였던 것 등이었다.

일본제국주의가 패배하였기 때문에 일본의 제국주의적 지배는 패전과 동시에 일거에 해체되었고, 한국의 독립이 조기에 이루었으며, 식민지시대의 일본정부·일본인의 재산은 모두 남북한의 소유로 돌아갔다. 마치 외국 자본의 완전한 무상몰수와 같은 사태가 되었던 것이다. 인도네시아에 대한 네덜란드의 지배, 베트남에 대한 프랑스의 지배가 제2차 세계대전 후에 부활하였고, 그것에 대해서 인도네시아, 베트남의 민족해방·독립 투쟁이 무력을 수반해서 행해졌던 것과 비교하면 경제개발에 상대적으로 유리한 조건이었다고 말할 수 있다.

후기

동아시아자본주의의 내적 조건에 대해서는 이외에도 중요한 것이 많지만, 시간을 다 썼기 때문에 이상으로 일단 마치기로 한다.

보충설명

이 장은 1993년 12월 15일에 행해진 '東アジア地域研究會'의 창립대회에서의 보고를 문장화한 것이다.

동아시아지역연구회는 일본에서 동아시아 연구가 본격적으로 착수되는 데 대응하여, 동북아시아와 동남아시아의 경제·정치·역사를 연구하는 서일본의 연구자를 회원으로 해서 간사이(關西) 지방을 중심으로 창립되었다. 주목적의 하나는 동아시아 연구가 주로 국가별로 행해지고 있는 상황을 타파하고, 개별 국가를 넘어서 동아시아를 전체적, 통일적으로 파악하는 것이었다.

03

현대의 역사적 위치

1. 현재 세계에서 일어나고 있는 중요한 변화
2. 자본주의의 종언에 대한 사고방식
3. 자본주의의 성숙
4. 인간의 재생산과 그 사회화

맺음말

1. 현재 세계에서 일어나고 있는 중요한 변화

금융위기와 세계불황

2007년 미국 서브프라임 모기지의 파탄에서 발단한 금융불안은 2008년 3월에는 5대 투자은행의 하나였던 베어스턴스가 파탄하여 심화하였다. 9월에는 투자은행 중에서 4위였던 리먼 브라더스가 도산하였으며, 그 이후 급격한 신용수축, 생산·소비의 급감 등이 일어나 세계경제 위기가 일거에 심각하게 되었다. 1929년 세계대공황 이래 초유의 세계경제 위기 혹은 100년에 한 번 일어날 위기라고 불렸지만, 현시점에서 보면 주요국 정부와 중앙은행의 협조, 금융기관과 기업에 대한 그들의 조기 대응이 효과를 낳아 2009년 1~3월을 바닥으로 세계경제는 예상외로 빨리 회복되었다. 금융위기가 패권국인 미국에서 출발하였던 것, 특히 금융력에서 세계 최강인 미국이 금융 그 자체에 의하여 금융이 파탄하고 세계에 중대한 피해를 입혔던 것, BRICs[1] 등의 신흥국도 불황에 빠졌고 디커플링론[2]이 파탄한 것 등이 커다란 특징이었다. 그러나 그와 동시에 중국, 인도를 비롯한 신흥국(중진자본주의국)이 주도해서 세계경제가 급속히 회복되고 있는 것도 일반의 예상을 뛰어넘었다.

---

1 BRICs는 미국 최대의 투자은행 골드만삭스(형식적으로는 상업은행)가 명명한 것인데, 거기에 포함되는 4개국(브라질, 러시아, 인도, 중국)의 성격은 상당히 다르다. 특히 러시아는 인구 감소국이며, 제조업이 약하고, 자원에 의존하는 경제로서 다른 3개국과 경제적으로 차이가 크다. BRICs에서 제외되어야 한다는 의견도 많다.

2 Decoupling, 본래의 의미는 '분리'. 2007년 후반에 미국의 경기후퇴가 분명하게 되었을 때, 세계경제는 중국·인도·러시아·중동 등이 견인하고 있어서 미국경제가 나빠져도 그 국가들의 경제성장이 보충하기 때문에 세계적인 경기후퇴는 일어나지 않는다고 하던 사고방식이며, 세계경제의 일체성·상호연관성을 무시·경시한 낙관론이다.

주요국 정부 및 국제기관이 국제협조하여 위기를 일단 저지한 것은, 1929년 대공황에 대한 잘못된 대응, 그로 인한 불황의 장기화, 세계시장의 축소·분단, 국제대립의 격화, 세계대전이라는 고통스러운 역사적 경험이 강하게 작용하였기 때문이다(1990년 버블 붕괴 이후의 일본의 장기불황의 교훈도 있었다). 그런데 위기가 저지되었을 뿐, 문제가 해결되고 위기가 해소된 것은 아니다. 정부 개입은 전례 없는 대규모였지만 앞으로 더 확대될 것이며, 방대한 재정적자는 앞으로 더 증가할 것이다. 이미 국가신용이 낮아지기 시작하였으며, 종래의 경제위기처럼 약소국·발전도상국에서 그치지 않고 영국·일본이나 남유럽의 EU 가맹국 등 선진자본주의의 국가신용도 낮아지고 있다. 아이슬란드, 아일랜드 등 유럽의 소국은 은행 규모가 국가의 구제능력을 훨씬 초과해 버렸다. 금융자본주의 개혁, 금융기관의 규제·규모 축소가 자본주의 존속을 위해서 필요하게 되었다.

혼란스러운 세계

경제위기 후 세계경제에는 커다란 변화가 시작되고 있다. 1990년대부터 미국 금융자본주의를 중심으로 하는 글로벌자본주의가 붕괴되고 새로운 다극화가 시작되었는데, 그것이 어디에 다다를지, 어떠한 세계시장이 만들어질지는 아직 알 수 없다. 동아시아에 대해서 말하면, 미국 금융자본주의가 만들어 낸 미국 가계의 과잉소비가 지금은 줄어들고 있어 대미 수출에 의해 지탱되고 있는 동아시아 경제는 다른 시장을 찾아내어야 한다. 중국을 비롯한 동아시아(인도를 포함) 국가들은 재정투자를 급증시켜 국내시장 개발을 지향하고 있다. 중국은 거액의 재정투자를 사회기반시설 정비에 배정하여 효과를 거두고 있지만, 금융완화가 부동산 버블을 낳자 금융을 긴축하기 시작하였다. 중장기적으로 보면, 동아시아 국가들에게는 무역만이 아니고 투자·통화를 포함하여 동아시아경제권을 어떻게 만들어 가는가가 커다란 과제이며, 그것을 위해서는 중·일을 비롯한 동아시아 국가들의 안전보장을 포함하는 정치협력의 강화가 불가결하다.

환경문제도 21세기의 커다란 과제이지만, 국가나 자본 등의 이해대립이 크다. 최근에는 경제문제로 특히 이산화탄소 배출량 삭감이 지나칠 정도로 중심과제로 되어 그 이외의 중요 문제는 등한시되고 있다. EU는 이산화탄소 배출량 삭감에 열심인데, 배출권 거래용 금융시장을 육성해서 세계의 중심이 되려는 의도를 가지고 있으며, 미국이 반격 중이다. 코펜하겐에서 열렸던 '유엔기후변화회의(COP15)'는 2009년 12월 19일에 종료하였지만, 의미 있는 합의는 거의 이루어지지 않았다. 이산화탄소 배출에 의한 기후 온난화 데이터에도 의문이 제출되어 있다. 미국 그리고 중국 등 신흥국·개발도상국은 자국의 경제발전을 중심에 두며, 그것과 양립하지 않는 환경정책에는 반대이고, 경제나 기술의 새로운 분야로서의 환경문제를 중시하는 태도를 취한다. 인류 생존의 기반인 지구 환경문제의 해결은 전도가 요원하다. COP15에서 특징적이었던 것은 중국 주도의 개발도상국들이 유엔에서 커다란 힘을 가지게 된 것이다. 앞으로 국제기관(유엔, IMF, WTO 등)은 제도를 크게 개혁하지 않으면 기능하지 않게 될 것이다.

핵문제가 북한, 이란에 대한 제재에 지나치게 집중되어 있기는 하지만, 미국은 핵의 새로운 세계 관리체제 형성에 나섰으며, 러시아와 협조하여 핵군축을 추진하고 있다. 미·러·영·프·중 5개국(이 5개국은 유엔안전보장이사회의 상임이사국이기도 하다)의 특권을 인정하는 핵확산방지조약(NPT)은 5개국 이외의 핵보유국이 차례차례 출현하자 조약의 실효성이 낮아졌기 때문이다.[3] 또 핵보유국의 정치적 불안정과 핵 소형화가 핵유출 가능성을 높이고 있다. 이스라엘이 이란의 핵무장을 저지하기 위해서 선제공격할 가능성도 있으며, 그것은 중동전쟁의 계기가 된다.

중국, 인도를 비롯한 신흥자본주의국(중진자본주의국)의 발전은 점점 분명해졌다. 그 발전은 세계경제 시스템 전환의 추진력이며, 이 국가들의 정치적 발언권을 강화하였다. 선진국 정상회의인 G7, 혹은 러시아를 더한 G8의 힘은 크게 약화되었다. 현재의 경제위기에 대한 세계적 협조체제에서는 주요 신흥자본주의국을 더한 G20이 실질적인 협의체가 되기 시작하였다. 그러나 G7, G8은 여전히 개최되고 있으며, 유엔, IMF, WTO 등 낡고 기능이 약해진 국제기관을 대신하는 새로운 기관에 대한 구상은 아직 나와 있지 않다. 현행 기관의 부분적인 개선도 안건(신흥국의 발언권 강화)은 제출되어 있지만, 그 실행은 아직 요원하다.

미국 패권의 20세기 세계자본주의 시스템의 해체과정이 금융위기에 의해서 가속되었음에도 불구하고, 그것을 대신하는 21세기적 제도의 구축은 뒤처져 있다.

현대의 역사적 위치

이번의 세계경제 위기에 대해 1980년대 이래의 신자유주의의 종말, 혹은 1990년대에 시작된 금융자본주의의 종언 등의 평가가 제출되어 있지만, 역사적 시야를 더 넓혀서 1929년 공황과 유사한 면에 주목해야 한다. 그것은 단순히 그 심각성, 규모, 영향력뿐만 아니라(이 점에서는 이번의 경제위기는 1929년 공황

3 이미 핵병기를 보유하는 북한이 그것을 포기할 가능성은 적으며, 미국은 그것을 인정하여 관리하는 방침으로 변하였다고 이야기된다.

보다 상당히 작다), 1929년 공황이 19세기자본주의로부터 20세기자본주의로의 이행기에 일어났으며, 이행을 강력하게 촉진하였던 점에 주목할 필요가 있다. 이번의 세계공황은 1989년 베를린장벽 붕괴, 1990년의 독일통일, 1991년 소련 붕괴에서 시작된 20세기적 세계체제의 해체과정에서 일어났으며, 그 과정을 강력하게 촉진한다. 미국경제의 약체화, 미국에 의한 세계지배의 후퇴, 신흥국 특히 중국의 세계 정치·경제에 대한 영향력의 급속한 증대, 선진자본주의국과 신흥국의 세력관계의 변화 및 대립·마찰을 촉진하는 것이다. 그렇기 때문에 이번의 경제공황이 극복되면 세계경제가 안정될 것이라고 기대할 수 없으며, 세계 정치·경제의 불안정 상태는 계속되고, 이후에도 경제위기를 몇 번이나 겪게 될 것이다.

직전 세계의 체제전환은 1929년 대공황과 두 번의 세계대전을 겪은 후, 미국 주도의 브레턴우즈체제 성립에 의해서 마무리되었다. 이번의 위기는 난폭하게, 전쟁(제3차 세계대전)에 의해 결말지어지지는 않을 것이므로(만약 일어나면 대규모 핵전쟁으로 되고, 인류 절멸의 가능성도 있다), 그런 만큼 해결에 시간이 걸리며, 우여곡절을 겪을 것이다.

2. 자본주의의 종언에 대한 사고방식

19세기 중반 이후 즉 세계자본주의(자본주의가 세계경제의 중심으로 되어 세계경제를 규정하게 된 단계)가 성립한 이후, 자본주의를 총체적으로 인식하여 그 발전과정을 분석함과 동시에 그것에 입각해서 자본주의의 종말·몰락의 양상과 조건을 검토한 것은 마르크스경제학 계통의 이론뿐이었다고 생각한다. 마르크스경제학은 자본주의를 역사적·과도적인 체제라고 생각하기 때문에 그런 분석을 하는 것이 당연하다. 그에 반해 근대경제학은 근대자본주의를 영속하는 것으로 전제한다. 그런데 마르크스경제학은 자본주의를 변혁하고 다음의 새로운 사회를 지향하는 이론이기 때문에 현실을 그 방향으로 해석하기 쉽다. 이것은 장점이기도 하고 단점이기도 하다. 그 때문에 지금까지 자본주의의 종말·몰락을 몇 번이나 예상하였지만, 그때마다 현실에 배반당하였다.

자본주의 종말·몰락론의 주요한 이론가로서 마르크스, 엥겔스, 레닌, 로자 룩셈부르크를 들어 소개한다. 20세기 초까지의 이론만 소개하는 것인데, 20세기 후반 이후의 신종속이론[4](Frank, Amin), 세계시스템론(Wallerstein), 조절이론[5](Boyer, Aglietta) 등은 자본주의 특히 20세기자본주의의 구조와 여러 모순에 대한 연구가 중심이었다.

---

4 제2차 세계대전 후의 식민지 독립을 배경으로 1950~1970년대에 제3세계경제를 연구하는 이론이 형성되었다. 최초는 1950~1960년대 라틴아메리카로서 Raúl Prebisch 등이 세계를 공업화한 중심부와 그것에 원료를 공급하는 주변부로 나누었으며, 원료·1차산품의 공업 제품에 대한 교역조건이 장기적으로 악화하기 때문에 주변부는 공업화하는 이외에 발전의 길은 없다고 주장하였다. 이것이 종속이론이며, 유엔무역개발회의(UNCTAD)의 유력한 이론적 지주로 되었다. 그것에 대하여 주변부의 마르크스 계통의 이론으로부터 주변부는 단순히 비공업적인 것은 아니고 중심부에 지배·착취당하고 있기 때문에 후진적인 것이라는 비판이 나왔다. 프레비시 이론이 무역의 불리함만을 주장하고 있는 데 대해서 생산과 정치의 측면을 포함하는, 중심부에 대한 주변부의 종속성을 주장한 것이다. 이것이 신종속이론이며, 1970~1980년대에 세계적으로 유력한 이론이 되었다. 그러나 이 이론은 1970년대 이후의, 신흥공업경제를 비롯한 구식민지·주변부 국가들의 급속한 경제발전을 설명할 수 없었고, 영향력이 약해졌다.

5 1970년대 중반부터 프랑스를 중심으로 형성된 경제이론이며, 마르크스 이론을 계승하고, Althusser의 구조주의적 마르크스주의를 중심으로 케인스 이론을 받아들여서 구성되었다. 선진자본주의 경제의 장기적 변동을 분석하는 것이 큰 특징이다. 또 선진자본주의의 축적양식에는 나라마다 차이가 있다는 점을 명확히 한 데에도 의의가 있다. 주변부 경제를 분석한 A. Lipietz, C. Ominami 등도 있다. 현재도 세계경제 분석의 유력한 이론의 하나이다.

마르크스

마르크스의 자본주의 종언론은 1857년까지는 공황혁명론이었다. 1847년 공황을 계기로 1848년 혁명이 일어났던 것이 그 근거였다. 1857년 공황이 일어나자 혁명이 일어날 것이라고 예상하였지만 실제로는 일어나지 않았다. 그것에 실망한 마르크스는 공황혁명론을 버렸으며, 『자본론』(1867년 제1부 초판 간행)으로 결실이 맺어진 자본주의 운동법칙의 연구에 몰두하였다(공황은 자본주의를 동요시키지만 투자·생산과 소비의 불균형을 강제로 해소하고, 새로운 확대재생산을 가능하게 하는 순환성의 사건이라고 하였다. 물론 동요가 혁명의 계기로 될 수는 있을 것이다).

그는 공황혁명론이 파산한 것을 확인한 1859년 1월에 유명한 '사적유물론의 정식'(定式)이라고 불리는 문장(마르크스 자신이 그렇게 부른 것은 아니다)을 썼는데(『정치경제학 비판을 위하여』, 서언), 그 속에서 "하나의 사회 구성은 그것이 생산력들에게 충분한 여지를 가지게 하고 그 생산력들이 모두 완전히 발전할 때까지는 결코 몰락하지는 않으며, 새로운, 더욱 고도의 생산관계들은 그 물질적 존재조건이 낡은 사회 자체의 태내에서 부화될 때까지는 결코 낡은 것을 대신하는 일은 없다"[6]고 하였다. 자본주의가 성숙하지 않으면, 다음 사회는 오지 않는다는 사고를 나타낸 것이며, 이것은 기본적으로 옳다고 생각한다. 그런데 마르크스는 그 후 1871년의 파리코뮌을 세계 최초의 사회주의혁명으로 간주해서 혁명의 프롤레타리아 독재론을 만들었으며, 만년(1880년대 초)에는 러시아혁명파(마르크스주의자는 아니고 나로드니키)의 사고방식을 지지하여 후진국혁명론으로 기울었다. 적어도 현시점에서 보면, 이것은 잘못이었다.

6 『マルクス=エンゲルス全集』 13, 大月書店, 1964, p. 7.

엥겔스

마르크스는 1884년에 사망하였으며, 서유럽 자본주의는 상당히 발달한 단계에 이르렀다. 특히 독일자본주의의 발전은 눈부셨으며, 그 독일에서 사회주의 정당이 급속히 세력을 확장하게 되었다. 그리하여 엥겔스는 만년에 그러한 조건 위에서 "계급투쟁의 여러 조건도 변화하였다. 기습의 시대, 자각하지 못한 대중의 선두에 선 자각한 소수자가 수행한 혁명의 시대는 지나갔다"[7]고 하였으며, 보통선거제도를 이용하고 의회민주주의를 유지한 다수파에 의한 평화적 혁명이라는 사고방식을 내세웠다. 선진국혁명론이다. 선진국혁명론은 20세기에 들어와서 그람시(1920년대의 이탈리아공산당 서기장, 파시즘하에서 체포·옥사)에 의해서 발전되었고, 1960년대 이후 서유럽 마르크스주의의 선진국혁명론이 만들어져 갔다.

레닌

이것에 대하여 후진자본주의국 러시아의 혁명가 레닌은 후진국혁명론을 만들었으며 실천하였다(1917년 러시아혁명). 마르크스의 혁명이론을 계승하였으며, 국가권력의 폭력적 파괴, 프롤레타리아 독재라는 이론이다. 혁명 초기에는 서유럽, 특히 독일의 혁명에 기대를 걸었고, 그것과 제휴해서 혁명을 성공시키려 하

7 『マルクス=エンゲルス全集』 22, 大月書店, 1971, p. 519. 이것은 마르크스 『1848년에서 1850년까지 프랑스에서의 계급투쟁』의 1895년판 서문이지만, 1895년 3월 6일이라는 날짜가 있는 꽤 긴 글로서 엥겔스가 말년에 쓴 매우 중요한 내용을 포함하고 있으며, 엥겔스의 '정치적 유서'라고도 이야기된다(그 해 8월 5일 사망).

였지만, 독일혁명(1918년)의 실패 때문에 고립되었으며, 살아남기 위해서 국가자본주의적 정책을 도입하였다(신경제정책). 레닌 사후의 스탈린 체제는 국가자본주의 체제라고 부를 수 있지 않을까? 또 레닌은 자본주의가 19세기 말부터 최고의 발전단계인 제국주의 단계에 들어갔지만, 그것은 동시에 자본주의의 위기·몰락의 시기이며, 사회주의혁명의 시기라고 생각하였다(『제국주의, 자본주의의 최고단계』, 1916; 『국가와 혁명』, 1917). 그러나 현시점에서 보면, 그때는 분명히 자본주의 위기의 시기(두 번의 세계대전과 1929년 공황)였지만, 그 이후 자본주의는 위기를 극복하고 시스템을 전환하여 20세기자본주의로 되었고 더한층 발전하였다. 다시 말하면 19세기자본주의의 위기의 시기였고, 20세기자본주의로의 이행기였던 것이다. 러시아혁명은 자본주의 성숙 이전의 혁명이었으며, 사회주의혁명으로서는 성공의 조건이 없었다.

중국을 비롯한, 아시아혁명파 중의 급진파는 사회주의 이론을 받아들였지만, 그것은 실제로는 민족독립을 위한 혁명의 이데올로기였으며, 혁명 후에 성립한 것은 사회주의가 아니고 국가자본주의였다.[8] 그것은 후발국의 급속한 경제개발 추진과 미국을 비롯한 선진자본주의로부터의 침략 위기(실제 및 이데올로기적으로)에 대응하여 국민경제의 총력을 모으기 위해서였다. 요컨대 총력전체제로서의 전시 국가자본주의였던 것이다. 1970년대 후반 이후의 미소 긴장완화

8 이 장에서는 소련·동유럽 국가들·중국·베트남 등의 '사회주의' 체제를 국가자본주의라고 부르지만, 내가 그 연구를 한 것은 아니기 때문에 잠정적인 규정이다. 가능하면 앞으로 내 나름의 연구를 하려고 생각한다. 예전에 나는 이 국가들은 사회주의이며, 국가자본주의는 아니라고 쓴 일이 있다(「20世紀資本主義から21世紀資本主義へ」, 中村哲, 『近代東アジア史像の再構成』, 櫻井書店, 2000, pp. 191~192). 중요한 생산수단의 국유와 계획경제가 그 근거였다. 그것과 대응시켜서 말하면, 국가자본주의라고 하는 근거는 국영기업 등에서의 자본·임노동관계가 경제관계의 중심이며, 축적과 확대재생산을 특징으로 하기 때문이다. 계획경제는 전시 통제경제의 완성 형태라고 할 수 있지 않을까?

(데탕트)와 1970년대 중반의 베트남전쟁 종결에 의해서 이 체제는 해체되기 시작하였다(중국의 개혁개방정책으로의 전환, 베트남의 도이모이정책).[9] 전시 국가자본주의로부터 평시 국가자본주의로의 이행이며, 동시에 세계시장에서 격리된 폐쇄형 경제로부터 개방형 경제로의 전환이었다. 그러나 현재도 여전히 이러한 국가들은 국자자본주의적인 성격을 강하게 띠고 있다.[10]

로자

폴란드인이며 독일 사회민주당 좌파인 로자 룩셈부르크는 마르크스 『자본론』을 계승하여 자본축적론을 발전시키려 하였고, 『자본의 축적』(1912년)을 집필하였으며, 마르크스의 재생산론으로는 확대재생산(특히 잉여가치의 실현)이 증명될 수 없다고 생각하였다(이것은 오해인데, 이미 레닌이 「소위 시장문제에 대해서」[1893년 집필]에서 해결한 상태였다). 자본주의의 확대재생산은 마르크스의 순수자본주의(『자본론』의 세계) 내부에서는 불가능하며, 비자본주의 부문에 기생하고 그것을 해체시켜 감으로써 비로소 가능하기 때문에 비자본주의 부문이 소멸하면 자본주의는 존립 불가능하여 붕괴한다고 하였다. 이 판단은 순수이론으로서는 잘못이지만, 역사적 진실로서는 우수하여(현실적으로 비자본주의 부문에 의존

9 奥村哲, 『中國の現代史—戰爭と社會主義—』, 青木書店, 1999 참조.

10 중국은 대기업의 다수가 국영기업이며, 민영기업에 대한 정부(중앙·지방)·공산당의 영향력이 강하다. 한때 정부·공산당은 국영기업의 민영화를 추진하였지만, 최근은 국영기업 중점주의가 강해졌으며, 민영기업의 힘이 상대적으로 약해졌다. 정부·당과 기업의 유착도 진전하고 있다. 이 체제는 이번의 금융위기에 대한 재빠른 대응과 경제회복, 급성장이라는 눈부신 성과를 올리고 있지만, 동시에 부패의 온상이며, 빈부격차를 유례없이 확대시켜 민중의 불만을 격화시키고 있다. 그러나 중국은 신흥국 중에서도 자본·경영·기술 등의 면에서 가장 급속히 힘을 키우고 있는 것도 사실이다.

하지 않는 자본주의는 현재까지 존재하지 않았다), 그 후로 지금까지 마르크스파에서 유력한 이론적 흐름을 형성하고 있다(예를 들면 신종속이론).

요약

마르크스파의 자본주의 종말론·몰락론을 정리하면, 다음의 세 가지 문제와 그것에 대한 생각·입장의 차이로 귀결한다. 첫째로 자본주의의 종언은 자본주의가 성숙하지 않으면 실현되지 않는 것인가, 그 이전이라도 비자본주의 지역의 혁명에 의해서 가능(비자본주의의 길)한 것인가? 둘째로 선진국혁명인가, 후진국혁명인가, 혹은 세계혁명인가? 마르크스, 엥겔스 그리고 초기의 레닌은 세계혁명론이었지만, 그것을 누가(선진국인가, 후진국인가) 주도하는 것인가에서 달랐다. 셋째로 국가권력을 폭력적으로 파괴하고 프롤레타리아 독재를 실천하는가, 민주주의적인 방식에 의한 평화적 이행인가? 자본주의는 아직도 존속·발전하고 있으며 어느 이론도 실현되지 않았다. 자본주의의 발전과 현재의 위기 양상을 포함하는 이론적 재구축이 필요하다.[11]

11 지금까지 마르크스파의 혁명이론은 어느 것도 그 실천에서 성공하지 못하였다. 후진국형(러시아, 중국, 베트남 등)은 혁명에 성공해서 성립된 독재권력이 결국은 비민주주의적인 것으로 되었으며, 민중과의 사이가 벌어지고 민중을 억압하는 권력으로 되었다. 사회주의적 소유라고 하는 것은 국유이며, 실질은 권력을 쥐고 있는 소수의 특권자(공산당과 정부의 간부)의 소유였다. 다른 한편, 선진국형의 경우는 혁명에 성공한 적이 없다. 혁명파는 소수파이어서 고립되거나, 국가·사회·기업이 혁명파의 요구를 부분적으로 받아들여 자본주의의 개량에 사용하였다. 단지 혁명이론과는 독립적으로 현실을 보면, 후진국형은 경제개발과 국가통일에는 성공하고 있으며, 후발국·개발도상국 중에서는 가장 성공을 거두고 있다. 선진국형은 19세기자본주의로부터 20세기자본주의로의 전환(대중민주주의의 실현과 복지국가의 성립 등)의 조건을 만들었다는 커다란 의의가 있다. 그런 뜻에서는 마르크스파 혁명이론의 유효성은 상당히 크다.

3. 자본주의의 성숙

21세기 시스템으로의 이행은 자본주의의 성숙

나의 판단으로 현재는 20세기자본주의로부터 21세기자본주의로의 이행기이며, 그것은 1989년 베를린장벽의 붕괴에서 시작된 '사회주의 체제'(냉전체제의 한 극을 담당한 소련과 그 동맹국인 동유럽 국가들의 체제로서 그 본질은 국가자본주의)[12]의 해체에서 시작되었다. 이 이행기는 앞으로 여러 번의 정치적·경제적 위기를 포함할 것이며 꽤 오래 지속할 것으로 생각된다. 다음 체제를 구성하는 요소는 서서히 형성되고 있지만, 여전히 구체제(20세기 시스템)가 지배적이다. 이에 대하여 1997년 『新しい歷史學のために』 228호에 「20세기자본주의로부터 21세기자본주의로」라는 논문을 썼다.[13] 그 내용은 현재도 대체로 통용된다고 생각하는데(단지 분석은 얕았다), 그 논문에서는 21세기자본주의로의 이행의 중심 문제는 자본주의의 성숙이라고 하였다. 이 장에서도 이 문제를 중심에 둔다. 그 후 20세기 시스템의 해체가 더 한층 진전하여, 세계의 불안정화가 심해지고 있으며, 새로운 시스템·제도의 구축이 필요하다는 인식은 상당히 일반화되었다.

자본주의의 성숙에는 다양한 요소·측면이 있지만, 여기에서는 인구문제에

12 이 체제는 냉전을 전제로 하는 전시 국가자본주의이지만, 1970년대부터 미소 긴장완화에 의해서 붕괴하기 시작하였다. 또 하나의 '사회주의'(실질은 전시 국가자본주의)인 중국은 소련과 대립하여 1972년에 미국과 화해하였으며(닉슨의 중국 방문), 1978년에 개혁개방정책으로 전환하였다. 요컨대 평시 국가자본주의로의 전환이다.

13 이것은 1997년 3월에 京都民科歷史部會에서 보고한 것을 문서화한 것이다. 2000년에 출판한 『近代東アジア史像の再構成』에 수록되었다. 또 내가 이런 생각을 최초로 제시한 것은 『近代世界史像の再構成—東アジアの視點から—』(青木書店, 1991)의 서문 「近代世界の構造變化と歷史學の課題」였으며, 소련 붕괴 직전이었다.

한정하려 한다. 요컨대, 자본주의의 성숙이라는 것은 자본주의적 관계에 직접적으로 포섭된(자본·임노동관계에 편입되어 있다) 인구가 세계인구의 대부분을 차지하게 되는 상태를 가리킨다. 인구문제에 한정하는 것은 그것이 가장 간단하게 이해할 수 있는 지표일 뿐만 아니라(물론 엄밀하게 수치를 내는 것은 어렵지만 대체로) 자본주의 발달수준의 본질적인 내용이기 때문이다.

자본주의가 지구상에서 최초로 성립한 15세기(최근에는 더 빠르다는 설도 있다)로부터 600년이 지났지만, 그동안 자본주의에 직접 포섭된 인구는 세계인구 중에서 일관되게 상대적으로 소수였다. 자본주의가 세계경제의 규정적·지배적 관계로 된 19세기 중기(세계자본주의의 성립)에도 인구의 압도적인 부분이 자본·임노동관계에 들어간 나라는 영국뿐이었으며, 그 후 서유럽, 미국, 이어서 일본이 그러한 상태에 이르렀지만(그 외에 캐나다, 오스트레일리아, 뉴질랜드 등 모두 선진자본주의), 1980년경에도 세계인구의 20% 정도에 지나지 않았다.

그런데 그 후 현재까지 동아시아 신흥공업경제(한국, 타이완, 홍콩, 싱가포르), 아세안 국가들, 중국, 인도, 파키스탄, 중근동의 몇 개국, 라틴아메리카 국가들 그리고 자본주의화가 급속히 진전하고 있는 러시아·동유럽이라는, 선진자본주의국을 제외한 나머지 세계 대부분의 지역이 급속히 자본주의화하고 있다. 냉전이 끝나고 자본주의의 글로벌화가 급진전한 것이다. 지금 사하라 이남의 아프리카는 뒤처져 있지만, 여기에서도 최근 자본주의화가 진전하고 있다. 이미 선진자본주의화한 국가도 있지만(동아시아 신흥공업경제 등), 다수는 중진자본주의국 단계이며, 인구의 과반은 직접적으로는 비자본주의적 관계 속에 있다(농민 등). 그러나 앞으로 30~40년 사이에 그 국가들 거의 모두에서 인구의 대부분이 자본주의적 관계에 직접 포섭될 것이다. 그렇게 되면 21세기 중반에는 세계인구의 태반 아마도 70~80%가 자본주의적 관계에 들어간다. 자본주의는 그 출현

이후 수백 년간 인구적으로는 소수파였으나, 지금부터는 겨우 반세기 만에 거대한 인구적 변화가 일어나고, 자본주의가 성숙기에 들어가게 될 것이다.[14]

자본주의의 질적 변화

세계인구의 가장 많은 부분은 현재 중진자본주의 단계에 있다. 이 국가들은 비자본주의 부문으로부터 자본주의 부문으로의 인구이동이 진전하고 있으며, 풍부한 저임금 노동력의 혜택을 받아 경제발전이 특히 급격하다. 중국은 그 전형이다. 그러나 비자본주의 부문이 자본주의 부문에 흡수·해체되어 버리면, 자본주의 부문으로의 노동력 이동은 머지않아 감소하고 없어진다. 그때부터 노동력 재생산이 자본주의 내부에서만 행해지게 된다. 지금까지는 비자본주의 부문의 노동력을 수중에 넣음으로써 자본주의는 노동력 재생산비를 상당히 절약할 수 있었다. 출산에 동반하는 비용, 자녀나 노인의 양육비·교육비·부양비 등을 상당히 비자본주의 부문에 부담시킬 수 있었던 것이다.[15]

이것은 자본·국가·사회에 다양한 변화를 일으킨다. 자본이 노동력 재생

14 내가 여기에서 말하고 있는, 세계인구 중에서 직접적으로 자본주의적 관계에 편입되어 있는 인구의 비율은 대략적인 것임에 미리 양해를 구한다. 또 그 비율은 국가를 단위로 한 것이다. 이것도 편의적이지만, 사람에 관해 살펴볼 때는 특히 국가에 의한 정리(총괄)가 유용하기 때문이기도 하다. 1980년경까지 20%라고 하는 수치에는 '사회주의' 시대의 동유럽·소련이 포함되지 않는데 1960~1980년 사이에 동유럽·소련에서는 자본·임노동관계에 편입된 인구가 절반을 넘었을 가능성이 있다. 따라서 '사회주의'를 실질적으로는 국가자본주의라고 보면, 반세기 동안에 20%에서 70~80%로 급증한 것은 아니게 된다. 그러나 20세기 70년경부터 21세기 중엽에 걸쳐서 세계인구에 거대한 변화가 일어난다고 하는 큰 줄거리는 바뀌지 않는다.

15 자본주의의 노동력 재생산 양상, 그 선진국과 중진국의 차이에 대해서는 中村哲, 「近代世界史像の再檢討」(『歷史評論』, 404호, 1983년 12월) 및 中村哲, 『近代世界史像の再構成—東アジアの視點から—』 제1장 3-3 「資本主義における勞動力の再生産」을 참조.

산비를 전면적으로 부담해야 하며, 실질임금(사용가치 기준)이 상승한다. 임노동자가 사회의 다수파로 되며, 대중민주주의가 성립하기 때문에 가치 측면에서도 순생산 중의 노동자 분배율을 낮추는 것이 어렵게 된다. 실제 선진국화하면 실질임금이 상승하며 GDP에 대한 노동소득분배율도 높아지는 경향이 있다. 이 조건들에 의해서 중진국이 선진국화하면 경제성장은 둔화하는 경향이 있다. 동시에 인구 증가도 둔화한다. 자본은 임금 상승을 억압하려 하며, 노동자 측도 복지국가화에 의해서 많은 자녀는 필요 없게 된다. 여성 경제활동참가율의 상승이나 고학력화 등에 의해서 출산·육아의 기회비용이 높아지기 때문에 만혼화·비혼화가 진전한다. 교육비·양육비도 많이 들기 때문에 저출생이 될 수밖에 없다.

선진자본주의국은 노동력이 고갈되지 않도록 다양한 방법을 취하고 있는데, 주요한 수단은 여성 노동력과 이민의 활용이다. 둘 모두 일반적으로 저임금 노동력이며 성인 남성의 임금을 낮추는 효과도 있다. 선진자본주의국의 여성 경제활동참가율은 20세기 후반 이후 급상승하였으며, 이민자 유입도 급증하고 있다. 노동력 고갈에 대응하는, 자본의 또 하나의 중요한 방법은 저임금 노동력, 제도·사회기반시설 등 자본주의화의 조건이 어느 정도 갖추어진 외국에 직접투자하는 것이지만, 이 방법은 국가나 노동자에게는 불이익이 된다.

세계인구 증가의 정지

1980년경부터 가속된 세계인구의 질적 전환기, 오래도록 소수파였던 자본주의 인구(자본·임노동관계에 직접 포섭된 인구)가 급증하여 세계인구의 다수파로 될 21세기 중반까지의 시기는 동시에 세계인구의 양적 전환의 시기이기도 하다.

세계인구는 어림잡아 1750년경까지는 다산·다사였고, 인구 증가는 매우 완만하였다. 하지만 1750년 7.9억 명으로 추산되는 세계인구는 1950년 25억 명이 되었으며, 연평균증가율은 그 기간 중에 0.4%에서 0.8%로 높아졌다. 사망률 특히 영유아 사망률이 저하하였기 때문이다. 제2차 세계대전 후 개발도상국 인구가 폭발적으로 증가하자, 세계인구의 증가율은 1960년대 후반에 연평균 2%에 이르렀다. 그런데 인구문제가 세계의 큰 문제로 부상한 바로 그때에 인구증가율이 낮아지기 시작하였다. 증가율 하락 속도는 빨라지고 있는데, 2005년 1.3%로 되었으며, 예측에 의하면 2025년에는 1%보다 낮아지고, 2050년에는 0.5% 정도로 될 것으로 예상된다.[16] 그 후는 더 한층 낮아질 가능성이 높다. 그래도 2050년의 세계인구는 94억 명으로 예상된다.

현재 이미 세계적으로 저출생이 진행되고 있는데, 선진국은 대다수 나라에서 인구가 단순재생산을 유지할 수 없는 수준(합계출산율이 人口代替水準인 2.08명 이하)으로 낮아지고 있으며, 중진국은 물론 인구 증가가 세계에서 가장 빠른 아프리카에서도 이미 인구증가율이 낮아지고 있다. 근대의 인구변동은 아주 일반화하면, 그 이전의 다산다사형에서 다산소사형으로 되었다가, 소산소사형(少産少死型)으로 전화한다. 현재 세계는 그 최후의 단계에 들어왔다.[17] 21세기 중반을 지나면 세계인구가 늘어나지 않을 가능성이 크다. 그 후에는 감소로 바

16 小峰隆夫·日本經濟研究センター編, 『超長期予測 老いるアジア―変貌する世界人口·經濟地圖―』, 日本經濟新聞出版社, 2007, 제3장 「世界人口のいま」.

17 출생률 저하·저출생에 의해 인구가 정점에 도달하고 경우에 따라서 감소하는 것에는 선진국화뿐만 아니라 다양한 요인이 작용한다. 현재 인구감소국의 다수는 러시아·동유럽의 구'사회주의'국이며, 중국은 한 자녀 정책에 의해서 인구증가율이 급감하고 있다. 2007년 현재 세계인구의 43%를 차지하는 국가들에서 출생률이 인구재생산 수준을 밑돌고 있다(河野稠果, 『人口學への招待』, 中央公論新社, 2007, p. 110).

뀔 가능성도 있다.[18] 이것도 인류사회에 큰 전환을 초래하게 된다. 그리고 이것은 자본주의의 성숙(자본주의가 세계인구의 압도적 부분을 포섭한다)과 밀접하게 연관되어 있다. 다른 여러 가지 요인이나 지역적인 또 매년의 특수 요인도 작용할 것이다. 역사적으로 보면, 국가·지역 또는 세계의 인구수용력은 사회·생산 시스템의 역량에 대응한다. 지금까지와는 달리 현재는 지구가 인류에게 충분한 자원을 제공할 수 없기 때문에 가령 21세기 중반경에 사회·생산 시스템이 전환된다고 해도 인구 증가가 재개될지는 의문이다.

4. 인간의 재생산과 그 사회화

인간 재생산의 사회화

선진자본주의국의 인구가 늘지 않는 것은 저출생이 주된 원인이며, 결혼연령 상승 또는 비혼 증가 때문이기도 하고, 결혼해도 자녀를 낳지 않거나 낳아도 한두 명에 그치는 부부가 늘고 있기 때문이기도 하다. 저출생 문제는 본격적으로 연구하지 않았기 때문에 자신은 없지만, 선진국의 사회·경제와 가족제

18 출생률이 인구재생산 수준(인구대체수준)을 밑도는 선진국의 다수는 출생률을 높이려고 다양한 정책을 행하며 특히 여성노동과 자녀양육이 양립하기 쉽게 하는 정책을 내고 있다. 선진국에서는 1980년에는 소득수준이 상승하면 출생률이 내려갔지만, 1990년에는 독립적으로 되었으며, 2004년에는 소득이 증가하면 출생률도 올라가는 경향이 나타나기 시작하였다(小峰隆夫·日本經濟研究センター編 전게, 『超長期予測 老いるアジア』, pp. 39~41). 세계적으로 사회의 전환(특히 여성노동과 출산·육아의 양립)과 사회보장·복지의 충실이 진행되면, 세계인구의 감소는 피할 수 있을 가능성이 크다. 나아가서 65세 이상을 노인으로 규정한 것은 반세기 이상 전이어서 현상에 맞추어 다시 규정할 필요도 있다.

도(근대적 핵가족)가 서로 어울리지 않는 것이 최대의 원인일 것으로 생각한다.

선진국은 복지국가로 되어 노인 부양은 불충분하나마 해결되었다. 선진국은 위생·의료의 진보와 사회복지제도의 개선·충실에 의해서 인간 수명이 급속히 길어지고 노인이 급증하고 있다. 노동능력이 쇠퇴한 혹은 없어진 노인도 늘고 있지만, 일할 능력도 의욕도 있지만 사회제도 때문에 그렇게 되지 않는 경우도 많다.[19] 정부는 연금·노인요양보험 및 노인복지시설 등으로 가족의 노인 부양 부담을 상당히 줄였다. 또 교육의 보급과 그 수준 향상에 의해서 지금은 학령인구의 절반 이상이 대학·전문대학에 진학하게 되었으며, 그 경제적 부담도 선진국에서는 태반이 사회화(정부 부담)되었다. 일본은 미국이나 한국과 함께 선진국 중에서는 정부 부담이 적으며 부담률은 절반 이하이다. 동아시아 국가들은 자녀교육에 열심이지만 정부 부담이 적고, 자녀의 양육비·교육비가 높아서 저출생의 큰 원인으로 되어 있다.[20] 선진국은 고학력·저출생·고령화 사회가 되었다. 선진국에서는 노인부양은 사회화되었지만, 육아의 사회화는 진전하고 있지 않다. 그러나 서유럽 특히 북유럽 국가들에서는 1960년대 후반부터 태어나는 자녀 중에서 혼외자가 급격히 늘어나 절반을 넘기 시작한 것에서 판단하면, 육아도 사회화되어 가는 것은 틀림없다.[21] 동아시아(일본·한국·대만·중

19 여기에는 인간의 생물학적 노화라는 자연적 측면과 일할 능력도 의사도 있으나 제도적·사회적으로 일할 수 없다는 측면이 있는데, 현재는 건강한 노인이 늘고 있으나 제도가 적합하지 않다는 사회적인 측면이 크다.

20 2004년의 고등교육에 대한 사적 부담이 OECD 가맹국 중에서 절반을 넘는 나라는 한국 79.0%, 미국 64.6%, 일본 58.8%이다. 한편, 사적 부담이 적은 나라는 그리스 2.1%, 핀란드 3.7%, 오스트리아 6.3%, EU 가맹 19개국 평균 16.0%이며, OECD 국가 평균 24.3%이다(經濟協力開發機構編, 『圖表でみる教育 OECDインディケータ』, 2007년판. 湯澤雍彦·宮本みち子, 『新版 データで讀む家族問題』, 日本放送出版協會, 2008, p. 153에서 재인용).

21 2005년에 혼외자의 신생아 총수에 대한 비율은 스웨덴 55.4%, 프랑스 47.4%, 덴마크 46.1%, 영국 42.3%, 독일 27.9%, 미국 35.8%이다. 이 국가들은 1965년경에는 10% 전후였지만, 그 후 40년 사이에 급증하였다. 이에 대해서 일본은 2.0%로 예외적으로 낮다(湯

국·싱가포르 등)에서 서유럽 이상으로 저출생이 진행되며, 재생산수준(인구대체수준)을 밑돌고 있는 것은 육아의 사회화가 뒤처져 있는 것이 큰 요인이다.

인간 재생산의 사회화가 품는 의미

근대가족이 지니고 있던 육아·교육·노인부양 등의 기능이 사회화되어 가는 것은 인류사에서 어떤 의미를 가지고 있는 것일까? 엥겔스는 『가족, 사유재산, 국가의 기원』의 초판 서문(1884년)에서 다음과 같이 서술하였다.

> 유물론적인 견해에 의하면, 역사를 궁극적으로 규정하는 요인은 직접적으로 생명의 생산과 재생산이다. 그러나 이것은 그 자체 다시 두 종류의 것으로 되어 있다. 한편에서는 생활자료의 생산, 다른 편에서는 인간 그 자체의 생산, 즉 인간이라는 종의 번식이 그것이다. 어떤 특정한 역사시대에 어떤 특정한 나라의 인간이 그 위에서 생활을 영위하는 사회제도들은 두 종류의 생산에 의해서 즉 한편에서는 노동의, 다른 편에서는 가족의 발전단계에 의해서 제약된다.[22]

澤雍彦·宮本みち子 전게, 『新版 データで讀む家族問題』, pp. 128~129). 제도나 전통의 차이가 있지만, 일본에서도 앞으로 급증할 가능성은 있다. 일본의 출생률을 증가시키기 위해서는 결혼이라는 제도에 지나치게 얽매이지 않게 하는 것이 하나의 조건이다. 구미의 혼외자 비율은 계속 증가하고 있으며, 덴마크, 프랑스도 이미 절반을 넘었다. 단지 서유럽에서도 둘째 아이부터는 혼인 중의 출생자가 많아지는 듯하다.

22 『マルクス=エンゲルス全集』 21, 大月書店, 1971, p. 27. 또 이 글 중 '두 종류의'는 'doppelter Art'로서 '이중의 것'으로 옮기는 것이 적당하다. '생활자료'는 'Lebensmittel'로서 '생활수단'이다(布村一夫, 『マルクスと共同體』, 世界書院, 1986, pp. 200~211; 青柳和身, 「晩年エンゲルスの家族論はマルクスのジェンダー認識を継承しているか—剰餘勞動搾取の「永續」化問題の考察」, 『經濟科學通信』, 121호, 2009년 12월 참조). '두 종류의'에서는 각각의 두 가지 성질로 되지만, '이중의'에서는 단일한 것의, 서로 관계하는 두 성질 혹은 두 측면이라는 의미로 된다.

이 엥겔스의 문제 제기는 인류사를 고찰하는 데 가장 중요하다고도 할 수 있는 문제이지만, 엥겔스는 계급과 국가의 발생을 중심 문제로 하였기 때문에 인간 그 자체의 생산에 관해서는 원시공동체와 그 해체로부터 가족의 성립을 간단히 다룬 것만으로 끝내고 있다. 또 그 내용은 주로 루이스 H. 모건의『고대사회』(1877년)에 의거하였고, 현재의 연구수준에서 보면 부정된 점도 많다.[23] 여기에서 거론하는 것은 인류사를 보는 기본적 관점, 인간의 역사를 근본적으로 규정하는 것은 인간 그 자체의 재생산과 그것을 지탱하는 생활수단의 생산이라는 관점이다. 인간의 재생산을 떠받치는 외부적 조건인 물질적 생산에 대해서는 현재까지 방대한 연구가 이루어져 있지만, 그것에 비하면 인간 그 자체의 재생산인 삶의 생산에 대해서는 현재까지 그다지 연구가 진전되지 않았다.[24]

자본주의는 물질적 생산(인간에 대해서 외부라고 하는 점에서는 정보·서비스 생산도 포함된다)의 사회화(대규모 생산과 사회적분업)를 진전시켜 왔지만, 가족제도는 오히려 그것에 의해서 약하게 되었다. 전근대사회에서 가족은 소경영 생산양식의 담당자였다. 자본주의의 발달은 소경영을 해체하였으며, 가족의 생산 기

23 여기에서는『가족, 사유재산, 국가의 기원』초판(1884년)에 의한다. 이것은 마르크스가 만년에 원시사회와 그것의 계급사회로의 전화에 관심을 가지고 다시 연구하였을 때 가장 큰 영향을 받았던 모건의『고대사회』를 상세히 메모하고 비평 및 주석한『古代社會ノート』(布村一夫譯,『古代社會ノート』, 未來社, 1976. 여기에는 번역자의 자세한 해설이 첨부되어 있다. 또『マルクス=エンゲルス全集』, 大月書店의 補巻4에도「モーガン『古代社會』摘要」로서 수록되었다)를 마르크스의 사후에 읽은 엥겔스가 마르크스의 유언 집행의 의미를 담아서 쓴 것이다. 그 후 엥겔스는 자신의 연구를 진전시켰으며, 1891년에 크게 증보한 제4판을 내었다. 제4판은 コヴァレフスキー(Maksim Kovalevsky),『家族および財産の起源と進化概説』(1890년), バッハオーフェン(Johann Jakob Bachofen),『母權論』(1861년) 등의 영향을 받은 내용으로 되어 있다. 제4판과 초판의 내용은 서로 다른 점도 상당히 있다(青柳, 앞의 글 참조).

24 지금까지 가족사, 인구사, 여성사, 젠더사 등의 형식으로 행해져 왔다. 최근에는 연구자도 늘고 연구수준도 높아졌다. 그러나 여전히 연구 분야로서는 부차적이다. 그것들을 종합하여 인간의 생활사·인간의 재생산사를 만들 필요가 있다.

능은 점차 자본주의에 흡수되었다. 현재 선진자본주의 국가들에서는 생산 기능을 갖지 않는 가족이 압도적으로 되었으며, 나아가 생활 기능도 빼앗기는 중이다. 신흥국·개발도상국에서도 자본주의화와 함께 그 과정이 진전하고 있다. 인류의 생존(재생산)에 필요한 두 종류의 생산 중에서 물질적 생산은 점점 발달하고 있지만, 삶의 생산을 떠맡아 온 가족은 약체·해체되는 중이다. 자본주의는 인간의 본질인 두 종류의 생산 불균형을 확대함으로써 발전해 온 것이다. 그리고 현재 물질적 생산도 지구라고 하는 유한한 자연(인류가 그 속에서 길러졌으며, 그것으로부터 떨어지는 것이 불가능한 자연)의 한계와 충돌하기 시작하였다.

근대 핵가족은 생산·생활의 양면에서 약해지고 있으며, 선진자본주의국에서는 생활의 사회화가 어느 정도 진전되어 왔다. 앞으로 신흥국들(중진자본주의국), 나아가서 개발도상국들에서도 자본주의화가 진전할수록 같은 과정이 일어날 것이다. 생활의 사회화가 세계적으로 된다. 그것은 인류사회를 크게 바꾸게 된다. 가족은 없어지지 않겠지만 그 형태는 바뀔 것이며, 가족과 그것을 둘러싸고 있는 사회의 관계도 바뀔 것이다.

국가와 사회의 융합

내가 이 장에서 거론하는 주요 논점은 이상과 같지만, 그것과 관련되는 사항을 간단히 지적하여 앞으로의 과제로 삼으려 한다.

선진자본주의국들의 복지국가화는 국가의 비대화를 낳았다. 선진국의 국가재정은 GDP의 50~70%를 차지하게 되었으며, 국가가 생활 속에 깊숙이 개입하게 되어 있다. 가족해체·생활의 사회화도 국가의 관여에 의한 바가 크다. 이것은 이미 잘 지적되어 있는 일이며, 복지국가의 연구도 상당히 축적되어 있다.

이번 호(京都民科歷史部會編,『新しい歷史學のために』, 276호, 2010년 5월) 특집에 실려 있는 네그리와 하트도 국가의 관여를 탈근대의 한 특징으로 들고 있다(근대로부터 탈근대는 규율사회로부터 관리사회로의 변화이며, 시민사회는 국가에 흡수되어 버렸다 등). 국가와 사회가 각각 자립한 (물론 서로 관계하고 있지만) 존재라고 하는 것은 서양 근대의 이데올로기와 같은 것인데, 복지국가에서는 없어지게 되었다. 복지국가에서는 국가와 사회의 경계가 모호해져 구별하기 어렵게 되었다. 앞으로 중진자본주의국이 선진국화하면 세계적으로 그렇게 될 것이다. 이 국가와 사회의 융합이라는 사태는 대체로 국가가 사회를 삼켜버리는 방향이라고 생각되며(국가 비대), 네그리와 하트도 그렇게 생각한다. 그러나 반대 측면, 사회의 작용에 의해서 국가가 변질되어 가는 면도 중요하다(후술하는 이민문제는 그 한 예이다). 더 나아가서 말하면, 국가와 시민사회라는 서구적 사고방식도 서유럽의 근대혁명과 그것에 의해서 성립한 서유럽의 근대를 정통화하는 이데올로기와 유사해서 구미 이외의 역사에는 들어맞지 않는 면이 많으며, 현실의 구미 역사와도 어긋나는 면이 있다. 국가와 시민사회의 양립이라는 서구적인 사고방식 그 자체도 다시 살펴볼 필요가 있을 것이다.

국가와 혁명의 파악방법

자본주의의 성숙에 의해서 국가와 혁명의 양상이 어떻게 바뀌는가를 살펴보는 것은 용이하지는 않다.

국가와 사회에 대한 마르크스의 파악방법은, 사회를 기본적으로 규정하는 것은 경제관계이고, 그것이 사회의 토대이며, 정치관계는 그 토대 위에 만들어진 상부구조이고, 그것에 이데올로기·관념이 대응한다는 것이다(이른바 '사적유물론의 정식'). 국가는 정치관계의 중심으로 사회가 계급들의 대립에 의해서 분열·붕괴하지 않도록, 사회가 안정적으로 유지되도록 하기 위해서 사회(계급들)의 위에 서며, 사회의 바깥에서 계급이해를 조정하는 기관이다(국가=제3권력설).[25] 통속 마르크스주의적 이해인, 국가는 지배계급의 계급지배를 위한 도구라고 하는 국가=도구설(그 대표는 스탈린의 국가이론)은 전제국가 형태의 후진국에서 받아들여지기 쉬우며, 그 대척점에 내셔널리즘 입장인 국가=공동체설이 있다. 다양한 국가이론은 이 3종의 혼합물인 경우가 많다.

고전적 마르크스주의(마르크스·엥겔스)의 토대·상부구조, 국가=제3권력설은 19세기에는 상당히 현실적응성이 있었지만, 경제분석에 중심이 있고 정치·이데올로기의 이론화가 약하였으며, 양자가 분단되는 경향이 있었다. 서유럽이 선진자본주의화함에 따라서 국가·이데올로기의 중요성이 높아졌으며, 국가와 사회의 관계도 변화하여 마르크스·엥겔스나 그것을 이어 받은 레닌의 국가·혁명이론으로는 대처할 수 없게 되었다. 그람시는 선진자본주의의 국가와 혁명에 관한 연구를 하였으며, 그 연구는 제2차 세계대전 후에 계승되어 서유럽 마르크스주의(네오마르크스주의)가 형성되었다. 그 특징은 국가·이데올로기 분석을 진전시켜 이론수준을 끌어올렸던 것이다. 선진자본주의에 대한 경제분석도 있지만, 그 성과는 만족스럽지 않다. 1960~1970년대의 네오마르크스주의는 통틀어서 구조주의로 일컬어진다. 경제·이데올로기에서는 알튀세르, 발리바르, 정치·국가에서는 풀란차스, 인류학에서는 레비 스트로스 등이 있다. 그 후의 신

25 마르크스파의 주류는 이 주장(제3권력설)이 중심을 이루고 있지만, 계급지배 유지 기능과 공공 기능(사회유지 기능)의 양면설·이원론으로 되어 있는 일이 많다. 두 측면을 통일해서 이해하는 것이 필요한데, 그 점에서는 熊野聰, 『共同體と國家の歷史理論』, 青木書店, 1976이 우수하다.

종속이론이나 세계시스템론, 조절이론 등은 그 영향을 강하게 받았으며, 이것을 네오마르크스주의 제2세대라고 하면, 네그리와 하트는 제3세대일 것이다. 그러나 여전히 현재의 세계 상황에 이론적으로 대응할 수 있는 상태는 아닌 것으로 생각된다.

예를 들면 앞에서 언급한 국가와 사회의 융합을 설명하는 일이다. 그것을 이론화하기 위해서는 서유럽 근대에 만들어졌고, 현재까지 기본적으로 계승되어 온 국가와 시민사회의 이론적 틀(네그리와 하트도 그 점에서는 공통하고 있다)을 재검토해야 한다.

또 현재의 환경문제나 이민문제는 국가를 넘어선 세계적 문제이며, 인류가 해결해야 할 중요한 과제이다. 환경문제에서는 세계의 금융거래에 낮은 세율로 널리 과세하고, 그 과세권을 유엔이 가지게 한다는 제안(토빈세)이 나와 있으며, 실현되면 유엔이 국가 기능의 기본적인 부분의 일부를 가지게 된다. 이민문제에 대해서는 이민의 인권문제가 국제문제로 되어 이민이나 그 지원조직이 국제재판소에 제소하고 그것이 수리되는 일이 늘고 있으며, 그 판결도 나오고 있다. 그렇게 되면 국가는 국내법을 그것에 맞추지 않으면 안되는데, 국가 기능의 기본적인 부분인 재판권의 일부가 국제화하기 시작한 것이다.[26]

이러한 현재의 국가·사회 변화를 보면, 국가권력의 폭력적 파괴라고 하는 혁명은 불가능할 것이다. 세계적 규모의 사회 변화에 맞추어서 국가제도의 점차적 개조를 거듭한다고 하는 장기적·평화적 혁명(혁명의 어감과는 다르지만)으

26 サスキア サッセン(Saskia Sassen), 「グローバル經濟のフェミニスト分析にむけて」(伊豫谷登士翁編著, 『經濟のグローバリゼーションとジェンダー』, 明石書店, 2001, 9장); 伊豫谷登士翁譯, 『グローバリゼーションの時代—國家主權のゆくえ—』, 平凡社, 1999(Saskia Sassen, *Losing Control?: sovereignty in an age of globalization*, Columbia University Press, 1996).

로 되는 것은 아닐까? 어쨌든 현재의 선진자본주의국을 위한, 그리고 21세기 중반까지 세계적으로 확산될 성숙자본주의를 위한 국가와 혁명의 이론이 요청되고 있다.

맺음말

현대세계는 크고, 깊고, 꽤 장기에 걸친 전환기 속에 있으며, 그것을 20세기자본주의로부터 21세기자본주의로의 이행기로 보는, 그리고 21세기자본주의는 성숙자본주의라고 하는 것이 이 장의 주된 주장이다. 주로 인구의 세계적 추세로부터 관찰하였으며, 그 외의 점은 고려하지 않거나 문제로서 지적하였을 뿐이다. 당장 필요한 것은 관점을 명확하게 하는 것이라고 생각하기 때문이다.

성숙자본주의를 전제로 살펴보면, 과거의 전환기(주요하게는 19세기자본주의로부터 20세기자본주의로의 전환기였던 양차대전 사이)와는 질적으로 다른, 그것을 뛰어넘는 면이 있는 것도 사실이다. 그 점을 이 장에서 추출할 수 있는 한에서 언급해 두고 싶다.

자본주의의 노동력 재생산 시스템

21세기 중반에는 자본주의에 직접 포섭된 인구가 세계인구의 대부분을 차지하게 되며, 동시에 세계인구가 증가에서 정지 또는 감소로 바뀔 가능성이 크다. 세계인구의 급증은 18세기 중반에 영국과 프랑스에서 시작된 것 같으며, 그 시기는 산업혁명과 일치한다. 산업혁명은 자본·임노동관계의 확대가 가속되는 조건을 만들었다. 그 확대는 현재 최종단계에 들어갔으며, 한편에서는 자본·임노동관계가 세계인구의 대부분을 편입하고, 다른 편에서는 세계인구의 증가가 멈춘다. 18세기 중반에 시작된 주기가 끝나는 것이다. 그 기간은 300년을 넘는다. 이것에 관해서 자본주의와 인구 증가는 어떤 관계가 있는 것일까를 자본주의의 메커니즘으로부터 해명할 필요가 있다. 위생·의료의 발달이라든가, 영유아 사망률의 저하라든가, 생활수단의 향상이라는 설명만이 아니라 자본주의 시스템이 인구 증가를 필요·가능하게 하였던 메커니즘이다. 나아가서 자본주의가 인구의 압도적 부분을 편입해 버리면 인구 증가가 멈추는 이유 등 여러 문제의 해명이 필요하며, 그렇지 않고는 현재의 세계전환의 역사적 의미가 분명하게 되지 않는다.

이것에 대해서 지금의 나에게는 평가능력이 없지만, 아오야기 가즈미(靑柳和身) 씨가 제기하고 있는 문제는 검토할 가치가 있다. 그 중심적 논점은 다음과 같다. 임금(직접임금만이 아니고 연금·보험·교육비 정부 지원 등의 간접임금을 포함하는 총임금)은 현역 세대의 노동력 재생산비와 함께 다음 세대 노동력의 생산비(출산·육아·교육 등)를 포함하지 않으면 안되며, 그렇지 않으면 자본주의의 영속성은 확보되지 않는다. 한편, 자본은 잉여가치(이윤)의 증대를 바라기 때문에 임금을 억제하려고 한다. 현역 세대의 생존은 자본에게는 당장 필요하지만, 다음 세대 노동력의 생산비를 줄여서라도 현재의 잉여가치를 늘릴지언정 줄이는 일은 하지 않는다. 그리하여 잉여가치와 임금이라는, 자본에 대하여 대립적인 두 가지를 어떻게 확보하는가가 자본주의의 영속에 결정적으로 중요하다. 자본은 가족 속에 여성을 가두고, 남성 우위하에서 여성의 출산에 관한 자기결정권을 빼앗아 출산을 강제하고, 다음 세대 생산을 여성의 무상노동에 의존하는 시스템을 이용해서 해내었다.[27] 종래의 페미니즘론은 여성의 종속적 입장을 직접적으로는 근대가족 내의 가부장제 지배에서 구하며, 자본의 억압은 간접적으로 인식하는 이원론적 구성으로 되어 있다. 그런데 근대핵가족에도 가부장제는 존재하지만, 가부장제는 자본주의 이전부터 있었으며, 근대핵가족에서는 오히려 약해져 있다. 종래의 페미니즘론에는 자본주의 재생산의 지속성에 대한 독자적인 메커니즘이 설명되어 있지 않은 것이다. 아오야기의 이론은 국가·사회·가족의 근대적 양상 속에 여성의 위치를 부여하고, 일원적으로 설명하고 있는 곳에 독자성이 있다. 그는 20세기 후반 이후 여성의 경제활동 참가율 상승과 사회 진출에 의해서 여성에 대한 출산 강제는 약해졌으며, 그것이 저출생을 초래하고 있다고 설명한다. 그리고 여성의 사회적 자립에 의해서 자본주의적 출산 강제는 해체되는 중이며, 그것이 자본주의의 존속을 불가능하게 한다고 보고 있다. 이 분야에 대한 나의 지식이 크게 부족하지만, 아오야기의 이론으로는 여전히 풀 수 없는 문제가 있는 것 같다. 이 문제(자본주의의 지속성)와 노동력 재생산 메커니즘의 관계는 앞으로 젠더 페미니즘 연구의 성과도 흡수해서 고찰하고 싶다.

소경영 생산양식과 자본주의

또 하나의 큰 문제는 소경영 생산양식과 자본주의의 관계이다. 자본주의는 그 성립 이래 특히 경제관계의 규정적·지배적 힘으로 된 이래(세계적으로는 19세기 중기부터) 항상 농민 등의 소경영 생산양식과 관계를 맺고, 그것을 원료·제품 시장으로 이용해 왔다. 가장 중요한 점은 노동력 재생산비를 어느 정도

27 青柳和身, 『フェミニズムと經濟學－ボーヴォワール的視点からの『資本論』再検討－』, 御茶の水書房, 2004.

(그 정도는 다양하다) 소경영 생산양식에 부담시킴으로써 저임금 노동력을 확보해 왔던 것이다. 그런데 소경영 생산양식은 농업을 중심으로 세계적으로 급감하는 중이다. 자본주의적 생산양식의 급속한 확대와 표리일체의 사태이다. 이것이 자본주의와 어떠한 관계에 있는 것일까? 앞에서 거론된 로자는, 자본주의는 자본주의의 내부만으로는 확대재생산할 수 없으며, 자연경제·농민경제를 수탈하고 그것을 파괴하여 비로소 확대재생산과 축적을 실현하기 때문에 비자본주의 부문이 소멸하면 붕괴하지 않을 수 없다고 생각하였다.[28]

자본주의가 소경영 생산양식에 기생해서 발달한다는 것은 신종속이론이나 근대경제학 계통의 경제개발론도 인정하고 있다.[29] 문제는 자본주의가 순수 자본주의의 내부에서 확대재생산할 수 있는가라는 것이지만, 그것은 자본주의가 노동력 재생산의 안정적 메커니즘을 만들 수 있는가 어떤가에 달려 있다. 요컨대, 비자본주의 부문 가장 중요하게는 소경영 생산양식에 의존하지 않고, 또 다음 세대 노동력의 생산비를 포함하는 임금(간접임금도 포함한다)을 지불하면서 잉여가치를 실현할 수 있는 메커니즘이다. 마르크스 『자본론』은 이론적으로 그러한 전제를 두고 있지만, 그것을 포함한 이론을 구성한 것은 아니다.

소경영 생산양식의 종말로

마지막으로 소경영 생산양식 그 자체에 대해서 간단히 언급해 두고 싶다.

---

28 로자 룩셈부르크, 『자본의 축적』, 특히 제3부 「축적의 역사적 조건들」.
29 근대경제학 계통의 대표적 이론은 아서 루이스의 '이중경제의 루이스모델'이다(W. A. Lewis, Economic Development with Unlimited Supplies of Labour, *The Manchester School*, Vol. 22, No. 2, May 1954).

원시공동체 말기에 정착농업의 보급과 함께 소경영 생산양식이 형성된 이래, 소경영 생산양식은 생산의 주요한 담당자였다. 전근대의 주요한 계급사회(노예제·농노제 등)는 소경영 생산양식을 토대로 하는 생산관계였으며, 전근대의 사회·경제발전은 소경영 생산양식, 특히 농민경영의 발달수준에 의존하고 있었다.[30] 노예제·농노제 등은, 그것에 편입되어 있는 소경영의 재생산에는 불가결하지만 소경영(과 그것이 서로 결합된 공동체관계)으로부터는 만들어지지 않는 사회적 생산수단(도로·통신·수리·관개 등)을 정비·유지하는 일이나, 소경영 존속을 위한 사회질서(그것은 노예제·농노제적 질서이다)를 유지하는 역할을 담당하고 있었다. 그러나 기본적 생산과정은 소경영(그 중심은 농민)이 떠맡아 왔던 것이다. 독자적 자본주의적 생산양식(자본에 의한 노동의 실질적 포섭)이 처음으로 소경영을 대신해서 독자적으로 직접적 생산과정을 조직하였던 것이다. 그것이 자본주의와 전근대 계급사회의 질적 차이이다.

장기에 걸친 전근대 계급사회에서 소경영 생산양식은 서서히 발전하였지만, 농민경영이 가장 고도로 발달한 것은 동아시아와 서유럽의 소농사회(15세기부터)이며, 그 소농사회를 기반으로 해서 자본주의가 형성되었다.[31] 현재 그 소경영 생산양식이 종말을 맞이하고 있는 것이다.

---

30 中村哲, 『奴隷制·農奴制の理論』, 東京大學出版會, 1977 참조.

31 中村哲, 「東アジア資本主義形成史論」(東アジア地域研究會·中村哲編著, 『講座 東アジア近現代史1 現代からみた東アジア近現代史』, 青木書店, 2001, 제1장. 본서 제1장); 中村哲, 「東北アジア(中國·日本·朝鮮)經濟の近世と近代(1600-1900年): その共通性と差異性」(中村哲編著, 『近代東アジア經濟の史的構造—東アジア資本主義形成史III—』, 日本評論社, 2007. 한국어판, 일조각, 2007. 본서 제7장); 中村哲, 「東アジア近代經濟の歴史的形成—その諸段階と特徵—」(『現代中國研究』, 25호, 2009년 10월) 등 참조.

02

소농사회·복선적공업화 중진국형 제국주의 일본

04

소농사회와 복선적공업화

머리말

동아시아와 인도의 경제발전이 세계의 주목을 받고 있다. 특히 최근에는 세계적으로 미국의 힘의 상대적 저하와 중국의 급속한 대두에 의해서 세계체제의 구조변동이 급속히 진행하고 있다는 생각이 강해져 있다. 반세기 전에는 구미 선진국 중심의 세계체제가 강력하여 동아시아에 대해서는 정체성(停滯性)이라는 사고가 여전히 강하였으니, 참으로 급변한 것이다.

동아시아 연구 특히 그 경제사 연구도 최근 30년가량에 크게 바뀌었다. 현상을 반영하여 정체에서 발전으로 평가가 바뀐 것은 당연하며, 연구방법의 커다란 특징으로서 시간적으로는 제2차 세계대전 앞뒤를 연속적으로 파악하며(예전에는 그 앞뒤를 단절적으로 파악하였다), 공간적으로는 국가와 지역을 개별적으로 취급하기보다 동아시아의 전체적 경향이나 국가와 지역의 상호관련성을 관찰하는 경향이 강해졌다. 동시에 그러한 관점은 실증수준의 향상을 동반하고 있다. 물론 종래와 같은 관점도 여전히 강하게 남아 있다.

나아가서 동아시아 발전 양상의, 구미와는 다른 독자적인 면이 의식되기 시작하였다. 종래에 구미 기준으로 후진적으로 인식되던 것도 그렇지 않은즉 후진적인 것이 아니라 구미와는 다른 것(유형의 차이)으로 재인식되는 일도 많다.

나는 앞으로 그러한 연구흐름이 서로 영향을 미쳐서 구미와는 다른 경제발전·근대국가의 양상을 추가하고, 구미중심의 역사관을 바로잡고, 구미식 발전을 상대화하는 세계사를 형성해 내는 연구가 일본을 포함하는 동아시아로부터 나올 것이라고 생각하고 있다.

1. 소농사회

소농사회의 형성과 발전

소농사회(小農社會)란, 단혼가족 혹은 핵가족(한쌍의 부부와 그 자녀를 중핵으로 하는 소가족)을 이루고 주로 그 가족노동에 의거해서 독립적인 농업경영을 행하는 소농이 지배적 존재라고 할 수 있는 사회이다. 농업에서 소가족 경영은 원시공동체가 해체되고 정착농업이 시작되는 시기부터 현재까지 전 세계에 보편적으로 존재하였다. 그러나 그 이전의 소농은 경영적으로 불안정하여 끊임없이 발생과 소멸을 반복하였다. 경영적으로 안정되어 있었던 것은 어떤 형태로든 타인 노동을 도입한 비교적 대규모 경영이었으며, 소농은 허약하여 그러한 안정적인 경영에 의존하고 있었다. 자립적이고 안정적인 소농이 형성되고, 농업에서 지배적인 존재로 되기 위해서는 높은 수준의 사회적분업과 농업생산력 발달이 필요하여 그러한 소농의 형성은 상당히 새로운 시대의 일이었다.

소농사회가 성립한 것은 전 세계에서도 15·16세기의 동북아시아 연해(중국의 장강 하류 유역으로부터 그 남부, 일본, 한국 남부)와 서유럽(알프스·피레네 이북)이 처음이었다. 그 밖의 지역에서는 소농사회의 성립이 더 늦거나(인도는 18·19세기, 동남아시아는 19세기에서 20세기 중반) 혹은 성립하지 않았다(아프리카·라틴아메리카 등).

15·16세기에 유라시아의 동서 양끝인 동북아시아 연해와 서유럽에서 거의 동시에 소농사회가 성립한 것은 무엇 때문일까? 이것은 아직 확정적으로는 말할 수 없지만, 두 지역에 동일한 요인이 동시에 작용하였기 때문이라고 생각된다. 현재의 유력한 사고방식은, 몽골제국의 성립과 붕괴가 그 요인일 가능성이

있다는 것이다.

13세기 후반에 몽골제국이 세워지자 유라시아 대부분이 정치적으로 통일되었으며, 몽골제국이 영역 내에서 통상 자유와 교통 안전을 보장하여 유라시아 전역의 교역이 급격히 발달한 것, 그 전성기는 14세기 전반이었고, 14세기 후반부터 유라시아 전역에 퍼진 페스트의 대유행으로 인구가 격감하였으며, 15세기 중반의 기후변동에 의한 흉작·기근·사회혼란 등으로 그때까지의 지배체제가 해체 혹은 약화되었고, 그로 인해 농민의 지위가 향상된 것에 의한다는 사고방식이다. 종래 페스트 대유행에 의한 인구 격감, 지배체제의 약화, 농민의 지위 향상, 농민경영의 발전은 서유럽 특유의 문제로 취급되었지만, 그것은 연구자의 관심이 서유럽에 한정되어 있었기 때문이다. 그러한 일은 동북아시아 연해에서도 일어났던 것이다. 단지 몽골제국 연구는 이제 본격적으로 시작되었을 뿐이며, 중국의 인구변동도 아직 연구의 여지가 있다.

나는 이전에는 인도는 소농사회가 성립하지 않은 채 세계자본주의에 편입된 경우라고 생각하였다. 식민지기에도 독립 후에도 농업노동자가 동북아시아보다 훨씬 많았기 때문이지만, 최근 연구에 의하면 인도 남부에서는 19세기부터 소농경제와 농촌공업이 발달하였다는 것이 실증되었다(柳澤悠 씨의 연구 등). 또 무굴시대는 봉건사회였다는 설이 유력하게 되어 있다. 한편 인도 연구는 드디어 인도인 연구자가 그 중심에 서기 시작하였으며, 앞으로 급속히 진전될 것이다. 그러한 인도 연구의 진전으로부터 서유럽, 동북아시아 연해보다 늦지만, 인도 남부에서도 18·19세기에 소농사회가 형성되었고, 그 속에서 농촌공업이 발달하였다고 말할 수 있을 듯하다.

농업에 대한 자연(특히 기후)의 규정성

농업은 상공업이나 서비스업보다 훨씬 더 자연에 규정된다. 농업에 가장 큰 영향을 미치는 자연은 기후이며, 그로 인해 동북아시아 연해와 서유럽에서는 소농의 유형이 다르게 된다. 동북아시아 연해는 몬순지대로서 여름에 온도가 높고 비가 많아 잡초가 무성하기 때문에 제초가 중요하다. 비료를 많이 쓰고 집약농업을 할수록 철저한 제초가 필요한데, 작물이 자라고 있는 도중에 제초(中耕除草)해야 하기 때문에 인간의 손으로 하여야 하고 매우 노동집약적으로 된다. 그리하여 소농의 경영면적은 좁지만 토지생산성은 높다. 비슷한 시기에 소농사회가 성립한 서유럽은 여름에 그다지 온도가 높지도, 비가 많지도 않기 때문에 잡초가 무성하지 않다. 그리하여 3년에 한 번 경지를 휴한하여 제초하면 되며(삼포제도), 휴경지에서 제초(休閑除草)하기 때문에 말과 소가 끄는 쟁기로 제초하였다. 제초 노동이 비교적 적게 필요하여 같은 양의 노동으로 동아시아보다 넓은 면적을 경영할 수 있었지만, 토지생산성은 낮았다. 더구나 겨울에 한랭해서 1년 1작밖에 할 수 없었다. 상대적으로 대규모 경영으로 되기 때문에 경운도 축력경(畜力耕)으로 되며, 경종과 함께 목축이 중요하였다.

농업 생산수단으로서의 경지의 중요성

농업이 공업과 매우 다른 또 하나는 생산수단으로서의 경지의 중요성이다. 공업 생산력의 발달은 분업·협업과 도구(용기)·기계(장치)의 발달로 계측할 수 있다. 종래는 농업과 공업의 차이를 무시하여 농기구의 발달을 중심으로 농업생산력의 발달을 관찰하는 일이 많았지만, 그것은 잘못이다. 또 생산된 농산물의 양으로 계측하는 것도 자연조건의 차이를 무시하는 것이어서 잘못되었다. 생산수단에는 물리적 변화를 일으키는 근골계와 화학적 변화를 일으키는 맥관계가 있으며, 전자는 도구·기계이고, 후자는 용기·장치이다. 경지는 용기에 해당하는 생산수단인데, 노동대상인 종자와 작물에 화학적 변화(생물의 성장)를 일으킨다.

또 경지는 단순한 자연으로서의 토지(대지)는 아니며, 그것에 인간의 노동이 부가되어 종자와 작물의 생육에 적합한 성질로 개량된 생산수단(자연으로서의 토지와 그것에 인간 노동이 부가되어 생긴 자본이 합체된 토지자본)이다. 경지에서 작물이 자란다는 점에서 보면, 농업은 장치가 주요 생산수단인 고도의 유기화학공업과 비슷한 성질을 가지고 있다. 나아가서 장치가 자연과 합체된 생산수단이라는 독자성을 가지고 있다.

특히 동북아시아의 논 농업은 논의 개량과 고도화가 중요하며, 수리·관개·배수가 정비된 논이 자립적 소농의 일반적 형성(소농사회의 성립)의 기반으로 되었다. 이것은 동아시아 광역경제권(廣域經濟圈)이 성립하고 중국에서 토목·건설·관개기술이 도입되어 가능하게 되었다.

서유럽은 밭농사이며, 동북아시아의 논농사와 비교하면, 토지 이용이 조방적이고 대규모 경영이어서 생산수단 중에서 경지의 중요성은 동북아시아보다 낮으며, 농기구의 중요성이 높다. 한편 동북아시아의 관배수는 농민의 협업과 협동이 필요하여 촌락공동체의 발달을 촉진하는 요인으로도 되었다.

소농경영의 다각적·복합적 발전

동북아시아와 서유럽은 소농의 유형이 다르며, 그 발전방식에도 차이가 있었다. 농업은 기후와 작물의 생육에 규정되기 때문에 노동수요가 연중 크게 변동한다. 특히 경종중심인 동아시아 농업에서 현저하다. 그 때문에 동북아시아의 소농이 경영을 발전시키기 위해서는 노동수요의 변동을 줄이고, 되도록 연중 평균화해야 한다. 그리하여 농업의 다각화 및 농업 이외의 상공·서비스·임노동 등에도 종사하는 경영 복합화의 방향으로 발달해 갔다. 연중 각종의, 계절에 따라서도 서로 다른 노동을 복잡하게 조합해서 경영으로서의 효율성을 높이기에는 가족노동력이 가장 적합하다. 타인노동을 사용하는 대경영보다도 가족노동의 소농경영이 점차 생산력적 우위를 차지하였으며, 복잡한 각종 노동을 통합하고 효율적·합리적으로 경영하기 위해서 가족노동을 지휘하고 감독하는 경영 기능의 중요성이 커졌으며, 그것을 담당하는 가장의 권한이 강해져 가부장제가 발달하였다.

이와 달리 서유럽에서 소농경영의 발달은 집약화와 함께 경영면적의 확대로 나아갔다. 기후조건과 농법 때문에 토지생산성 향상은 동북아시아보다 어려웠으나, 경영면적 확대는 동북아시아보다 쉬웠다. 경영면적을 늘리기 어려운 구릉지대나 도시 근교 등에서는 공업화로 나아가는 경향이 강해졌으며, 농촌공업지대가 형성되었다(프로토공업화). 사회적분업이 동북아시아에서는 농가겸업, 서유럽에서는 농공분리(農工分離)와 지역적분업이라는 형태를 취하였다. 지금까지 자본주의 성립사는 서유럽을 기준으로 고찰되어 왔기 때문에 서유럽형의 사회적분업이 더 발달한 형태라고 생각되어 왔지만, 동북아시아와 서유럽의 차이는 발달수준의 차이는 아니고 유형적인 차이라고 생각된다.

동아시아 광역교역권의 성립과 기술이전

동북아시아 연해에서는 15세기에 경제적으로 가장 진전되어 있던 중국의 강남 지역에서 최초의 소농사회가 성립하였으며, 그것에 동반하여 농촌시장이 발달하였고, 농촌소도시(鎭)가 형성되었으며, 도시·농촌소도시·정기시(定期市)를 잇는 유통망이 발달하였다. 유통망은 중국 연해로부터 일본·한국·류큐·동남아시아 각지로 넓어졌으며, 동아시아 광역교역권(廣域交易圈)이 형성되었다. 그리고 16세기 특히 그 후반부터 아시아 물산을 구하러 서유럽 세력이 참가하기 시작하였다.

동아시아 광역교역권의 중요한 기능에 중국에서 주변으로의 기술이전이 있다. 그때까지 압도적으로 경제·문화·기술에서 선진적이었던 중국으로부터 문화·기술이 전파 및 이전되어 일본·한국·류큐·동남아시아의 문화·기술수준이 향상되었으며, 중국과의 격차가 축소, 해소 경우에 따라서는 역전되었다.

기술이전의 유형을 나누어 보면, 동북아시아는 현지의 정부·상인 등이 기술도입의 주체였으며, 동남아시아는 현지에 이주한 중국 상인이 그 주체인 경우가 많았다. 중국 주변의 동북아시아에는 현지 사회에 중국 기술을 받아들일 사회적·기술적 조건이 이미 성립해 있었지만, 동남아시아에는 그 조건이 아직 불충분하였다고 생각된다. 농업과 토목기술의 동남아시아로의 이전은 거의 없었던 듯하다.

그중에서도 일본이 기술도입에 가장 적극적이었다. 일본은 중국에서 생사·견직물 등을 수입하고, 그 대가로 대량의 금속(금·은·동)을 수출하여 화폐 소재가 부족하였기 때문에 무역을 제한하고 수입품의 국산화에 노력하였다. 17세기 초에는 은 수출이 전국 농산물 생산액의 1할을 넘었으며(石高에서 추정. 石

高는 제7장 주 37 참조), 무역의존도(GDP에 대한 수출입 합계액의 비율)는 15% 정도에 이르렀을 것으로 추정된다. 이것은 중국과 한국을 훨씬 웃돌며, 그 시기의 서유럽에서도 이보다 높은 나라는 네덜란드와 영국뿐이었다. 무역과 국산화에 의해서 일본의 경제발달이 촉진되었으며, 생활양식도 근대에 연속하는 모습으로 바뀌었다. 동북아시아의 소농사회 성립에는 중국으로부터의 기술과 문화의 이전이 큰 역할을 수행하였다. 일본은 17세기 말에는 가장 앞선 소농사회로 되었다.

2. 복선적(複線的)공업화

19세기 후반 이후의 동아시아 근대경제의 발전

15~17세기에 동북아시아와 서유럽은 소농사회가 형성·발전하고, 프로토공업화가 일어나고, 시장경제가 발달하는 등 대체로 병행 발전하였다고 할 수 있다. 그러나 동북아시아는 그 발전에서 산업혁명이 자생적으로 일어나지는 않았다. 그 때문에 19세기 중반에는 서유럽과 미국의 주도권이 확립되었으며, 동아시아(동남아시아를 포함)는 구미 주도의 세계시장에 수동적으로 편입되었다. 그것은 무엇 때문일까? 지금까지 몇 번이나 논의되었으며 다양한 의견이 제출되었는데, 나는 국가의 성격과 그 정책이 기본적인 문제라고, 마르크스류로 말하면 본원적축적의 문제라고 생각하지만 시간관계로 여기에서는 생략한다(이 문제는 제3편에서 거론한다).

19세기 후반에 동아시아는 구미 주도의 세계시장에 편입되었는데, 같은 입장에 놓인 라틴아메리카와 아프리카는 종주국을 비롯한 구미와의 사이에서 공업 제품을 수입하고 1차산품을 수출하는 수직적분업·무역체제에 편입되었으나, 동아시아와 인도는 수직적분업·무역과 동시에 역내무역이 그 이상으로 발달하였다(杉原薰 씨의 연구). 이 역내무역의 확대 및 발달의 역사적 조건은 15~18세기의 소농사회와 역내시장의 발달이지만, 또 하나의 요인은 19세기 후반 이후의 일본 공업화이다. 일본의 공업화는 구미와 다른 사회·생활양식 속에서 그것에 적합한 형식으로 행해질 필요가 있었다. 예를 들면, 일본 산업혁명의 중심은 면공업이었지만, 그 제품은 양복감이 아니고 전통의복인 기모노용 옷감이었으며, 굵은 실을 원료로 하는 두꺼운 면직물이었다. 직기도 구미의 광폭역직기(廣幅力織機)로는 짤 수 없었기 때문에 기모노용의 소폭역직기가 개발되어야 하였다. 일본의 공업화 중에 개발된 제품은 사회·생활양식이 비교적 비슷하였던 다른 동아시아에도 수용되었으며, 일본산 소비재의 동아시아 방면 수출이 급증하였다.

동아시아 공업화의 특징 — 복선적공업화

구미 주도의 세계시장에 편입된 지역 중에서 동북아시아와 인도는 비교적 순조롭게 공업화·자본주의화가 진행하였으며, 그것은 복선적공업화라고 하는 독특한 양상을 띠었다. 연구가 진전되어 있는 일본을 예로 들면 메이지유신 이후의 일본 공업화는 정부주도의 위로부터의 공업화였으며, 구미로부터의 기술도입에 의한 이식형 공업화라고 일컬어졌다. 그런데 정부주도성이나 구미에서 기술을 도입한 국영기업, 민간 대기업에 의한 구미형 대공업도 중요하였지만, 민간의 중소영세기업에 의한, 에도시대 이래의 기술을 개량하거나 구미의 기술을 일본의 중소영세기업에 적합하게 개량한, 소위 재래산업의 발달이 중요하였다. 메이지시대(1868~1912)에는 후자가 양적으로 압도적으로 많았으며, 더구나 급속히 발달하였다.

제2차 세계대전 이전부터 줄곧 일본의 중소영세기업의 방대한 존재는 일본자본주의의 후진성을 나타내는 사실로 간주되었고, 일본에서도 중소영세공업은 자본주의가 발달함에 따라서 도태·구축될 후진적인 존재라고 이해되었다.

이것도 구미를 기준 및 전형으로 하는 구미중심주의적 사고의 산물인데, 일본이 선진국화해도 중소영세공업은 감소하지 않았으며, 새로운 기술과 경영방식을 받아들이며 발전하자, 단순히 후진성으로는 설명할 수 없는 것이 명확하게 되었다. 그리고 1980년경부터 나카무라 다카후사(中村隆英) 씨의 문제 제기에서 시작된, 그것을 일본자본주의의 독자성으로 혹은 오히려 강점으로 보는 생각이 강해졌다.

일본 공업화의 특징은 이와 같은, 위로부터의 이식형 공업화와 아래로부터의 재래형 공업화에 의한 복선적공업화이다. 공업화 초기에는 두 공업이 거의 따로 발달하였으며, 제품도 시장도 다른 경우가 많았다.

후발국의 공업화는 단순히 정부의 정책이나 투자만으로는 성공하지 않는다. 민간기업 그것도 넓은 범위에 걸친 중소영세기업의 발달이 필요하다. 동북아시아의 중국·일본·한국에는 정도의 차는 있지만 그 조건이 있었다. 19세기 후반에 중국과 한국은 정부주도성이 불충분하였으며, 사회기반시설 정비와 이식형 대공업의 발달이 늦었다. 19세기 후반에 일본의 공업화가 비교적 순조로웠던 것은 복선적공업화였기 때문이다. 중국과 한국도 일본보다 늦지만, 20세기 10년대부터 정부주도(한국은 일본의 식민지 정부와 대자본)로 위로부터의 이식형 대공업이 발달하기 시작하였으며, 복선적공업화의 유형에 포함된다. 이와 달리 라틴아메리카는 소농의 발달이 약하였고 소농사회가 성립하지 않았으며, 중소영세기업이 약하였다. 그 때문에 공업화의 개시는 동아시아보다 빨랐지만 몇 번이고 좌절을 되풀이하였다.

3. 1930년대 동아시아의 공업화와 무역—전환기

일본자본주의의 고도화와 팽창

1930년대의 일본경제는 대공황 후의 세계시장 축소와 블록경제화 속에서 예외적으로 급속한 발전을 이루었다. 1932~1936년의 GDP성장률은 연율 6.3%였는데, 세계경제가 거의 정체되어 있던 중에 두드러졌으며, 그때까지의 일본 GDP성장률 중에서도 극히 높았다(1885~1940년 평균은 3.4%). 질적으로도 섬유공업(생사·면사·면포 등)뿐만 아니라 중화학공업이 본격적으로 발전하였으며, 기술적으로도 구미의 선진국을 따라잡기 시작하였다. 섬유공업도 면포 가공이나 인견 같은 새로운 산업을 일으켜 세계 톱 클래스의 경쟁력을 가지게 되었다.

무역구조도 크게 변화하였다. 1929~1936년의 7개년에 중요 수출품 중에서 수출액이 3배 이상으로 증가한 것은 58품목, 그중 16품목은 10배 이상 증가하였다. 섬유와 잡화가 많았고 이어서 화학·금속·기계였으며, 반대로 생사나 견직물 등 전통적인 수출품은 감소하였다. 수출처도 크게 바뀌었는데, 그때까지 가장 큰 무역상대국이었던 미국·중국·홍콩이 감소하였고, 한국·대만·만주(중국 동북 3성과 네이멍구자치구의 동부) 등 식민지·제국권(帝國圈)과 신시장

(동남아시아·인도·서아시아·라틴아메리카·아프리카)이 증가하였으며, 무역 범위는 종래의 구미와 동북아시아에서 전 세계로 넓어졌다. 1931~1937년에 일본의 수출액은 14.8억 엔에서 41.9억 엔으로 2.8배로 되었으며, 그 수출처는 1931년 구미 36.5%, 중국 9.7%, 제국권 27.7%, 신시장 25.7%에서 1937년 구미 24.1%, 중국 4.3%, 제국권 38.7%, 신시장 32.7%로 바뀌었던 것이다. 구미와 중국의 비중이 절반에 조금 못 미치던 것에서 3할에 조금 못 미치게 되었으며, 제국권과 신시장의 비중이 절반을 조금 넘던 것에서 7할을 조금 넘게 되었다. 신시장의 거의 모두는 구미의 식민지·세력권(勢力圈)이었다. 일본자본주의는 급성장하였으며 세계적 영향력을 키워 갔지만, 그것은 기성의 세계질서와 대립하고 파괴하는 면을 가졌다. 수입의 중심은 원료, 연료 등 1차산품이었지만 일본의 세력권 내에서는 자급할 수 없었으며, 그것이 확전(세력권 확대)의 최대 원인이라고 이야기된다. 그러나 1930년대에 일본자본주의의 급성장에 필요한 원료와 연료의 조달은 가능하였다. 그것이 불가능하게 된 것은 구미와의 결정적 대립 때문이었는데, 1937년의 중일전쟁 개시와 1939년의 제2차 세계대전 개시에 기인하였다.

이것은 현대와 닮은 면이 있다. 자본주의는 세계적인 체제로 된 19세기 중반부터 두 번의 큰 전환이 일어났다. 최초의 대전환은 20세기 전반의, 19세기자본주의로부터 20세기자본주의로의 이행·전환으로서 제1차 세계대전이 시작되기 직전 1913년부터 대공황(1929년)을 거쳐 제2차 세계대전이 끝난 1945년까지이며, 현재는 두 번째 대전환의 한가운데에 있다. 1989년 베를린장벽 붕괴, 1990년 독일통일, 1991년 소련 붕괴에서 시작하였고, 2001년 9.11 테러, 2008년 리먼브라더스 파산, 2011년 북아프리카 민주화운동 등이 일어났으며, 이후에도 꽤 긴 기간 동안 사건이 계속될 것이다. 이러한 대전환의 일부에 세계적인 세력관계의 전환이 있다. 그것은 현재는 미국 세계패권의 동요와 중국을 비롯한 신흥자본주의국의 급속한 대두이지만, 19세기자본주의로부터 20세기자본주의로의 이행기에는 일본자본주의의 대두였다. 세계자본주의의 중심이던 구미는 일본자본주의를 구미의 체제와는 이질적인 것, 세계질서를 파괴·혼란시키는 것으로 인식하였다. 현재 구미는 중국을 비롯한 유력한 신흥자본주의국을 기성의 세계체제에 포함시키려 하고 있으며, 중국 등은 현재의 세계체제를 어느 정도 바꾸려 하고 있다. 20세기 초의 이행기에 일본은 구미와 대립하여 고립되었으며, 결국 무모한 짓을 하여 자멸하였다. 당시는 현재와 달리 구미에 속하지 않는 신흥자본주의국은 일본뿐이었으며, 세계를 움직일 만큼의 힘은 없었다.

현대(1989년 이후)는 자본주의의 대전환기이며 새로운 체제(21세기자본주의)로의 이행기라는 점에서는 20세기 전기와 같지만, 그 변화의 규모는 더 크다고 생각한다. 마르크스 계통의 연구자 중에는 자본주의의 최후, 사회주의의 도래라고 보는 사람이 많지만, 나는 이행은 21세기 중반까지 계속되며(직전의 이행기가 33년 걸린 것에 비해 현재의 이행기는 50~60년은 걸리지 않을까), 다음 체제는 성숙자본주의일 것이라고 생각한다.

한국 · 대만 · 만주(日本帝國圈)

일본의 식민지와 그것에 준하는 지역이며, 일본에 종속된 현지 정부에 의해 일본과 공통된 제도가 만들어졌고 사회기반시설이 정비되었으며, 일본에서 자본과 기술이 도입되어 일본에 종속된 자본주의가 급속히 발달하였다. 경제성장률은 1912~1937년 평균 한국은 3.7%, 대만은 4.3%로 당시의 세계 중에서 매우 높았고, 특히 1930년대에 가속되고 있었다. 이 지역은 일본제국권 안으로 제한되기는 하지만, 대외개방 경제체제(엔의 자유교환·무관세·투자자유 등)가 되었으며, 외국자본(대부분 일본자본) 주도의 공업화가 진전되었던 것이다. 제2차 세계대전 후의 한국·대만과 같은, 수출주도인 동시에 외자의존이 강한 신흥공업경제와 공통되는 경제 변화가 양차대전(兩次大戰) 사이에 시작되었던 것이다.

또 하나 중요한 것은 일본을 중핵으로 하는 일본제국권의 경제적 결합이 급속히 강해지고 또 깊어지고 있었으며, 3지역 사이에서 일본을 경유하지 않는 직접적 결합도 강해지고 있었던 것이다. 3지역은 제국권 내에서는 그 외부보다 유리하였으며, 그것이 경제성장을 가속하는 하나의 조건이었다. 영국제국권과 파운드결제권 내에서의 이점을 이용해서 공업화를 진행한 인도와 공통된다. 그런데 이것은 동아시아 중에서 일본제국권의 폐쇄성을 강화하는 일이기도 하였으며, 폐쇄성 강화는 동아시아경제권 형성을 저해하고 최종적으로는 파괴하는 결과를 낳았다.

이 시기에 세계경제가 정체 혹은 축소(1929년 공황 이후)하고 있었지만, 왜 일본제국권(일본·한국·대만·만주)만이 급격한 경제발전을 하였던 것일까? 그것은 당시도, 현재까지도 흡족하게 설명되지 않는 일이다.

당시의 일본 좌익은 구미적인 사고방식에 젖어 일본 후진국론을 주창하여 경제발전을 경시 혹은 무시하였으며, 연구가 부족하였기 때문에 그 사실이 명확하게 밝혀지지도 않았다. 제2차 세계대전 후도 1980년경까지는 동일한 경향이었다. 제1차 세계대전이 끝난 이후에 구미 특히 미국자본주의는 회복 나아가서 발전하였음에도 일본자본주의는 불황에 빠진 채로 1929년 공황에 휩쓸렸으며, 침략전쟁에서 그 탈출구를 구하였다는 사고방식이 이어졌다. 그러나 1980년경부터 실증연구가 진전하자 그 시기에 일본자본주의의 발전이 현저하였던 것이 명확하게 되었다(대표적인 연구는 橋本壽朗, 『大恐慌期の日本資本主義』, 東京大

學出版會, 1984). 나아가서 최근에는 수량경제사적 연구의 진전에도 힘입어 이 시기 일본자본주의의 급격한 발전과 구조고도화·구미 따라잡기가 분명하게 되었다. 또 식민지 연구도 종래는 일본제국주의의 규탄사관 위에서 이루어졌지만, 식민지기에 한국과 대만이 급격한 구조 변화(자본주의화)와 경제성장을 이루었던 일이 실증되었다.

종래의 사고방식에서는 왜 일본이 이 시기에 세계에서 예외적으로 고성장을 이루었던가라는 문제 자체가 존재하지 않았지만, 그 사실이 분명하게 된 이상 왜, 어떻게 하여 그렇게 되었던가라는 문제를 해명할 필요가 있다.

나는 당시의 자본주의국 중에서 일본이 유일한 신흥 중진자본주의국이었다는 조건이 크다고 생각한다. 미국과 유럽으로부터 새로운 기술과 경영관리 방식을 도입해서 생산력을 급속히 발달시켰으며, 농업을 위시한 거대한 비자본주의 부문을 품어 생산성 낮은 그 부문에서 풍부한 노동력을 공급받을 수 있었다(자세한 것은 中村哲, 「東アジアを中心とする1930年代の歴史的位置づけ」, 中村哲編著, 『1930年代の東アジア經濟 ― 東アジア資本主義形成史II』, 日本評論社, 2006. 본서 제6장). 중진자본주의의 고성장은 리먼 브라더스 파산 이후의 세계에서 더 큰 규모로 재현되고 있다. 선진국들(미국·유럽·일본)의 경제정체·불황과 중국과 인도를 비롯한 중진자본주의국들의 급격한 발전, 아프리카와 서아시아의 혼란이다. 현재의 신흥 중진자본주의국은 규모가 크고 세계적 영향력이 크지만, 20세기 전반에는 일본뿐이었다. 또 한국·대만·만주의 급격한 발전은 일본제국주의의 개발정책, 3지역이 그 경제권에 속한다는 것, 소농사회의 성립을 중심으로 하는 3지역의 내부적 조건 등이 결합하였기 때문이다.

중국자본주의와 근대 국민국가의 성립

중국에서는 1928년에 난징국민정부에 의해서 일단 전국이 통일되었고, 근대 국민국가가 성립하였다. 국민정부는 국내의 내셔널리즘 고양을 배경으로 대외 자립정책을 취하였으며, 그 중심적 경제정책은 관세정책과 통화정책이었다. 중국에서는 19세기 말부터 근대공업이 형성되기 시작하였고, 제1차 세계대전기부터 방적업을 중심으로 경공업이 발달하였으며, 수입관세 인상에도 힘입어 수입대체공업화가 경공업을 중심으로 진행하였다. 1926~1936년에 수입에서 경공업 제품은 43.6%에서 14.3%로 감소하였다. 수출에서는 1936년에도 1차산품이 42.7%를 차지하였고, 경공업 제품은 13.5%여서 국내가 중국산 경공업품의 주요 시장이었지만, 경공업 부문의 수입대체공업화는 성공하였다고 할 수 있다.

중국에서는 농가겸업의 가내공업이 발달하고 있었으며, 이 시기에는 그 속에서 소자본가 경영, 선대제 가내공업, 공장제수공업이 급속히 발달하였다. 도시에서도 마찬가지였다. 1936년 수출에서 수공업 제품이 공업 제품의 36.9%나 차지하고 있었다. 이 시기의 수공업은 전통적인 것은 쇠퇴하고, 근대화 속에서 새로이 형성·발전하는 것이 늘고 있었다. 이 시기에 중국도 복선적공업화의 궤도에 들어갔다고 할 수 있다. 1930년대에 중국은 일본의 20세기 초(제1차 세계대전 직전)에 해당하는 단계(일본에서 산업자본 확립기라고 불리는 시기)에 이르렀다고 생각된다.

지금까지 중국 재래산업의 발달수준은 일본보다 상당히 낮았다고 평가되어 있었지만, 최근에 연구가 활발해졌고 19세기 말·20세기 초의 재래산업 발전이 꽤 분명하게 되었다. 그것에 의하면 강남 지역은 그 시기의 일본 선진지역과 거의 다르지 않은 수준에 있었다. 대표적으로 면업을 들면, 지금까지는 이 시기에도 선대제 가내공업이 형성되지 않았다고 판단되어 있었지만, 그와 달리 적어도 19세기 초 무렵에는 성립한 듯하며, 19세기 말·20세기 초에는 도시를 중심으로 공장제수공업(매뉴팩처)도 나타나고 있었다. 면직업의 공장제수공업은 일본보다 광범하게 나타난 듯하지만, 그것은 이 시기에 도시에도 전력이 그다지 보급되지 않았던 것에 의한다. 일본은 전력의 전국적(농촌도 포함) 보급이 일렀기 때문에 공장제수공업이 형성되기보다 선대제 가내공업에서 공장공업으로 바로 이행하였다. 전력은 증기력보다 설비투자가 훨씬 적어도 되었고, 소규모 공장을 건설·경영할 수 있었다.

통화정책에서는 1933년에 냥(兩)을 폐지하고, 국제적인 위안(元: 달러의 중국어로서 애초에는 동아시아의 국제통화였던 멕시코 銀달러를 가리켰다)으로 통일하였으며, 1935년에 영국과 미국의 지원을 받아서 은화에서 정부계 은행 발행의 국가지폐(법폐)로 법정화폐를 통일하였다.

인도 공업화의 개시

영국령 인도의 공업화는 일본보다 빠른 1860년대에 시작하였으나, 속도는 느렸다. 그러나 20세기 들어 속도가 빨라졌으며, 제조업 성장률은 1900-01~1948-49년 평균 4.4%로 상당히 높았다. 특히 1930년대에 급속하였다. 그것은 오타와협정(Ottawa Conference)이 맺어질 때 영국정부가 런던의 금융자본(City)을 중시하여, 인도가 파운드 채무를 반제할 수 있도록 인도에게 상품 판매시장을 보증하였기 때문이었다. 그리하여 인도 내셔널리즘의 고양을 배경으로 수입대체공업화가 1930년대에 급속히 진전하였다. 관세로 보호되어 인도경제에서 차지하는 무역의 비중은 감소하였으며, 국내시장의 중요성이 커졌다. 이것은 독립 후 인도국민회의 정권하에서 추진된 내향적인 수입대체공업화의 시작이었으며, 그 점에서 1930년대 중국 국민정부에 의한 수입관세 인상 및 수입대체공업화와 공통되었다. 인도의 소농사회 형성은 동북아시아보다 늦지만, 농가겸업적 가내공업이 광범하게 전개되었으며, 그 속에서 재래형 중소영세공업이 성립하였다. 복선적공업화라고 하는 공통성은 있다고 생각된다.

중국과 인도는 인구와 국토가 거대한 것이 크게 작용하여 공업화 초기에 내수가 중심이었다. 이와 대조적으로 한국과 대만은 인구와 국토가 작아서 처음부터 일본을 포함하는 외국시장이 중요하였다(물론 다른 조건도 있었지만). 제2차 세계대전 후에도 내수중심이 계속되었으며, 중국은 1978년 말에 개혁개방정책으로, 인도는 더 늦어서 1991년경부터 개방정책으로 전환하였다. 일본은 인구와 국토의 규모, 그리고 국내시장의 발달이 일렀다고 하는 역사적 조건으로부터 양자의 중간에 위치한다. 이것에 대해서 라틴아메리카는 제2차 세계대전 후 오래도록 자국산업 보호를 목적으로 해서 수입대체정책을 취하는 곳이 많고, 그것이 경제발전을 저해하는 한 요인이다.

맺음말

세계적으로 보아 양차대전 사이부터 1950년대에 걸친 시기는 19세기자본주의로부터 20세기자본주의로의 이행기였다. 영국에서 미국으로의 세계패권 이전, 식민주의적·제국주의적 자본주의로부터 다국적 거대기업 주도의 자본주의로 이행, 선진국의 복지국가화 및 재정팽창, 식민지 독립과 신흥국의 성립·발전, '사회주의'권의 성립과 미국·소련을 중심으로 하는 냉전체제 성립 등이 그 내용이다. 동북아시아에서도 이 시기에 일본에 더하여 중국이 새로이 자본주의국으로 되었고, 한국과 대만이 공업화하기 시작하였다. 동남아시아에서도 소농사회가 형성되기 시작하였고, 본국과 식민지라는 관계에서 벗어나 동아시아·태평양 경제권으로 편입되기 시작하였다. 동아시아자본주의 형성사에서 말하면, 1970년대 이후의 본격적 발전기와 19세기 후반부터 20세기 초까지의 단서(端緖)단계 사이의 중간지점, 후자로부터 전자로의 이행기였다. 그 내용을 살펴보면, 후자로부터 전자로 발전해 가는 요소가 형성됨과 동시에 발전 방향이 정해지는 기간이었다. 체제 이행기에는 장래가 확정되어 있지 않으며 몇 개의 가능성이 있다. 그와 관련된 이 시기 동아시아의 최대 문제는 일본제국권의 급팽창과 그것에 의한 동아시아경제권의 분단이었다.

보충설명

이 장은 2010년 12월 5일 고베대학에서 열린 중국현대사연구회(中國現代史研究會)의 워크숍 '변동하는 글로벌자본주의와 아시아공업화'에서 행한 보고를 문장으로 만든 것이다. 다만 당일 토론에서 제출된 의문과 질문에 대한 답변을 덧붙였다.

05

소농경영의 비교사적 검토 —일본·한국·대만—

머리말

1. 노동력

2. 다각화·복합화

3. 상품화·집약화

4. 경영규모별 구성

5. 지주제와 소작료

맺음말—몇 가지 논점

머리말

나는 지금까지 동아시아의 소농경영과 소농사회(小農社會)의 형성에 대해서 검토해 왔다. 소농경영의 일반적이고 사회적인 형성은 세계적으로 15~16세기에 동북아시아(중국 특히 동부·동남부의 연해, 일본, 한국)와 서유럽(알프스·피레네 이북)에서 거의 동시에 일어난 것으로 보인다. 이 소농사회를 기반으로 자본주의가 형성되었다.[1] 그 외의 지역에서는 소농경영의 일반적·사회적 형성이나 소농사회의 형성은 그것보다 상당히 늦었으며, 아직 형성되지 않은 지역도 많다.

소농사회에서 촌락을 구성하는 주민은 자작이든 소작이든 가족노동력에 의거하는, 그리고 농업경영을 자립적으로 하는 소농이 중심이며, 농업경영을 거의 혹은 전혀 행하지 않는 농업노동자는 소수이다. 또 소유지가 없는 소농은 지주로부터 토지를 빌리지만, 그 관계는 대차관계일 뿐 인격적 예속관계는 존재하지 않거나 희박하다. 이것에 대해 소농경영의 일반적·사회적 형성 이전의 사회 즉 소농사회 이전의 사회에는 자기 경작지가 없는 농업노동자가 농촌사회의 하층에 대량으로 존재하며, 농촌사회의 상층에 그 농업노동자를 부리는 경영규모가 큰 계층이 존재한다. 그 중간에 가족노동으로 소규모 농업을 하는 계층(소농)이 존재하지만, 그 경영은 불안정하여 어떠한 형식으로든 상층에 의존하는 경우가 많다. 그 농업노동자는 인신(人身)이 자유로운 경우도 예속적인 경우도 있지만, 자유롭다고 해도 임노동관계는 아니고 전근대적 역무(役務)관

1 소농과 소농사회에 대해서는 中村哲, 「小農社會論」(中村哲, 『近代東アジア史像の再構成』, 櫻井書店, 2000, 제1장 2절); 中村哲, 「東アジア資本主義形成史論」(東アジア地域研究會·中村哲編著, 『講座 東アジア近現代史1 現代からみた東アジア近現代史』, 青木書店, 2001. 본서 제1장) 참조.

계이다.[2] 지주(혹은 영주)와 농민의 관계는 인격적 예속관계(영주제)인 경우도 토지의 대차관계(中間的地主制)[3]인 경우도 있다.

지금까지 소농경영과 소농사회에 대한 나의 연구는 동북아시아를 전체로 취급하였지만, 앞으로는 보다 구체적인 차원으로 나아가려고 한다. 그 시작으로 동북아시아의 일본, 한국, 대만의 소농경영에 대해 통계가 어느 정도 갖추어진 20세기 전반기(한국과 대만은 식민지기)의 기본적인 지표를 비교하기로 한다.

1. 노동력

여기에서는 농업노동력에서 차지하는 고용노동력의 비율을 검토한다. 소농사회를 전제로 하면, 이 지표는 소농경영의 발달수준을 나타낸다. 일반적으로 이 비율이 낮을수록 소농경영이 발달한 것이다. 먼저 동아시아에서 소농 연

---

2 역무제(혹은 용역 급부관계)라는 것은, 고용관계이지만 근대적 임노동처럼 고용의 목적이 잉여가치(혹은 이윤)에 있지 않고 사용가치에 있는 관계이며, 전근대 계급사회에는 꽤 넓게 존재하였다. 역사 연구에서 이 관계를 노예제나 농노제라고 하는 일이 많지만, 역무관계는 인격적 예속관계는 아닌 점에서 질적으로 다르다. 中村哲, 「總論 中國前近代史理論の再構成·序說」, p. 49, 주 41(中村哲, 『東アジア專制國家と社會·經濟』, 青木書店, 1993); 中村哲, 「資本主義的生産に先行する諸形態」『マルクス·カテゴリー事典』, 青木書店, 1998, pp. 228~233) 참조.

3 중간적지주제에서는 지주와 차지농의 관계가 계약관계로서의 토지대차 관계여서 고리대 자본과 차입자의 관계가 계약관계로서의 화폐대차 관계인 것과 같다. 즉, 지주와 차지농 사이에 인격적 예속관계는 존재하지 않는다. 이 관계도 전근대사회에 광범위하게 존재하였으며, 역사 연구에서 농노제, 봉건제, 隸農制 등의 인격적 예속관계와 혼동되는 경우가 많다. 中村哲 전게, 「總論 中國前近代史理論の再構成·序說」, pp. 36~38; 中村哲, 「近代東アジアにおける地主制の性格と類型」(中村哲, 『近代世界史像の再構成 — 東アジアの視点から —』, 青木書店, 1991, 제5장) 참조. 중간적지주제는 내가 만든 개념으로서 동아시아를 비롯하여 세계 각지에 존재한다. 일본에서는 일반적으로 寄生地主制로 불리는 일이 많다.

구가 가장 진전한 일본을 들어 보면, 소농경영이 일반화하고, 소농사회가 성립하는 것은 16~17세기이며, 동아시아에서 가장 발달한 소농경영·소농사회로 되는 것은 17세기 말부터 18세기 초로 보인다. 그러면 일본의 농업노동 인구 중에서 고용노동이 차지하는 비율을 살펴보자. 나의 추정으로는 17세기 말~18세기 초의 농업노동력은 1,400~1,500만 명, 그중에서 가족노동력 이외의 타인 노동력(노비와 같은 예속적 노동력도 여전히 있었지만 주류는 고용인이었으며, 날품팔이도 꽤 있었기 때문에 대부분은 넓은 의미에서 고용노동력으로 보아도 좋다[4])은 많게는 300만 명, 적게는 200만 명으로 보인다. 고용노동력은 농업노동력의 15% 정도였을 것이다. 그 노동력은 주로 하층 농민에서 방출되는 것이며, 농업경영을 하지 않는 고유의 농업노동자는 여기저기 존재하기는 하지만, 이미 사회계층을 이루지는 못하였다. 꽤 고도의 소농사회였다고 말할 수 있다. 그 이후 소농경영의 발달과 함께 고용노동력이 점점 줄어듦과 동시에 고용노동력의 주류는 계약기간이 정해진 고용인으로 되었으며, 계약 기간도 짧아져 1년 계약이 중심으로 되었다. 날품팔이도 증가하였다.

1890년경(일본의 산업혁명이 시작할 무렵으로 일본이 아직 농업사회였던 최후의 시기)에는 연단위 계약의 고용인이 약 100만 명, 농업노동력의 약 7%였으며, 고용

4 에도시대에 최초로 전국 인구를 알 수 있는 것은 막부에 의한 1721년의 인구조사이며, 2,606만 명이었지만 무사 등이 제외되어 있었고, 번에 따라서는 유소년이 제외되어 있었다. 그들을 포함하면 3,100만 명쯤으로 추정된다(鬼頭宏, 『文明としての江戸システム』, 講談社, 2002, pp. 66~68). 유업인구를 알 수 있는 최초는 1872년의 壬申호적이지만 탈루가 제법 있기 때문에 그것을 보정하면 총인구가 3,481만 명이었다(日本 內閣統計局). 농림업 유업인구는 1,552만 명, 전체 유업인구의 72.7%이다(中村隆英, 『日本經濟—その成長と構造 第2版』, 東京大學出版會, 1980, p. 34). 1721년의 농림업 유업인구 비율이 1872년과 같았다고 가정하면 1721년의 농림업 유업인구가 1,382만 명으로 되지만, 그 사이의 경제 변화를 고려하면, 1721년의 농림업 유업인구 비율은 1872년보다 높아서, 75~80% 정도였을 것이다. 75%라면 1,430만 명, 80%라면 1,520만 명이 된다. 고용노동력은 소농경영이 일반적으로 성립한 초기단계여서 아직 제법 많았겠지만 300만 명을 넘지는 않았을 것이다.

노동력은 날품팔이를 포함하여도 1할을 넘지 않았다고 생각된다. 연단위 계약의 고용인은 1920년 38만 명, 2.7%, 1946년 10.7만 명, 0.7%로 거의 소멸하였다. 일본은 근대 세계에서 농업 고용노동이 극단적으로 적었다. 소농경영이 고도로 발달하였고, 그것을 떠받치는 촌락공동체나 각종 농업단체가 발달하였으며, 또 농업경영의 다각화와 복합화(농업 이외 방면으로의 진출)에 의해서 가족노동을 가장 효율적으로 활용할 수 있었기 때문이다.

다음으로 1930년의 한국, 대만의 농업노동력 구성을 보면 한국은 가족노동력 93.1%, 고용노동력 6.9%(머슴 6.2%, 날품팔이 0.6%)였고,[5] 대만은 가족노동력 88.7%, 고용노동력 11.3%(머슴 2.6%, 그 외의 농업노동자 8.7%)였다.[6] 대만은 제당회사 직영 대농장의 노동자 약 3만 명을 제외하면 8.6%였다. 한편 같은 해에 일본은 가족노동력 96.6%, 고용노동력 3.4%였다. 한국과 대만 모두 일본의 19세기 말 산업혁명 개시 시점에 상당하는 수준이다. 아마도 일본의 19세기 단계로 보아도 좋을 것이다. 소농경영의 발달수준이 꽤 높았다고 할 수 있다. 앞에서 보았듯이 일본의 소농경영이 동아시아에서 가장 발달한 단계에 이르렀던 17세기 말~18세기 초에 고용노동력은 농업노동력의 15% 정도였다. 한편 인도 남부에서는 소농화가 19세기 후반부터 진행하였지만, 19세기 말~20세기 전반에도 고용노동력은 농업노동력의 약 30%였다.[7] 한국에서는 17세기에는 노비 인구가 상당히 많았지만 18세기에는 격감하였다. 20세기 초의 한국 중남부에서 머슴을 고용하는 농가는 전체 농가의 21.9%였지만 1930년에는 18.3%로 되었

5 林炳潤, 『植民地における商業的農業の展開』, 東京大學出版會, 1971, p. 274(원자료는 澤村東平, 「朝鮮農業の勞力組成」, 『社會政策時報』, 208호, 1937).
6 涂照彦, 『日本帝國主義下の臺灣』, 東京大學出版會, 1975, p. 175.
7 柳澤悠, 「南インドにおける小農化傾向と農村小工業」(溝口雄三·平石直昭·濱下武志·宮嶋博史編, 『アジアから考える 6 長期社會變動』, 東京大學出版會, 1994).

고, 20세기에도 계속 감소하였다.[8] 한국에서 소농경영의 일반적 형성이나 소농사회의 성립은 18세기 후반일 것이다. 대만에서 해협 맞은편으로부터 대만으로 중국 이민이 증가하는 것은 정청공(鄭成功) 세력이 청에 항복하고 일단 청의 통치하에 들어가는 17세기 말 이후였다. 소농사회의 성립은 18세기 말에서 19세기라고 판단된다.

소농경영의 노동력에서 또 하나 중요한 것은 여성의 옥외 농작업이다. 농가의 여성노동은 가사와 육아, 옥내 농작업, 가내공업 노동이 주요하였지만, 거기에서 그치지 않고 옥외 농작업에 종사하게 되는 데에는 농업기술 진보, 사회 변화, 특히 여성 지위의 변화가 필요하고, 도덕·가치관 등도 관계한다. 농경노동력을 100으로 하면, 1930년에 일본은 남 54.9%, 여 45.1%, 한국은 남 67.8%, 여 32.2%, 그리고 대만은 남 73.9%, 여 26.1%였다. 남자 농경노동력을 100으로 하면 여자 농경노동력은 일본 82, 한국 47, 대만 35이다. 일본 농가의 여성은 대부분이 농경노동에 종사하였지만, 한국에서는 절반, 대만에서는 3분의 1 정도가 그러하였다.

2. 다각화·복합화

동아시아에서 소농경영의 발달은 노동집약화, 경영다각화·복합화의 방향으로 나아갔다.[9] 1931년에 농가수입에서 차지하는 경종의 비율은 일본 63.5%,

8 宮嶋博史, 「朝鮮甲午改革以後の商業的農業—三南地方を中心に—」『史林』, 57권 6호, 1974년 11월), p. 58, 제3표로부터 계산.

9 中村哲 전게 주 1의 여러 논문을 참조. 그리고 다각화는 2모작·3모작이나 농작물의 다양

한국 83.5%, 대만 82.7%였다. 일본의 경종 비율이 한국·대만보다 많이 낮았던 것은 양잠이 9.6%, 농외수입이 13.1%를 차지하였기 때문이다. 한국과 대만은 경종 비율의 차이는 없었고, 차이는 경종의 내용이었는데, 한국은 쌀이 압도적이었지만, 대만은 쌀과 함께 사탕수수의 비율이 높았다. 한국은 곡물재배 특히 미곡단작 경향이 강하였지만, 대만은 다양한 윤작이 발달하였다. 그 때문에 한국에서는 노동력 수요의 계절적 변동이 컸고, 그것을 경영 내부에 흡수할 수 없어서 과잉노동력이 대량으로 농촌 외부(도시, 일본, 만주, 북부의 신흥공업지대)로 나갔다. 대만에서는 다양한 윤작에 의한 다각화가 진전하였고, 경지 총면적도 증가하였기 때문에 증가한 농업노동력은 대개 농업 내에 흡수되었다.

대만에서 다양한 윤작이 발달한 조건에 논 관개시설의 발달이 있다. 대만은 식민지화 이전부터 관개시설이 발달해 있었던 것 같고, 1905~1909년에 이미 논 중의 관개면적 비율은 66.5%에 이르러 있었다. 식민지기에도 급속히 늘어나 1925~1929년에는 99.5%가 되었다.[10] 이에 대해 한국은 관개시설의 발달이 많이 늦었고, 식민지기에 수리사업이 진전하였지만 수리안전답의 비율은 1935년에 46%,[11] 1940년에 50.3%였다.[12]

한 가지 더 고려할 필요가 있는 것은 일본에서는 농가가 벼를 매조미하여 현미로 판매하였지만, 한국과 대만에서는 벼 그대로 판매하였던 것이다. 즉 일본의 벼농사 농가는 가공 작업의 일부를 경영 내에 포함하고 있었던 것이다.

화 등 농업 내에서의 다부문 경영을 가리키며, 복합화는 상공업, 임노동 등의 비농업부문으로의 진출을 가리킨다.

10 凃照彦 전게, 『日本帝國主義下の臺灣』, p. 85, 제18표. 단, 이 관개면적에는 밭도 포함되기 때문에 관개 논의 비율은 이것보다 낮다.

11 박섭, 『한국근대의 농업변동』, 일조각, 1997, p. 266.

12 農林省熱帯農業研究センター, 『舊朝鮮における日本の農業試験研究の成果』, 農林統計協會, 1976, p. 24.

일본에서 쌀 상품화는 에도시대(1600~1867)에 도시 및 주조업의 발달에 따라 진전하였으며, 농가는 그것에 대응하여 생산성을 높이고, 판매량을 늘렸다. 겐로쿠시대(元禄. 1688~1703)에 개발되었다고 하는 센바코키(千歯扱き. 홀태)는 상품생산화에 대응하여 탈곡의 생산성을 10배로 끌어올렸다. 한국과 대만도 예전에는 농가가 매조미하였지만, 근대화·식민지화하는 중에 일본 시장이 견인하는 타율적이고 급격한 쌀 상품화에 벼농사 농가가 대응할 수 없어 가공 작업이 농가에서 분리되었고, 매조미·정미업자가 출현하였다. 농가는 벼 그대로 판매하게 되었던 것이다. 그런데 한국과 대만에는 차이도 있어서 한국에서는 매조미·정미업자가 개항장을 중심으로 활동하였으며, 일본인이 많았지만, 대만에서는 농촌에 대만인 소규모 매조미업자(土壟間)가 급증하였고, 일본인 자본은 그것을 잠식하지 못하였다.[13]

3. 상품화 · 집약화

농가 상품화율을 보면, 한국에서는 1931~1933년에 경영비 상품화율은 경상남도 39.4%, 전라남도(자작농만) 43.9%, 평안남도 21.0%, 함경남도 30.0%였으며, 생계비 상품화율은 경상남도 45.2%, 전라남도 25.6%(자작농만), 평안남도 26.1%, 함경남도 46.0%였다.[14] 대만에서는 경영비 상품화율은 1931년에 자

13 川野重任,『臺灣米穀經濟論』, 有斐閣, 1941, 제6장,「米穀の取引段階に於ける跛行性」참조.
14 林炳潤 전게,『植民地における商業的農業の展開』, p. 265, 제52표. 이 경영비에는 소작료가 포함되어 있지만 소작료를 제외한 경영비의 상품화율은 1932년에 자소작 40.1%, 소작 40.9%이다(朴ソプ,『1930年代朝鮮における農業と農業社會』, 未来社, 1995, pp. 112~114).

작농 71.9%, 자소작농 54.0%, 소작농 49.5%, 평균 58.6%였으며,[15] 생계비 상품화율은 1936년에 자작농 58.1%, 소작농 58.0%였다.[16] 일본은 1936년에 경영비 상품화율은 자작농 88.2%, 자소작농 54.7%, 소작농 42.1%, 평균 59.3%, 생계비 상품화율은 자작농 56.0%, 자소작농 56.5%, 소작농 53.1%, 평균 55.3%였다.

일본, 한국, 대만 모두 농가는 생산과 소비를 막론하고 상품경제에 깊이 포섭되어 있었지만, 일본과 대만의 상품화율은 대개 60%, 한국은 남부에서 40%, 북부에서 30~40%였으며, 일본이나 대만보다 많이 낮았다. 농업의 상품화와 집약화는 한국과 대만 모두 식민지기에 급격히 진전한 점에서는 공통되지만, 중국 남부로부터의 이민사회였던 대만에서는 식민지화 이전부터 상품화는 진행하고 있었다. 또 일본에서는 농업의 상품화가 다각적 및 다부문적으로 진행하였으나, 한국과 대만에서는 특정 부문에 특화하는 경향이 있었다. 한국에서는 쌀, 대만에서는 쌀과 사탕수수이다. 일본 농업은 판매시장이 국내였지만, 식민지였던 한국과 대만의 농업은 일본 시장을 향한 상품생산화가 진전하였기 때문이다. 쌀의 상품화율을 들어 보면, 1924~1928년 평균해서 일본 54.7%, 한국 48.2%, 대만 64.7%로[17] 대만이 높았으며, 일본과 한국의 차이는 작았다. 일본의 쌀 상품화율은 농업 전체의 평균적인 수준과 같았지만, 한국 농업의 상품화는 쌀에 치우쳤고,[18] 대만은 쌀과 사탕수수(상품화율 85%)에 치우

15 벼농사 농가의 경우임. 凃照彦 전게, 『日本帝國主義下の臺灣』, p. 230, 제103표.

16 川野重任 전게, 『臺灣米穀經濟論』, p. 210, 제100표.

17 凃照彦 전게, 『日本帝國主義下の臺灣』, p. 78. 원자료는 八木芳之助, 『米價及び米價統制問題』, 1932, p. 428. 川野重任 씨의 추계로는 1936~1938년을 평균한 대만의 쌀 상품화율은 73.8%로 더 높아진다(川野重任 전게, 『臺灣米穀經濟論』, p. 244).

18 한국에서도 공업화·도시화가 진전하고, 내부의 농산물 시장이 확대되는 1930년에는 과일, 야채 등의 상품 생산이 발전하였고, 쌀 생산 편중이 시정되는 경향이 있었다. 朴ソプ

쳤다. 또 하나, 일본과 대만에서 경영비 상품화율이 자작농, 자소작농, 소작농 사이에 큰 차이가 있었다. 그 차이는 현물 소작료에 기인하였으며, 생계비 상품화율에서는 차이가 없었다. 생산과 소비 모두 상품화의 계층성은 적었던 것으로 보인다. 아마 한국도 마찬가지였을 것이다.

한국과 대만은 식민지기에 농업의 상품화와 집약화가 급속히 진전함과 함께 농외(農外)겸업은 감소하였고, 농업 전업화가 진전한 것 같다. 특히 한국에서 그 경향이 현저하였다. 이 점은 일본과 크게 다르다. 한국과 대만의 농업 상품화가 특정 작물에 치우치는 경향이 있었던 것도 고려하면, 한국과 대만이 일본의 식민지로 되고 일본자본주의의 주변부에 편입되어 일본 시장을 향한 농산물 상품화가 진전하였으며, 일본정부의 개발정책이 강행되었기 때문일 것이다.

또 하나는 식민지 이전의 역사적 조건이다. 동북아시아에서 소농경영의 겸업이나 부업으로 가장 널리 행해졌던 것은 면공업과 견공업(絹工業)이었다. 일본과 중국은 19세기 중엽에 개항한 이후 생사가 중요 수출품으로 되었으며, 면직물업은 수입품에 압박되기는 하였어도 국내생산은 그것과의 경쟁에 견디면서 발전하였고, 재래 면직물업의 발전에 의한 국내 면사시장의 확대가 좋은 조건이 되어 근대적 방적업이 성립·발전하였다. 한국은 개항 직후에 생사 수출이 조금 있었지만 곧 없어졌으며, 수출은 쌀과 대두에 특화하였다. 개항 당시에 한국의 제사(製絲)기술은 좌조(座繰) 이전의 수조(手繰)단계였는데(좌조는 누에고치에서 한 손으로 실을 뽑으면서 다른 손으로 실패에 감을 수 있었고, 여러 개의 누에고치에서 나오는 실을 모아서 한 올의 생사를 자아낼 수 있었다), 질이 나쁘고 생산성도 낮아서 국제시장에서 전혀 경쟁력이 없었다.[19] 면직물업도 개항 이후에 청(영국

전게, 『1930年代朝鮮における農業と農村社會』 참조.

19 須川英徳, 『李朝商業政策史研究 — 18·19世紀における公権力と商業』, 東京大學出版會,

제 면포의 재수출)과 일본(자국산 면포)으로부터의 수입품에 압도되어 식민지로 될 무렵에 이미 자국산 면직물은 국내수요의 20%도 충족하지 못하였다.[20] 그렇지만 식민지 치하에도 농민의 자급적 면직물 생산은 뿌리 깊게 남았다.[21] 개항 이후 한국의 면공업과 견공업의 일본 및 중국에 대한 차이는 개항 이전의 조건 차이가 중요한 요인의 하나였다고 생각된다.

개항 이전의 조건의 하나는 15~18세기 동아시아교역권에의 참가와 중국 선진기술의 이전 정도이다. 한국에서는 고급견직물이 중국과의 조공무역으로 수입되었으며, 국산화는 거의 이루어지지 않았다. 그리하여 그 원료인 양질의 생사가 수요되지 않아 생사의 기술개량 유인이 결여되어 있었다.[22] 일본에서는 15~17세기에는 고급생사(白絲)가 모두 중국에서 수입되었고 최대의 수입품이었지만(교토 니시진[西陣] 직물업의 원료로 사용), 18세기에는 국산화되었다. 면직물도 한국은 개항할 무렵에 바닥에 앉아서 짜는 베틀(지바타[地機])이 사용되었지만, 일본은 18세기에 니시진의 견직기술이 면직물 생산지에 전해져서 의자에 앉아서 짜는 베틀(다카바타[高機])이 사용되었다. 니시진은 일본 최대의 고급견직물 생산지였는데, 그 기술은 16세기에 중국에서 도입되었다. 16~18세기 일본의 소농경영 발달은 중국으로부터의 선진기술 도입에 힘입었고, 일본은 도입기술을 한

1994, pp. 231~235.

20 村上勝彦, 「日本帝國主義による朝鮮綿業の再編成」(小島麗逸編著, 『日本帝國主義と東アジア』, アジア經濟硏究所, 1979)에 의하면, 1908~1910년 평균 수입면포 62%, 수입면사 사용 면포 26~28%로 90% 가까이 차지하였고, 순 국산면포는 10% 정도였다. 그 연구에서는 한국 인구가 1,300만 명으로 추정되어 있지만, 현재의 인구사 연구에서는 1,700만 명으로 추정되고 있기 때문에 외국 면포의 점유율이 실제보다 과대평가되어 있다(李憲昶 씨의 조언에 따름).

21 木村光彦, 「植民地下朝鮮の紡織工業」(安場保吉 · 斎藤修編著, 『プロト工業化期の經濟と社會』, 日本經濟新聞社, 1983).

22 須川英德 전게, 『李朝商業政策史研究』, pp. 260~271 참조.

층 개량하여 중국을 능가하는 생산력 단계에 이르렀던 것이다. 한국은 일본에 비해 그러한 움직임이 약하였다.

대만은 원래 대만해협 맞은편인 중국 남부로부터의 이민에 의해 만들어진 사회였고, 이민이 상당히 증가하여 대만 사회의 기반이 형성된 18세기 말 이후는 중국 남부와의 교역에 의해 경제가 유지되었다. 쌀, 설탕 등을 중국에 이출하고 면직물을 비롯한 공업 제품을 중국에서 이입하여 농업에 특화하였고, 농업의 상품화 수준은 그때부터 높았다.

4. 경영규모별 구성

일본은 20세기에 들어서 경작규모 0.5헥타르 미만의 농가가 한결같이 감소하였으며, 0.5~1헥타르는 1932년까지는 미미하게 증가하다가 그 후에는 급속히 감소하였다. 2헥타르 이상도 감소하였지만, 1~2헥타르는 한결같이 증가하였다. 이른바 중농표준화 경향이며, 1938년에 1~2헥타르의 60%는 자소작층이었고 중농표준화의 주축이었다.[23] 한국은 1922~1938년에 0.3헥타르 미만과 3헥타르 이상이 감소하였으며, 그 중간의 0.3~3헥타르가 증가하였다. 역시 중농표준화 경향이지만 0.3~1헥타르가 47만 호, 55%나 증가하였다는 점이 크게 다르다. 농가 총호수도 일본은 거의 변하지 않았고 1932년 이후 약간의 감소 경향을 나타냈지만, 한국에서는 1922년부터 1938년까지 42만 호, 17%나 증가하

23 綿谷赳夫, 「資本主義の發展と農民の階層分化」(東畑精一·宇野弘蔵編, 『日本資本主義と農業』, 岩波書店, 1959, 제4장).

였다.[24] 일본에서는 자본주의 발전 특히 공업화와 도시화의 진전에 의해 농업인구의 증가가 억제되었고 농산물 시장도 커졌지만, 한국에서는 그러한 경향은 있었으나 일본보다 훨씬 약하였고, 그 때문에 중농표준화가 일본보다 낮은 계층에서 진행하였을 것이다. 대만은 1921년부터 1939년에 1헥타르 미만이 상당히 감소하였고(전체의 53.1%에서 45.8%로), 10헥타르 이상은 농가 수는 적지만 역시 감소하였고, 1~10헥타르가 증가하였다(전체의 46.9%에서 54.2%로).[25] 역시 중농표준화 경향이라 할 수 있지만, 한편으로 3~5헥타르의 부농적 계층이 증가하였다는 특징이 있다. 대만은 원래 일본이나 한국보다 농가의 경영면적이 컸으며, 그 기간에 농가 호수는 거의 그대로이면서 경지면적은 23% 증가하여, 농가 1호당 경지면적은 1.6헥타르에서 2헥타르로 증가하였다. 대만은 공업화와 도시화의 진전도 있었지만, 일본과 비교하면 농업 내부의 확대·발전에 의해 상향적인 중농표준화 경향을 띠었다.

일본, 한국, 대만 모두 20세기의 20~30년대에는 1~2헥타르를 중심으로 하고 가족노동력으로 경작하는 중농층으로 수렴하였고, 하층의 빈농과 상층의 부농층이 감소한다는 공통된 경향이 보인다. 그중에서 중농표준화는 일본이 전형적이고, 한국은 하층에 치우치며, 대만은 상층에 치우쳤다는 특징이 있다.

24 李榮薰, 「韓國的小農社會與工業化」(中村哲·羅榮渠·安秉直編著, 『論東亜經濟的現代化』, 上海·東方出版社, 1998, 특히 211페이지의 표[植民地期耕作規模的分化趨勢] 참조). 한국 농업은 남북의 차이가 큰데 북부는 밭이 많고, 기후조건이 만주와 화베이에 가까워서 농업도 만주와 화베이에 가깝다. 그리하여 남부만을 보면 1937년 0.5헥타르 미만 48.8%, 0.5~1헥타르 27.6%, 1~3헥타르 21.7%, 3헥타르 이상 1.9%이다(박섭 전게, 『한국근대의 농업변동』, p. 151, 표 2-18). 일본과 비교해도 1헥타르 미만이 많고, 1~3헥타르의 층이 얇다는 특징이 있다.

25 凃照彦, 전게, 『日本帝國主義下の臺灣』, pp. 218~219, 제95표.

| 표 5-1 | 경작규모별 구성

	일본				대만			
	1921년		1939년		1921년		1939년	
ha	천 호	%	천 호	%	천 호	%	천 호	%
0.5 미만	1,917	35.1	1,854	33.8	128	30.2	109	25.2
0.5~1	1,822	33.4	1,800	32.8	97	22.9	89	20.6
1~2	1,143	21.0	1,326	24.1	100	23.7	113	26.1
2~3	334	6.1	314	5.7	46	10.8	57	13.3
3 이상	240	4.4	198	3.6	52	12.4	64	14.8
계	5,456	100	5,492	100	423	100	432	100
1호당 면적	1.12		1.11		1.63		1.98	

	한국			
	1922년		1938년	
ha	천 호	%	천 호	%
0.3 미만	632	25.8	488	17.0
0.3~1	856	35.0	1,327	46.3
1~3	676	27.6	878	30.6
3 이상	281	11.5	176	6.1
계	2,445	100	2,869	100

한국 남부	
1937년	
ha	%
0.5 미만	48.8
0.5~1	27.6
1~3	21.7
3 이상	1.9
계	100

주: 일본과 대만은 涂照彦, 『日本帝國主義下の臺灣』, 東京大學出版會, 1975, pp. 218~219, 제95표. 한국은 李榮薰, 「韓國的小農社會與工業化」(中村哲·羅榮渠·安秉直編著, 『論東亜經濟的現代化』, 上海·東方出版社, 1988), p. 211. 한국 남부는 박섭, 『한국근대의 농업변동』, 일조각, 1997, p. 151, 표 2-18에서 작성.

5. 지주제와 소작료

한국과 대만은 식민지화 시점에 이미 경지의 평균 소작지율은 50%를 넘었으며, 논만으로는 60%를 넘었다. 일본은 평균 소작지율이 가장 높았던 1920년대에도 46%였으며, 5할을 넘는 일은 없었다. 논만으로도 5할 남짓이었다. 한국과 대만은 식민지화 이전에 지주제가 상당히 고도로 발전해 있었던 것이다. 공업화가 개시되기 이전에 세계시장에 끌려 들어갔고, 외국(대만은 대만해협 맞은편의 중국 남부를 포함)을 향한 농업 상품화가 진전되어 사회의 자금이 토지 구입에 많이 사용되었기 때문일 것이다. 일본에서는 토지 구입 외에 공업·상업·교통 등을 자본주의화하기 위한 투자에 사용되었다. 혹은 그보다 더 이전 17~19세기 전반의 경제발전과 경제구조의 차이에도 원인이 있을지 모른다. 일본은 에도시대에 도시화가 진전하였고, 전국적인 상품유통이 형성되어 있었다.

소작료는 논에서는 수확의 절반 정도, 밭에서는 3~4할이었으며, 일본, 한국, 대만 모두 수확에 대한 비율은 같았다. 생산성은 일본이 가장 높았으며, 다음이 대만이었고, 한국이 가장 낮았기 때문에 실질적인 소작료 부담은 한국이 가장 무거웠으며, 일본이 가장 가벼웠고, 대만은 그 중간이었다. 소작료는 일본에서는 1920년경까지 조금 상승하였으며 그 뒤는 낮아져 갔다. 한국과 대만에서는 1940년경까지 상승 경향이 이어졌다.

소작료의 형태인데, 일본에서는 논은 정액미납(米納. 미는 현미), 밭은 금납 혹은 대금납이 일반적이었으며 감면 관행이 있었다. 한국(1930년)을 보면, 남부에서는 논은 정액벼납(稻納) 41.5%, 분익(타작)벼납 58.5%, 밭은 정액벼납 87%였으며,[26] 북부에서는 논은 정액벼납 21.3%, 분익벼납 78.7%, 밭은 정액벼납 30%,

26 소작료 납입을 크게 나누면, 소작료가 정액인 경우와 지주와 소작인이 일정한 비율(절반이 많음)로 수확을 분배하는 분익제가 있다. 그리고 정액에는 감면이 없는 경우와 있는 경우가 있다. 일반적으로 말하면, 풍흉 등의 위험을 소작인이 전면적으로 부담하는 감면이 없는 정액 소작제에서 소작인의 경영적 자립도가 높다. 분익제는 지주와 소작인이 공동으로 위험을 부담하며, 소작인의 경영적 자립성은 약하다. 특히 대형 농기구, 수확물을 처리하는 막사 등을 지주가 제공하는 분익제의 경우에는 지주는 토지소유자임과 동시에 경영자적 성격을 가져 소작인의 농업경영에 간섭하는 일이 많고, 소작인은 경영자와 농업노동자의 중간에 해당하는 존재가 된다. 소작료에는 현물납과 貨幣納이 있는데, 화폐납에는 납입액이 현금으로 정해지는 경우와 납입액이 현물로 표시되고 그것을 화폐로 환산

분익제 70%였다. 한국 전체로는 논은 정액벼납 32.0%, 분익벼납 68.0%, 밭은 정액 60.6%, 분익 39.4%였다. 한국 소작료의 특징은 분익제가 많은 것, 밭 소작료도 벼로 납부하는 일이 많았던 것이다.[27] 소작계약은 구두계약이었으며, 식민지기에는 계약의 단기화가 진전하였고, 소작료는 상승 경향에 있었다. 대만에서는 논은 정액벼납이었지만, 수확이 증가함에 따라 소작료도 증가하였으며, 실태는 정률(분익)벼납에 가까웠다. 감면 관행이 없었기 때문에 흉작일 때 소작인의 부담이 커졌다. 밭은 금납이었다. 계약은 대부분 구두로 이루어졌으며, 소작인의 경쟁은 심하였고, 소작농의 거주지 이동도 빈번하여 지주가 경지에 소작인용 오두막집을 지어두는 일도 많았다. 계약 때 소작인이 계약금과 보증금을 내는 관행이 있었다. 소작료 납입 시기는 논에서는 수확 후였는데, 2기작 논은 1기(7월)에 5~7할, 2기(11~12월)에 나머지를 납입하였다. 밭은 선납제였다.[28]

소작지는 논에서 많았고, 소작료도 논에서 높았기 때문에 논에 대해서 일본, 한국, 대만을 비교해 보면 상대적으로 소작농의 상태가 좋은 것은 일본이었다. 소작료는 정액이며 현미로 납부되었고, 소작조건은 비교적 안정적이었으며, 감면 관행도 있었다. 자본주의화 과정에서 농업의 상품생산화가 진전하였으며, 농촌 과잉인구의 형성과 함께 소작료는 상승하는 경향에 있었고, 소작조건도 악화되었지만, 한국이나 대만과 비교하면 그 정도가 약하였다. 공업화와 도시화의 진전과 함께 농촌 과잉인구는 해소되어 갔으며, 1920년대부터는 소작

하여 납부하는 대금납이 있다. 일반적으로 정액 화폐납에서 소작인의 경영적 자립성이 가장 높다.

27 久間健一, 『朝鮮農業の近代的様相』, 西ヶ原刊行會, 1935, pp. 24~25.

28 川野重任 전게, 『臺灣米穀經濟論』, 제5장 3절 「小作制度と産米の分配」, 4절 「分配と商品化との量的観察」 참조.

쟁의가 고조되기도 하여, 소작료 감액 및 소작조건 개선이 진전하였다. 지주제의 후퇴기에 들어선 것이다. 한국은 분익제, 벼납이었고, 소작농 지위의 불안정화·불리화가 진행하였고, 소작료는 상승 경향에 있었다. 대만에서는 소작료는 형식상으로 정액이었지만 실질적으로는 분익제에 가까웠다. 감면 관행이 없었다고 기록되어 있으므로 그에 따르면 소작경영의 안정성이 상당히 높았어야 하지만, 소작료는 수확 증가에 따라 증가하였으며, 소작인의 정주성이 약하고 이동성이 강하였으므로 양자가 정합적이지 않다.

맺음말—몇 가지 논점

금후의 연구를 위하여 몇 가지 논점을 잠정적으로 정리해 두자.

1. 동북아시아 연해(중국 동부·남부의 연해, 일본, 한국)는 15~18세기에 소농사회로 되었다. 세계에서 서유럽과 함께 최초로 소농사회가 형성되었다고 생각된다. 그중에서도 아마 중국 장강 하류 지역의 강남에서 최초로 소농사회가 성립하였다고 보여지며, 15~18세기의 환중국해 교역권=동아시아 광역교역권의 형성에 의해 소농사회는 동중국해를 둘러싸는 중국 동부·남부의 연해, 일본, 한국으로 넓어졌다.[29] 일본의 소농사회는 에도시대 초기에 막번제(幕藩制) 성립의 일환으로서 17세기 중에 성립하였고, 한국은 그것보다 늦어서 18세기 특히 그 후반에 성립하였으며, 대만은 새로운 개척지였던 만큼 소농사회의 형성은 더디

29 주 1의 여러 논문 참조.

게 이루어져 18세기 말~19세기였을 것이다. 류큐(琉球)는 17세기 초부터 일본의 사쓰마번(薩摩藩. 번은 에도시대 다이묘의 영지 및 그 지배기구)에 종속하였지만 독립국이었다. 동아시아교역권 중에서의 지위 후퇴로 17세기 말~18세기 초에 농업국으로 바뀌었으며, 근세적 지배체제가 확립되면서 농민에 대한 착취가 강화되어 소농경영이 발달하지 못하였고, 소농사회의 성립은 늦어져 일본에 병합된 이후인 19세기 말경이었을 것이다.

2. 일본은 동아시아 교역에 적극적으로 참가하였고, 중국에서 선진기술을 도입하여 경제발전을 이루었으며, 막번제의 소농 자립정책, 도시의 발달, 전국적인 상품경제 발달 등에 힘입어 17세기 말에는 동아시아에서 가장 발달한 소농사회로 되었다. 세계적으로도 소농사회가 가장 발달하였을지도 모른다.

3. 한국은 중국과의 책봉·조공관계에 강하게 규정되어 동아시아 교역에 독자적으로 참가하는 일에 소극적이었던 듯하다. 그 때문에 지배체제의 변혁이 불충분하였고, 상품경제의 발달이 늦었으며, 중국으로부터의 기술이전도 일본만큼은 아니었다. 소농경영의 일반적 형성이나 소농사회의 성립은 일본보다 늦어서 18세기 후반이었을 것이다.[30] 일본의 소농은 에도시대에 겸업을 발달시켜 다각화·복합화를 추진하였는데, 그중에서 가장 큰 분야가 면공업과 견공업이었고, 그 기술은 중국에서 도입(경우에 따라 한국을 경유)되었다. 한국 소농경영의 일반적 성립도 역시 겸업 발달을 동반하였지만, 그 정도는 일본보다 약하였고, 그 때문에 한국의 소농은 개항 이전의 그 성립기부터 일본과 비교하면 농경에 중심이 있었을 것으로 생각된다. 정부 정책도 이 차이를 낳은 원인의 하나였다.

30 宮嶋博史 씨는 한국의 소농사회 성립이 일본과 같은 17세기라고 하지만(「東アジア小農社會の形成」, 溝口雄三·平石直昭·濱下武志·宮嶋博史編 전게, 『アジアから考える 6 長期社會變動』), 실증적으로 불충분하다.

조선시대에 정부는 중국의 선진기술을 도입하는 것에 소극적이어서 예를 들면 고급견직물은 중국에서 수입하고, 국내생산을 오히려 억압하였지만, 일본에서는 막부와 번이 적극적으로 중국의 각종 선진기술을 도입하는 정책을 강구하였다.

4. 대만은 동아시아교역권의 전성기였던 16세기 후반~17세기 전반에는 아직 중국 남부로부터의 이민도 적었고, 개발도 이루어지지 않았다. 네덜란드와 스페인이 대만의 일부를 점령하였지만, 그것은 동아시아 교역의 교두보를 만들기 위한 것이어서 영토적 식민지화의 의도는 없었고, 그럴 힘도 없었다. 명청 교체기에 대만은 개발되지 않았으며, 청은 타이난을 점거하여 청에 저항한 정청공 세력이 항복한 1683년 이후에도 대만이 반청(反淸)운동의 거점이 되는 것을 두려워하여 대만 개발에 소극적이었고, 한족의 이주를 제한하였다. 대만의 개발이 진행하여 소농사회가 성립하는 것은 중국 남부로부터의 이민이 증가하는 18세기 말~19세기였다. 그 소농의 모습도 일본이나 한국과 달리 처음부터 중국 남부와의 교역을 전제로 하는 상품생산적 농업에 특화한 소농이었다고 생각된다. 대만의 소농은 생산한 쌀, 설탕 등을 중국 남부에 이출하고 중국 남부에서 수공업 제품을 이입하였으며, 19세기 후반의 개항 이후에는 설탕과 차를 주로 홍콩을 경유하여 외국에 수출하였다.

5. 20세기의 일본은 자본주의화와 근대국가 성립에 의해 소농경영이 한층 발달하였다. 자본주의화·공업화·도시화에 의해 농촌 과잉인구가 비농업부문에 흡수되었고 탈농이 진전하였다. 농촌 겸업화도 한층 진전하여 그중에서 재래산업이 형성되었으며, 나아가 재래산업에서 중소공업이 발달하였다. 농촌이 자본주의에 편입되는 과정에서 지주제가 발달하였으며, 소작권이 약해지고 지주권이 강해지는 사태도 일어났지만, 전체적으로는 근대에도 상대적으로 소농

경영은 순조롭게 발달하였다고 할 수 있을 것이다.

6. 한국에서는 개항 이전에 소농경영이 일반적으로 형성되었지만 일본만큼 발달하지 않았으며, 특히 겸업이 발달하지 않았다. 거기에 개항 이후 급격히 세계시장 특히 일본자본주의의 주변부에 편입되었기 때문에 소농이 대거 몰락하였고, 공업화·도시화도 늦어 빈농이 농촌에 체류하여 방대한 과잉인구가 형성되었다. 그것을 기반으로 지주제가 발달하였고, 지주권의 강화와 소작권의 약체화가 진행되어, 소작경영의 자립성이 약해지는 경향이 있었다. 농가겸업도 일본으로부터의 제품 수입과 일본 자본의 한국 진출에 의해 수세에 몰리고 쇠퇴하는 경향이 있었다. 한편, 농가소득이 낮았기 때문에 자급적인 농가 가내공업은 뿌리 깊게 잔존하였고, 농가 자급률은 일본이나 대만보다 높았다. 일본의 개발정책에 의해 농업의 상품화·집약화는 진전하였지만, 농가소득은 그다지 증가하지 않았다. 부분적으로는 소농경영의 발전도 보였으며, 공업화와 도시화가 진행된 1920~1930년대에는 그런 경향이 강하였다. 전체적으로 식민지기에 한국의 소농경영 발전은 한편으로 치우친 것이었다.

7. 대만은 식민지화와 함께 급속히 일본자본주의의 주변부에 편입되면서 소농경영의 상품화·집약화가 진전하였으며, 그 점은 한국과 같다. 그런데 사탕수수 생산 등에서는 일본 자본에 의해 조직되어 종속화가 진행하였지만, 벼농사 등에서는 소농경영의 자립성이 강화되었던 듯하다. 그 점은 한국과의 차이였다. 겸업농가의 비율도 1910년대에 약 30%로 일본과 마찬가지였으며, 한국보다 높았다.

1910~1920년대에 종업원 5인 미만의 영세공업이 제법 광범위하게 나타났다. 이 영세공업은 일본처럼 농가겸업을 기반으로 해서 나타났다기보다 식민지화라는 조건 위에서 새롭게 형성·발전한 것이 많았던 듯하다. 식민지화 이전에

행해졌던 중국 남부와의 교역이 축소되고, 그 대신 중국 남부에서 공급되던 수공업 제품이 대만에서 생산되었으며(일본으로부터의 이입에 의해 대체되는 부분도 있었다), 그와 함께 일본 시장이나 세계시장에 팔기 위한 제품을 생산하는 영세공업이 형성된 것이다. 농가겸업도 그것과 동일한 조건 위에서 발달하였을 것이다.

06

전환기의 1930년대 동아시아

머리말

1. 연구시각—양차대전 사이를 19세기 자본주의로부터 20세기자본주의로의 과도기·이행기로 인식함

2. 1930년대를 중심으로 하는 동아시아의 공업화와 무역

3. 중진국형 제국주의로서의 일본

4. 1930년대 동아시아 국제경제관계

머리말

최근 양차대전(兩次大戰) 사이의 동아시아 경제에 관한 연구가 진전되고 있다. 특히 1930년대가 초점으로 되어 있다. 제2차 세계대전 이전, 1920년대 후반부터 1930년대에 이른바 강좌파(講座派: 일본 마르크스주의의 한 분파. 당시의 일본 정치체제는 절대주의이며, 사회경제체제는 반봉건적 지주제라고 주장) 이론은 일본의 침략과 대외전쟁의 원인을 국내경제의 후진성 즉 낮은 생산력, 농민의 빈곤, 노동자의 저임금 등에서 구하였다. 제2차 세계대전 후에 일본이 고도성장하고 선진국으로 되자 1970년대 이후에는 강좌파 이론이 영향력을 잃었고, 양차대전 사이의 경제발전을 적극적으로 평가하는 경향이 강해졌으며(대표적인 것으로서 橋本壽郎 씨의 연구),[1] 그것은 제2차 세계대전 전후의 경제발전을 연속적으로 해석하는 연구와 결부되었다. 1980년대에는 중국사회주의가 개혁개방정책으로 전환(실질적으로 자본주의화 노선)하였으며, 문화대혁명을 비롯하여 중국사회주의가 재검토됨과 함께 제2차 세계대전 이전 난징국민정부 시기의 공업화 및 그 시기의 중국자본주의 형성을 인정하는 연구가 진전하였다. 그리고 제2차 세계대전 이전에 식민지였던 한국, 대만, 싱가포르, 홍콩이 눈부신 경제발전을 이룩하여 신흥공업경제화하였으며, 이어서 동남아시아의 아세안 국가들도 성장 궤도에 올랐다. 그리하여 신흥공업경제와 아세안 지역에 대해 경제성장의 역사적 조건을 탐구하는 연구 동향이 생겼으며, 식민지기를 본국의 착취·수탈과 그것에 대한 저항을 중심으로 관찰하는 그때까지의 민족주의적 연구에 대해서 식민지기의 경제발전을 인정하고, 그것이 독립 후의 경제발전에 연결된다고 하는

1 橋本壽朗, 『大恐慌期の日本資本主義』, 東京大學出版會, 1984.

사고방식이 나타났다. 이러한 식민지기 재평가의 경향은 경제만이 아니고 폭넓게 나타나는데, 예를 들면 식민지기의 지배체제(식민지국가)가 독립 후의 국가체제에 연속하고 있는 것에 착안하여 식민지기의 정치체제를 일종의 근대국가로 파악하고, 식민지 이전의 전통국가와의 사이에 단절이 있다고 보는 사고방식이 강해지고 있다.[2]

나아가서 이러한 여러 국가·지역으로 구성되는 동아시아(때로는 남아시아를 포함)를 전체로서 파악하고, 그 제2차 세계대전 전후를 연속적으로 파악하려는 연구(대표적인 것으로서 杉原薫 씨의 연구)[3]도 나와 있다.

이 장에서는 이러한 근래의 연구 동향을 흡수하고, 양차대전 사이 그중에서도 특히 1930년대를 중심으로 그 시기의 특징을 제2차 세계대전 후와의 연속적인 면을 중심으로 정리하려 한다.

1. 연구시각—양차대전 사이를 19세기자본주의로부터 20세기자본주의로의 과도기·이행기로 인식함

수년 전에 나는 양차대전 사이를 19세기자본주의로부터 20세기자본주의로의 이행기로 보는 사고방식을 제시하였다.[4] 자본주의는 영국 산업혁명을 기점

2 岩崎育夫, 「比較國家論—開發主義國家を中心に—」(東アジア地域研究會·中村哲編著, 『講座 東アジア近現代史1 現代からみた東アジア近現代史』, 青木書店, 2001 수록); 白石隆, 『海の帝國—アジアをどう考えるか—』, 中央公論新社, 2000, 제3장 「よちよち歩きのリヴァイアサン」.

3 杉原薫, 『アジア間貿易の形成と構造』, ミネルヴァ書房, 1996.

4 中村哲, 「20世紀資本主義から21世紀資本主義へ」, 京都民科歴史部會, 『新しい歴史学のために』, 228호, 1997년 12월(中村哲, 『近代東アジア史像の再構成』, 櫻井書店, 2000, 제5장).

으로 득세하여 19세기 중기에는 지구적 규모(글로벌)의 지배적인 경제체제가 되었지만(세계자본주의의 성립), 현시점에서 보면 미숙한 자본주의여서 경제력으로는 아시아·아프리카의 광대한 지역을 자기에게 종속시킬 수 없었고, 정치적·군사적인 힘으로 그 지역들을 자국 영토에 편입하여 식민지화하거나, 불평등조약을 강제하여 종속시켰다.

1870년대부터 구미 특히 미국과 독일에서 더 고도한 생산력과 기업조직(주식회사 형태를 취하는 대기업 및 그것을 중심으로 하는 기업집단)이 형성되기 시작하였으며, 20세기에는 본격적으로 발전하였다. 그러나 그러한 새로운 생산체제(이른바 포드주의)는 종래의 사회·경제체제를 동요시켰으며, 1929년 대공황을 일으켰다. 새로운 생산체제에 대응하는 새로운 사회·경제체제는 미국의 뉴딜에서 시작하였으며, 제2차 세계대전 후에 유럽과 일본으로 확산되어 세계적 체제로 성립하였다. 한편, 아시아와 아프리카에서는 19세기 말부터 민족운동이 확산하였으며, 제1차 세계대전 후의 워싱턴 체제 및 러시아혁명에 의해서 민족자결이 국제적으로 인정되기 시작하였고, 제2차 세계대전 후의 독립으로 연결되었다. 양차대전 사이에는 경제적으로도 식민지에서 공업화나 자립적 소농경영의 형성 등이 시작하였다. 금융·통화에서는 제1차 세계대전으로 국제금본위제도는 해체되었으며, 종전 후 어느 정도 재건되었지만 약체였고, 1929년 공황으로 완전히 붕괴하여 관리통화제로 이행하기 시작하였다. 영국의 세계패권은 약해지고 해소되었으나, 미국의 세계패권은 아직 성립하지 않아서 세계경제는 블록화가 진행하였으며, 불안정하게 되거나 축소되었다.

모든 의미에서 양차대전 사이는 세계의 불안정한 체제이행기였다. 새롭게 형성·발전하고 있던 요소들(그것은 20세기자본주의를 구성하는 요소들이지만)이 구래의 19세기자본주의 체제에 적합하지 않았으며, 그 때문에 자본주의 체제가 동요 및 불안정하게 된, 그러한 시기였다. 그런 중에 1930년대는 1929년 공황을 계기로 구래의 체제와 그것을 구성하는 요소들이 급속히 해체·소멸되고, 제2차 세계대전 후에 연속하는 새로운, 20세기자본주의의 요소들이 성장하는 시기였다. 그런데 1939년의 제2차 세계대전 발발로 형세가 크게 바뀌기 때문에 이행기의 중심을 이루는 1930년대는 1938년(혹은 1939년 전반)까지이다(전쟁이 폭력적으로 전환을 강행하였다). 이상과 같은 점은 동아시아도 세계의 일부를 구성하는 만큼 기본적으로 같았지만, 그 구체적인 양상은 동아시아에 특유하였다. 동아시아에서 양차대전 사이의 이행·전환의 기본적 내용은 19세기적인 제국주의적 식민지체제로부터 동아시아 공업화와 동아시아·태평양경제권으로의 전환의 맹아 혹은 그 기점이다. 그러한 시점으로부터 1930년대를 중심으로 양차대전 사이의 동아시아 경제의 특징과 변화를 관찰해 보자.

그런데 레닌은 『제국주의』에서 제국주의가 자본주의 최고의 발전단계임과 동시에 최후의 단계이며, 사회주의 혁명의 전야라고 파악하였다. 양차대전 사이를 자본주의 위기의 시대, 자본주의로부터 사회주의로의 이행기·과도기라고 판단한 것이다. 분명히 양차대전 사이는 세계의 커다란 체제이행기였지만, 그것은 자본주의로부터 사회주의로의 이행기·전환기는 아니었으며, 19세기자본주의로부터 20세기자본주의로의 이행기였던 것이다. 불안정한 이행기를 거쳐서 세계자본주의는 더 고도로 발달한 20세기자본주의 체제를 만들어 내었다. 그리고 강좌파 이론의 일본자본주의 인식의 배경에는 레닌적인 세계 인식이 있었다. 양차대전 사이는 자본주의(19세기적인)의 위기 및 붕괴의 시대였으며, 그 점을 고려하면 강좌파 이론도 일면에서 일본자본주의를 예리하게 파악하고 있었다. 일본제국은 붕괴하였으며, 그 유산의 많은 부분은 제2차 세계대전 후에 계승되었지만, 제국주의라고 하는 틀이 아니라 20세기자본주의라는 새로운 틀의 구성요소로 되었던 것이다.

2. 1930년대를 중심으로 하는 동아시아의 공업화와 무역

일본

1930년대의 일본경제는 대공황 후의 세계시장 축소와 블록경제화 속에서 예외적으로 급속히 발전하였다. 일본의 경제성장률은 1885~1940년 평균 3.4%였지만, 1932~1936년의 5년간은 연평균 6.3%였으며, 5년 평균이 5%를 넘은 것은 이 기간 외에는 제1차 세계대전과 겹치는 1915~1919년의 7.3%뿐이었다.[5] 구래의 강좌파적 견해로는 엔화 평가절하와 저임금 노동력 착취가 가장 중요한 요인이었지만, 최근 연구에 의하면 공업부문의 기술혁신에 의해 공업생산력과 국제경쟁력이 급격히 상승하였으며, 그것이 엔 가치하락과 결부되어 급격한 수출증대와 수입대체가 실현되었다고 한다. 그러한 연구의 대표적인 것으로서 도미나가 노리오(富永憲生)의 『金輸出再禁止後の日本經濟の躍進と高成長商品』(溪水社, 1999)을 들 수 있는데, 그것에 의하면 1929~1936년에 생산액이 2배 이상으로 된 고성장 제품은 공업생산액의 47%를 차지하였으며, 3배 이상만으로도 27%를 차지하였다. 그 대부분은 제1차 세계대전 중 또는 그 이후의 신제품이었다(그 이전에는 수입되고 있었다). 최종수요의 생산 증가에 대한 공헌도는 수출 및 수입대체 4할, 소비와 투자가 각각 2.5할, 1할이 정부지출이었으며, 설비투

5 大川一司ほか編, 『長期經濟統計 1 國民所得』, 東洋經濟新報社, 1974, 제18표.

자 중에서 군수 관련은 적었다. 요컨대 이 시기의 공업생산 약진은 수출, 내수, 투자가 주도하였던 것이다.

수출은 1929~1936년에 급증하였을 뿐 아니라 내용도 크게 바뀌었다. 이 기간에 수출이 3배 이상으로 증가한 중요 상품(수출액 400만 엔 이상)은 58품목, 그중에서 16품목은 10배 이상으로 증가하였다. 중요 수출품 중에는 섬유와 잡화가 가장 많았으며 이어서 화학, 금속, 기계였다. 거꾸로 이 기간에 수출액이 감소한 상품은 33품목으로서 특히 생사, 견직물을 비롯한 전통적인 수출품이 쇠퇴하였다. 증가한 섬유제품은 가공면포(加工綿布), 인견 등의 신제품이었다. 수출처도 크게 바뀌었다. 1920년대의 2대 수출시장이었던 미국과 중국·홍콩의 비중이 감소하였으며, 식민지(한국, 대만)와 만주(중국 동북 3성과 네이멍구자치구의 동부)라는 신시장의 비중이 격증하였다. 뒤에서 서술되는 중국 경공업부문의 발전과 국민정부의 관세정책에 의해서 일본의 중국 방면 면제품 수출이 격감하였으며, 한국에서도 면공업이 발전하였기 때문에 종래의 수출시장은 축소되었지만, 일본 면공업의 기술혁신과 자본력 강화에 의해서 동남아시아, 인도, 나아가서 라틴아메리카, 아프리카 등으로의 수출이 증가하였으며, 영국을 제치고 세계 최대의 면포 수출국이 되었다. 잡화도 중요하였으며, 주로 중소기업에 의해서 생산되었다. 섬유 제품과 잡화의 수출은 전 세계적으로 급속히 증가하였으며, 금속·기계 등의 중공업 제품은 급속히 커지는 국내시장의 대부분과 식민지·만주 수요의 대부분을 확보하였고, 중국 시장에도 어느 정도 파고들었다. 그러나 동남아시아, 인도 등에는 영국, 네덜란드 등의 종주국의 정책에 막혀 거의 침투할 수 없었다.

1931~1937년에 일본의 수출액은 14.8억 엔에서 41.9억 엔으로 2.83배로 증가하였는데, 한국·대만·만주로 이루어진 제국권(帝國圈)이 4.1억 엔에서 16.2억 엔

으로 3.96배로, 동북아시아(일본제국권과 중국)를 제외한 아시아(동남아시아·인도·서아시아)와 라틴아메리카·아프리카·대양주가 3.8억 엔에서 13.7억 엔으로 3.57배로 증가하였으며, 구미는 5.4억 엔에서 10.1억 엔으로 1.87배, 중국은 1.4억 엔에서 1.8억 엔으로 1.24배였다.[6] 1930년대의 일본 수출시장은 제국권과 중국을 제외한 아시아·아프리카·라틴아메리카의 개발도상 지역(그 태반은 구미의 식민지)에서 급속히 넓어진 것이었다. 일본제국권은 일본의 독점적 시장이었지만, 세계적으로는 보호주의가 대두하고 블록화가 진전되는 불리한 조건하에서 일본의 경공업 제품은 세계의 개발도상 지역으로 급격한 시장개척을 하였던 것이다. 이 단계의 일본 공업은 섬유, 잡화 등의 경공업부문에서는 세계적으로 가장 강한 경쟁력을 가지게 되었지만, 중공업 특히 기계공업은 미국과 독일에 비해 경쟁력이 뒤떨어져, 일본 본국과 그 세력권인 식민지 만주를 주된 시장으로 하였다.[7]

수입은 1차산품 중심이었는데, 일본 공업화의 급진전에 의해 급증하고 있었으며, 더구나 그 수입처를 자국의 세력권에서 확보할 수 없어서 인도(원면, 선철), 해협식민지(철광석, 고무), 오스트레일리아(양모), 캐나다(펄프, 목재), 네덜란드령 동인도(고무, 설탕) 등 영국과 네덜란드의 식민지·자치령 및 미국(석유, 원면, 고철)으로부터의 수입이 증가하였다. 그것들은 그 시기에 급성장하는 신흥공업부문의 원료와 연료가 대부분이었는데, 나와 도이치(名和統一)는 그것들을 영국과 네덜란드의 식민지·자치령이나 미국에 의존해야 하였던 점을 일본의 치명

6 堀和生, 「日本帝國と植民地關係の歷史的意義 — 大戰間期の貿易分析を通じて — 」(堀和生·中村哲編著, 『日本資本主義と朝鮮·臺灣』, 京都大學學術出版會, 2004; 한국어판, 전통과현대, 2007 수록), p. 8, 표 1에서 계산.

7 일본에서 한국·대만·만주로 중화학공업 제품을 중심으로 하는 수출이 급증하게 된 동력은 일본정부·일본기업에 의한 경제개발투자였다. 堀和生, 『朝鮮工業化の史的分析 — 日本資本主義と植民地經濟』, 有斐閣, 1995; 金洛年, 『日本帝國主義下の朝鮮經濟』, 東京大學出版會, 2002; 山本有造, 『「滿洲國」經濟史研究』, 名古屋大學出版會, 2003.

적 약점이라고 지적하였다(名和三環節論이라고 함).[8] 실제로 그 자원들의 안정적 확보를 위해서 일본은 자국의 세력권 확대로 나아갔으며, 만주, 중국 나아가서 동남아시아를 무력침략하는 길을 선택하였던 것이다. 이른바 대동아공영권 건설의 최대 목적은 일본에 필요한 자원을 안정적으로 확보하는 것이었다. 그러나 1930년대에는 일본의 공업화에 필요한 원료와 연료는 어떻게든 확보되고 있었다. 특히 영국은 파운드 가치의 유지를 위해서 식민지의 수출초과를 지속시킬 필요 때문에 일본이 영국 식민지의 1차산품을 구입할 것을 강하게 바라고 있었다. 그것이 불가능하게 되었던 것은 일본의 침략정책에 의해서 미국 및 영국과 결정적으로 대립하였기 때문이다. 특히 1937년의 중일전쟁과 1939년의 제2차 세계대전 발발이 결정적이었다. 그리고 일본은 미국·영국이 대결하던 독일 및 이탈리아와 1937년에 3국동맹을 맺었던 것이다. 그런데 대동아공영권만으로는, 자원을 확보할 수 있다고 해도 발전하는 일본 공업의 원료와 연료를 자급하는 것은 불가능하였다. 본래 정부가 대동아공영권이라는 구상을 채택한 것은 1940년 제2차 고노에(近衛) 내각 때이며, 실현성 있는 계획은 아니었고, 궁지에 빠져서 급조된 것이었다.

대만, 한국, 만주

대만은 1895년부터, 한국은 1910년부터 일본의 식민지로 되었으며, 만주는 1931년 만주사변, 1932년 만주국 건국 이후 실질적으로는 일본의 식민지에 가까웠다. 식민지로 된 이후 3지역에 공통된 일은 일본에 종속된 현지 정부에 의

8 名和統一, 『日本紡績業と原綿問題研究』, 大同書院, 1937.

해 일본과 통하는 제도가 만들어진 것, 철도·도로·항만·통신시설·치수·수리 등의 사회기반시설이 정비된 것, 일본에서 자본과 기술이 도입되어 일본에 종속된 형태의 근대경제가 급속히 형성된 것이다. 이것은 양차대전 사이에는 식민지에 어느 정도 공통된 일이었지만, 일본의 식민지에서 특별히 현저하였다. 경제성장률도 1912~1937년 평균 대만 4.3%, 한국 3.7%로서 당시로서는 세계적으로 매우 높았다. 특히 1930년대에 성장이 가속하였다. 1930년대의 만주도 마찬가지였을 것이다. 요컨대, 이 3지역은 일본제국권 내부로 제한되기는 하지만, 대외개방 경제체제로 되었으며, 외국자본(일본자본) 주도의 공업화가 진행한 것이다. 제2차 세계대전 후 대만과 한국의 수출주도 및 외자의존도가 높은 신흥공업경제화와 기본적으로 공통된 성격의 경제 변화가 양차대전 사이에 시작하였다고 볼 수 있다. 또 하나 주목되는 것은 3지역 모두 일본과의 경제관계가 압도적이었고, 일본제국 경제권은 일본을 중심으로 하고 3지역을 위성으로 하는 구조로 되었지만, 1930년대에는 3지역의 상호 경제관계가 급속히 강화되었던 것이다. 예를 들면 만주의 대만 방면 수출은 1932~1941년에 10배로 늘었으며, 그 중심은 비료(콩깻묵)였는데, 그 수출증가는 대만 농업의 근대화·다비화(多肥化)에 기인하였다고 하듯이 3지역의 경제개발이 상호관련성을 강화하였던 것이다.[9] 1930년대는 일본제국권의 경제구조가 종속지역의 경제발전에 의해서 다각화하기 시작하였다고 할 수 있다. 제2차 세계대전 후의 신흥공업경제화와는 달리 일본제국권 내부에서의 다각화라고 하는 제약이 있었으며, 경제적으로 연

---

9 山本有造, 「日本植民地帝國の經濟構造」(『日本植民地經濟史研究』, 名古屋大學出版會, 1992, 제3장); 堀和生, 「日本帝國の膨脹と植民地工業化 ― 東アジアの國際關係 ―」, 林滿紅, 「日本植民地期臺灣の對滿州貿易促進とその社會的意義」(두 논문은 秋田茂·籠谷直人編, 『1930年代のアジア國際秩序』, 溪水社, 2001 수록).

관된 지역도 제2차 세계대전 후와 다르기는 하였지만, 위의 변화도 제2차 세계대전 후의 신흥공업경제화에 이어진다고 할 수 있을 것이다. 이것을 마쓰모토 다카노리(松本貴典) 씨는 일본제국 무역구조의 '위성 구조'형으로부터 '네트워크 구조'형으로의 변화의 단서라고 평가하고 있다.[10] 3지역은 일본제국권 내부에서는 그 외부(중국, 동남아시아 등)보다도 유리하였으며, 그 조건을 이용하여 경제성장을 가속화하였던 것이다. 이것은 영국제국권 또는 파운드결제권 내부의 이점을 이용해서 공업화를 진전시킨 인도처럼 양차대전 사이의 식민지체제 말기에는 세계적으로 공통된 경향이었지만, 경제적 결합관계가 긴밀한 일본제국권에서 특히 현저하였다.

중국

중국에서는 1928년에 국민정부에 의한 전국통일이 일단 이루어졌으며, 근대 국민국가가 성립하였고, 정치적 안정이 어느 정도 실현되었다. 국민정부는 국내의 내셔널리즘 고양을 배경으로 대외 경제자립 정책을 택하였으며, 그 중심은 관세정책과 통화정책이었다. 미국과 영국은 어느 정도 그것에 협력하였고 관세자주권의 회복을 인정하였으며, 중국은 1928년부터 1934년에 걸쳐 관세를 인상하였다. 중국경제는 19세기 말부터 근대공업이 성립하기 시작하였고, 제1차 세계대전기부터 방적업을 중심으로 경공업 부문이 발전하기 시작하였는데, 경공업 제품을 중심으로 하는 수입관세 인상이 효과적으로 작용하여, 1920년대 말부터 경공업부문의 수입대체공업화가 급속히 진행하였다. 1926~1936년에 수

10 松本貴典, 「戰間期日本の貿易構造と世界貿易」(同編著, 『戰間期日本の貿易と組織間關係 情報·調整·協調』, 新評論, 1996, 제2장).

입에서 차지하는 경공업 제품의 비율은 43.6%에서 14.3%로, 금액은 8할 가까이 감소하였다. 반대로 중화학공업 제품은 18.9%에서 47.0%로, 금액은 3할 정도 증가하였고 수입의 중심을 차지하게 되었다.[11]

수출을 보면, 1936년에도 1차산품이 42.7%를 차지하여 제1위였으며, 경공업 제품은 13.5%에 지나지 않았고, 수공업 제품이 36.9%를 차지하여 중국이 여전히 1차산품 수출국이라고 할 수 있지만,[12] 수공업 제품이 1차산품과 비슷한 비중을 차지하며, 경공업 제품과 합하면 1차산품을 웃돌아 수출의 절반을 차지하였다. 이 무렵에 수공업 제품은 생산액이 증가하고 있었는데, 종래의 전통적인 것은 쇠퇴하고 있었으며, 근대화 도중에 새롭게 형성·발전하는 것이 늘고 있었다. 그중에는 소자본가 경영, 선대제 가내공업, 공장제 수공업 등 초기자본주의적(初期資本主義的) 생산[13]이 제법 포함되어 있었다.[14] 일본 공업화의 특징은 정부와 대기업이 주도한 이식형 대공업과 재래형 중소영세공업의 복선적(複線的)발전이었으며, 특히 공업화 초기(19세기 말~20세기 초)에는 재래형 공업화가 큰 비중을 차지하고 있었다.[15] 중국의 공업화도 일본과 마찬가지로 복선적공업화

11 久保亨, 『戰間期中國〈自立への摸索〉—關稅通貨政策と經濟發展—』, 東京大學出版會, 1999.

12 久保亨 전게, 『戰間期中國 〈自立への摸索〉』, p. 162, 표 6-8.

13 초기자본주의 개념에 대해서는 中村哲, 「初期資本主義の理論」(中村哲, 『日本初期資本主義史論』, ミネルヴァ書房, 1991, 제2장). 산업혁명 이전의 공업화(프로토공업화)에 관한 연구는 실증적으로는 진전되었지만, 그것을 기초로 이론화를 꾀하는 것이 뒤처져 있다.

14 奧村哲, 『中國の資本主義と社會主義 近現代史像の再構成』, 櫻井書店, 2004; 弁納才一, 『華中農村經濟と近代化』, 汲古書院, 2004; 曾田三郎, 『中國近代製絲業史の硏究』, 汲古書院, 1994; 森時彦, 『中國近代綿業史の硏究』, 京都大學學術出版會, 2001 특히 제2장 「中國在來綿業の再編」 등. 弁納 씨의 연구는 최근 중국에서 수많이 간행된 地方誌類를 이용해서 1920~1930년대의 면직물업에 대하여 공장제 수공업이나 방적회사가 겸영하는 직포공장이 아닌, 중소규모 역직기 공장의 각지 사례를 소개하고 있다. 이 사례들을 보면, 중국 면업에 대한 지금까지의 평가도 수정할 필요가 있을 것 같다.

15 中村隆英, 「在來産業の發想」, 「在來産業の規模と構成」(中村隆英, 『明治大正期の經濟』, 東

였으며, 일본 이상으로 재래형의 비중이 컸다. 그리고 1930년대에는 일본의 19세기 말·20세기 초(제1차 세계대전 전)의 단계, 즉 일본의 산업혁명 확립기라고 불리는 시기[16]에 도달하였다고 생각된다.

통화정책으로는 1933년에 국내거래에서 사용되던, 은의 통화단위이며 지역이나 업종 등에 따라 다양하였던 냥(兩)을 폐지하고, 국제거래에서 사용되던 통화단위인 위안(元)으로 통일하였다. 나아가서 1935년에 영국과 미국의 지지를 받아 은화로부터 정부계 은행이 발행하는 국가지폐(법폐)로 화폐를 통일하였으며, 위안을 파운드에 링크시키고, 환율을 다소 평가절하하며 안정시켰다. 그리하여 금융이 개선되고, 성장통화의 공급이 가능하게 되었으며, 그 이후 1937년의 중일전쟁 발발까지 경제는 상승세였다.

국민정부는 국내시장을 중시하였고, 경제정책의 목표는 수입대체공업화였으며, 그것에 상당히 성공하였다고 할 수 있다. 하지만 중국은 구미와 일본에 종속된 상태로 경제를 근대화하여 공업과 금융이 개항장을 중심으로 발전하였으며, 외자의 역할도 컸기 때문에 국민정부의 정책에는 위와 같은 대외개방형 경제와 모순하는 면이 있었다고 생각된다. 그 후 머지않아 중일전쟁이 발발하였으며, 제2차 세계대전 후에는 국민당과 공산당 사이의 내전(국공내전) 및 그에 이은 1949년의 중국혁명을 거쳐서 중국사회주의가 건설되었다. 중국사회주의

京大學出版會, 1985); 谷本雅之, 『日本における在來的經濟發展と織物業 — 市場形成と家族經經 —』, 名古屋大學出版會, 1998; 中村哲 전게, 『近代東アジア史像の再構成』.

16 지금까지 일본경제사 연구에서는 산업혁명 시기나 산업자본 확립기가 언제이고, 어떠한 내용인가가 반복적으로 논의되어 왔다. 그러나 그것은 유럽 특히 영국을 기준으로 한 사고방식에 기초해 있었다. 제2차 세계대전 후 현재까지 세계적으로 발전도상국의 공업화가 진행되었으며, 많은 공업화 사례가 추가되었다. 산업혁명, 산업자본 확립 등에 관한 지금까지의 개념은 그러한 제2차 세계대전 후의 발전도상국 공업화를 분석하는 데 적합하지 않다. 새로운 사례를 더해서 세계사적인 공업화 이론을 구성해야 한다.

는 수입대체 및 대외폐쇄형 경제를 극단적으로 추진하였으며, 그것이 1978년 말에 시작된 덩샤오핑(鄧小平) 주도의 개혁개방정책에 의해 다시 한번 대외개방형 경제로 전환된 것이다. 그런 점에서 보면, 국민정부의 대외경제정책은 공산당 정권의 그것과 공통성을 가지며, 중국의 내향적 수입대체 노선의 시작이었다고 할 수 있다. 이 내향적 공업화에는 일본에 대항할 필요성이라는 성격도 강하였다.

인도

영국령 인도의 공업화는 일본보다 이른 1860년대에 시작되었지만, 그 속도는 일본보다 훨씬 느렸다. 그러나 20세기에 들어 가속화하였으며, 제조업 성장률은 1900-01~1948-49년에 연평균 4.4%로서 상당히 높았고, 세계평균이나 영국, 미국, 독일을 크게 웃도는 수준이었다. 특히 1930년대에는 1920년대 이상의 급속한 성장을 이루었으며, 1929~1933년의 대공황기조차 근대공업은 불황을 겪지 않았다고 한다.[17] 그것은 오타와협정(Ottawa Conference)이 맺어질 때 영국정부가 런던 금융자본(City)의 이해를 중시하여, 인도가 파운드 채무를 반제할 수 있도록 인도에 상품 판매시장을 보증하였기 때문이었다. 그리하여 인도 내셔널리즘의 고양을 배경으로 수입대체공업화가 1930년대에 급속히 진전하였다. 관세로 보호되어 인도경제에서 차지하는 무역의 비중이 감소하였으며, 국내시장의 중요성이 커졌다. 이것은 독립 후 국민회의파 정권이 추진한 내향적 수입대체공업화의 시작이라고 말할 수 있으며, 그 점에서 중국 국민정부에 의한

17 柳澤悠, 「英印經濟關係と工業化の一側面 — 第二次日印會商(1936-37年)を中心に —」(秋田茂·籠谷直人編 전게, 『1930年代のアジア國際秩序』 수록).

1930년대의 수입관세 인상 및 수입대체공업화와 공통된다. 그런데 인도의 내향적 공업화가 벽에 부딪히고, 개방정책으로 전환하는 것은 중국보다 훨씬 늦은 1991년이었다.

동남아시아

지금까지 서술된 지역과 달리, 동남아시아에서는 양차대전 사이에도 공업화는 그 다지 이루어지지 않았으며, 1차산품 수출지역이라는 점에서는 19세기 말과 다름없었다. 크게 바뀌는 것은 1차산품의 내용과 수출처였다. 고무와 주석의 수출이 크게 늘었으며, 유럽 방면 수출보다 대미 수출이 중심으로 되어갔다. 그것은 자동차, 가전 등 미국의 새로운 20세기형 산업이 주도하는 무역이었으며, 동남아시아는 그 원료 공급지로 되었던 것이다. 이 대미 무역은 네덜란드령 동인도, 해협식민지를 중심으로 동남아시아의 압도적 수출초과였으며, 수출에 의해서 구매력이 증대한 동남아시아 시장에 그때까지의, 인도·식민지본국·영국 등으로부터 소비재를 중심으로 하는 공업제품 수입 대신에 일본으로부터 면제품을 비롯한 값싼 소비재 수입이 급증하였다.[18] 1929년 대공황 이후 1차산품 수출이 격감하고, 동남아시아의 구매력이 크게 위축되자 값싼 일본 제품에 대한 수요는 한층 증가하였다. 이 변화의 배경에는 동남아시아에서 일어난 소농경영의 성장을 중심으로 하는 경제구조 변화가 있었다.[19]

18 加納啓良, 「國際貿易から見た20世紀の東南アジア植民地經濟 — アジア太平洋市場への包攝 —」, 『歴史評論』, 539호, 1995년 3월(加納啓良, 『現代インドネシア經濟史論 — 輸出經濟と農業問題』, 東京大學東洋文化硏究所, 2003, 제4장); 中村哲, 「兩大戰間期の東アジアと日本資本主義」, 『立命館言語文化硏究』, 9권 5·6합병호, 1998년 3월(中村哲 전게, 『近代東アジア史像の再構成』, 제2장).

1930년대에 일본의 동남아시아 방면 무역은 수출초과로 바뀌었다. 일본의 대미 무역은 1920년대까지는 생사 수출을 중심으로 대폭 흑자였지만, 1930년대에는 생사의 가격 폭락과 수출량 감소 때문에 수출은 크게 줄었다. 한편 일본 면공업이 굵은 실과 두꺼운 면포로부터 가는 실과 얇은 면포로 제품을 바꾸자 미국 면화의 수입이 증가하였으며, 중화학공업이 발전하여 기계·고철·석유 등의 대미 수입도 증가하였기 때문에 대미 무역은 수입초과로 되었고, 수입초과액도 증가해 갔다. 그리하여 미국→동남아시아→일본→미국이라는 국제결제가 나타났다. 제1차 세계대전 이후 인도의 일본, 중국, 동남아시아에 대한 수출초과는 감소 혹은 수입초과로 역전되었고, 인도가 국제결제의 기축을 담당할 수 없게 되었지만, 동남아시아의 유럽·미국 방면 수출 증가에 의해서 미국→동남아시아→유럽→미국이라는 국제결제가 증가하였으며, 세계무역을 지탱하였다. 동남아시아는 식민지본국과의 무역에서 조금씩 벗어나 동아시아·태평양경제권에 편입되기 시작하였던 것이다.[20]

덧붙이면, 동남아시아에서도 양차대전 사이에 미약하지만 공업화가 시작되었으며, 역시 내셔널리즘이 그 배경을 이루고 있었다. 그것이 제2차 세계대전 후 독립 당초의 내향적 수입대체공업화를 진전시키는 단서였다.[21]

---

19 アン·ブース, 「日本の經濟的進出とオランダの對應—植民地インドネシアの經濟政策」(杉山伸也, イアン ブラウン[Ian G. Brown]編著, 『戰間期東南アジアの經濟摩擦—日本の南進とアジア·歐米』, 同文舘 1990 수록); 加納啓良, 「ジャワのヨーマンリー? —農民甘蔗作發展史序說」(秋元英一·廣田功·藤田隆至編, 『市場と地域 歷史の視點から』, 日本經濟評論社, 1993 수록).

20 四方田雅史, 「多角的貿易決済網の變質とアジア經濟」(川勝平太編, 『アジア太平洋經濟圈史 1500-2000』, 藤原書店, 2003 수록).

21 池本行生, 「1930年代東南アジアの貿易と經濟」(秋田茂·籠谷直人編 전게, 『1930年代のアジア國際秩序』 수록).

요약

19세기자본주의로부터 20세기자본주의로의 이행기인 양차대전 사이에 동아시아 경제의 새로운 변화는 공업화와 동아시아·태평양경제권 형성의 시동이었다. 공업화 유형에는 대만과 한국의 대외의존·개방형과 중국과 인도의 대외자립·수입대체형이 있었으며, 그것이 제2차 세계대전 후 독립 당초의 공업화 유형과 연관되어 있다. 제2차 세계대전 이전 즉 식민지·종속국 시대로부터 형성되어 온 공업화 유형은 독립 후 공업화를 추진하였을 때 그 조건으로서 작용하였다고 생각된다. 1930년대는 동아시아나 인도만이 아니고 라틴아메리카에서도 공업화 시동과 내셔널리즘 대두가 관찰되며, 공업화는 대외자립·수입대체형이었다. 그 점에서도 양차대전 사이는 19세기자본주의로부터 20세기자본주의로의 이행기임과 동시에 제2차 세계대전 후의 기점이라고 할 수 있다.

3. 중진국형 제국주의로서의 일본

1930년대의 동아시아 경제에서는 일본제국권이 급성장을 이루었고, 그 비중이 급증하였다. 그리고 그 급성장과 폐쇄성이 동아시아 경제가 분단되도록 작용하였다. 일본은 20세기 전반까지 세계에서 최후발(最後發) 자본주의국이었으며, 1930년대에도 비자본주의적 관계가 광범하게 존재하는 중진자본주의국이었다.[22] 그럼에도 불구하고 일본은 식민지를 획득하여 제국주의로 되었

22 중진자본주의 개념에 대해서 당장은 中村哲, 「近代世界史像の再檢討」, 『歷史評論』, 404호, 1983년 12월(中村哲, 『近代世界史像の再構成 — 東アジアの視點から —』, 靑木書店,

다.[23] 강좌파는 이 점에 대해서 제2차 세계대전 후에도 구미제국주의에 대한 일본제국주의의 종속성과 후진성을 강조하였으며, 경제력의 미약함을 동아시아 유일의 제국주의국이라는 지정학적 이점과 군사력으로 보충한, 후진적이며 군사적 성격이 강한 제국주의라는 특징을 부여하였다.

그러나 실제로는 경제적으로 구미에 열세였기 때문에 구미에 대항하기 위해서 식민지의 낡은 사회=전근대사회의 해체를 강력하게 추진하고, 자본주의화를 강행한 새로운 유형의 제국주의였던 것이다. 양차대전 사이의 일본이 구미보다 후진적이었고, 중진자본주의국이었던 것은 사실이지만, 그 후진성은 오히려 개발주의적 식민지지배를 하도록 작용하였던 것이다. 국내적으로도 이 시기의 급속한 경제발전은 중진국적 조건에 의해 가능하였다. 이 점을 노동력 재생산의 양상을 중심으로 관찰하기로 한다. 그 외의 중요한 조건으로서 구미로부터의 새로운 기술·경영관리방식의 도입에 의한 생산성 상승이 있지만, 그 점은 제2절에서 다소 언급하였다.

국내 노동력 재생산의 특징

중진자본주의국은, 비자본주의 부문이 널리 존재하고 노동력 재생산이 주로 소경영(가족경영)을 중심으로 하는 비자본주의 부문에서 이루어지기 때문에

1991 수록).

23 중진자본주의 개념 규정에서 "경우에 따라서는 저개발국을 식민지나 세력권에 편입해서 小帝國主義로 되는 경우도 있다"고 하였으며, 주에서 "제2차 세계대전 전의 일본자본주의는 이 유형이지만, 국내적 조건과 지리적 위치로부터 이 성질이 특이하게 발달한 점에 특징이 있다"고 하였다(中村哲 전게, 『近代世界史像の再構成』, pp. 63, 84). 이 점을 검토하는 것이다.

자본주의 부문의 노동력 재생산비가 비자본주의 부문에 꽤 많이 전가되며, 노동력 재생산이 주로 자본주의 내부에서 이루어지는 선진자본주의국에 비해 저임금으로 된다. 국내외의 자본주의 경제에 의해 농촌을 비롯한 전근대적 관계는 변질·해체되는 중이며, 과잉인구가 다양한 형태로 형성되어 이러한 면에서도 소득과 임금이 낮아진다. 그것이 자본축적률을 높인다. 세계적인 경험으로부터 판단하면, 일반적으로 중진국의 중·말기에 축적률이 가장 높아지는 경향이 있다.

1930년대에 일본자본주의는 급속히 발전하고 있었지만, 여전히 제1차 산업 즉 농림수산업 취업자의 수효는 거의 바뀌지 않았다. 그 비중은 감소하고 있었지만 1930년에 49.7%로 절반을 차지하였으며, 1940년에도 44.3%였다.[24] 계급구성으로부터 보아도 근대부문의 공업노동자는 1930년대에 배증하였지만(196만 명→409만 명), 1940년에도 유업인구 총수의 12%에 지나지 않았다. 가내공업·상업·서비스·농림어업·단순노동·가사사용인을 더한 고용노동자 총수도 1930년 26.2%, 1940년 26.0%로 유업인구의 4분의 1 남짓에 머물렀으며, 농민을 포함하는 중간계층이 1930년 71.8%, 1940년 68.5%로 압도적이었다. 그리고 중간층이 그 내부에서 계층화하면서 증가하고 있었으며, 노동자로부터 중간층으로의 이동도 상당히 보였다.[25] 1930년대 일본은 산업과 무역에서는 자본주의가 급속히 발전하고 그 고도화가 진전되고 있었으며 자본주의가 지배적이었지만, 계급

24 矢野恒太記念會編, 『數字でみる日本の百年』, 개정 제2판, 國勢社, 1986.

25 竹內常善, 「諸階層とその動向」(社會經濟史學會編, 『1930年代の日本經濟 その史的分析』, 東京大學出版會, 1982 수록). 이 논문은 1930년대 일본 계급구성의 중진국적 특징을 명확하게 한 점에서 획기적이다. 그때까지 일본의 계급구성 연구는 자본주의국·제국주의국이라는 관점에서 구미와의 비교가 의식되었기 때문에 중간층이 방대한, 이 시기 일본의 특징이 명확하지 않았다.

구성이나 인구구성에서는 중간계층 우위의 체제였다.

일본의 공업화·자본주의화의 특징인 복선적발전에 대해서 보면, 농촌의 재래적인 선대제 가내공업은 1920년대에 중소공장으로 발전하며 축소되어 갔지만, 그 반면에 도시 발달에 동반해서 도시적인 소공업이나 선대제 가내공업이 새로이 발달해 갔다.[26] 하청관계도 발달하였으나 1930년대에는 고정적인 전속관계는 아니었으며, 다면적이고 유동적인 관계였다. 도시 특히 도쿄·오사카 등의 대도시가 에도시대(1600~1867)의 소비 중심적 성격으로부터 근대 산업도시로 바뀌자 소공업이 발달하였으며, 날품팔이, 행상 등 도시 잡업 계층이 상대적으로 감소해 갔다. 1930년대의 일본 도시하층민과 1960년대 이후의 개발도상국 도시하층민을 비교하면, 일본의 도시에서는 슬럼이 상대적으로 적었고 공업 관련 종사자가 많았다. 일본은 상공업과 서비스업의 조직화가 훨씬 진전되어 있었으며, 사회의 계층화도 진전되고 있었다. 또 근대적 산업부문과의 관계도 강하였다. 현대의 개발도상국은 공식부문과 비공식부문 사이에 상당히 커다란 단절이 있지만, 1930년대 일본은 도시 내부의 계층이 비교적 연속적이었다.[27] 이러한 성격은 자본주의 부문에 저임금 노동력을 공급하는 것에 더 적합하였다. 또 1930년대는 대공황에 의한 대량실업(잠재적 실업도 포함) 때문에 근대부문의 임금수준도 낮았으며, 급속한 공업발전에 대한 노동력 공급도 부족하지는 않았고, 오히려 신규의 미숙련노동자가 급증하여 평균적인 임금수준이 낮아지는

26 谷本雅之, 「近代日本の都市「小經營」—『東京市市勢調査』を素材として—」(中村隆英·藤井信幸編著, 『都市化と在來産業』, 日本經濟評論社, 2002 수록); 谷本雅之, 「戰間期日本の都市小工業—東京府の場合—」(中村哲編著, 『東アジア近代經濟の形成と發展—東アジア資本主義形成史 I』, 日本評論社, 2005; 한국어판, 신서원, 2005 수록).

27 中村哲 전게, 『近代東アジア史像の再構成』, 제3·4장; 谷澤弘毅, 『近代日本の所得分布と家族經濟—高格差社會の個人計量經濟史學—』, 日本圖書センター, 2004, 제5~종장.

일도 있었다.[28] 1930년대의 세계시장 축소와 세계자본주의 위기 속에서 일본자본주의가 예외적으로 급속한 발전을 실현할 수 있었던 주요 조건의 하나는 세계의 자본주의국 중에서 예외적으로 자본축적에 유리한 노동력 재생산·공급 시스템을 가진 중진국이었다는 것이다.

또 하나 덧붙일 필요가 있는 것은 1920~1930년대는 근대 이후의 일본에서 소득격차가 가장 컸던 시기라는 것이다. 현재의 연구수준을 대표하는 미나미 료신(南亮進) 씨의 연구[29]에 의하면, 일본의 소득분포는 19세기 말부터 1930년대까지 불평등이 꾸준히 확대되었으며, 지니계수는 1895년의 0.395로부터 1923년 0.530, 1930년 0.537, 1937년 0.573으로 높아졌다. 이것은 오늘날에도 소득격차가 가장 큰 나라의 수준과 같다.[30] 그리고 미나미 료신은 1920~1930년대의 소득분포 악화가 사회적·정치적 불안정을 낳았고, 다이쇼민주주의(大正民主主義. 다이쇼는 1912~1926년 사이의 연호. 그 기간에 민주주의가 다소 발달하였음)의 붕괴와 군국주의 대두의 조건이 되었으며, 정부는 대외침략을 이용해서 국민의 불안을 밖으로 돌렸다고 한다.[31]

28 橋本壽朗 전게, 『大恐慌期の日本資本主義』, 제4장 「1930年代における景氣回復の蓄積機構」.
29 南亮進, 『日本の經濟發展と所得分布』, 岩波書店, 1996.
30 예를 들어 世界銀行, 『世界開發報告』, 2003년판에 의하면, 지니계수를 알 수 있는 113개국 중에서 0.5 이상의 국가는 라틴아메리카 10개국, 아프리카 8개국, 아시아·대양주 2개국이다(대부분 1990년대). 이 중 아시아는 홍콩뿐이며, 아시아 특히 동아시아는 비교적 소득격차가 작다. 또 제2차 세계대전 전의 일본 소득분포에 관한 가장 실증성이 높은, 주 27의 谷澤弘毅 씨의 연구도 같은 결론이다.
31 南亮進, ウェンラン·ジャン, 「所得分布の社會的·政治的衝擊: 日本の經驗」(南亮進, クワン·S·キム,マルコム·ファルカス編, 『所得不平等の政治經濟學』, 東洋經濟新報社, 2000 수록).

본국과 식민지의 소득격차

식민지본국인 일본이 중진국(그것의 중·말기)이었던 것이 식민지의 양상을 어떻게 규정하였을까? 소득과 임금의 수준을 본국과 식민지 및 식민지의 본국인과 식민지인으로 나누어서 비교해 보자.

앵거스 매디슨의 『世界經濟の成長史 1820-1992年』(Angus Maddison, *Monitoring the World Economy 1820-1992*)에 '매년의 각국 통화를 구매력평가와 물가변동률을 이용해서 1990년의 공통달러(국제달러)로 환산한' 다음 그것으로 계산한 각국의 1인당 실질소득이 제시되어 있으므로 이것을 이용한다. 이것에 의하면, 1930년의 일본·한국·대만의 1인당 소득은 각각 1,780달러, 1,173달러, 1,112달러였다. 일본을 100으로 하면, 한국 65.9, 대만 62.5이다. 구미의 아시아 식민지의 경우 같은 해(일부는 1929년 또는 1931년)에 미국 6,220달러, 필리핀 1,564달러로서 미국 100에 대해서 필리핀 25.1, 네덜란드 5,467달러, 네덜란드령 동인도 1,198달러로서 네덜란드령 동인도 21.2, 영국 5,195달러, 인도 654달러, 버마 836달러로서 인도 12.6, 버마 16.1이었다.[32] 식민지의 1인당 소득은 최고 필리핀에서 최저 인도까지 2배 남짓 차이가 나며, 한국과 대만은 중위의 소득수준이었다. 차이가 큰 것은 본국 측이며, 일본은 미국의 28.6%, 네덜란드의 32.5%, 영국의 34.3%에 지나지 않았다. 일본의 소득수준은 필리핀보다 조금 높았으며 구미보다 아시아 식민지들에 가까웠다. 그 때문에 일본 본국과 식민지의 소득격차는 구미 본국과 식민지의 격차보다 훨씬 작았다. 본국과 식민지의 생활수준 격차가 일본제국에서는 작고 서로 접근해 있었지만, 그것은 양적인 면만은 아니

32 アンガス·マディソン, 『世界經濟の成長史 1820-1992年 199カ國を對象とする分析と推計』, 東洋經濟新報社, 2000, 표 D-1(a)·(e)에서 계산.

고 질적인 면에서도 말할 수 있다. 일본은 동북아시아에 속하고, 역사·전통·문화·생활 등이 근린의 중국, 한국 등에 가까웠지만, 구미 국가들은 그 점에서 아시아와의 차이가 컸다. 이것이 일본의 공업 제품 특히 재래형 중소영세공업의 제품이 구미 제품에 비해서 저렴하다는 점과 함께 동아시아에서 받아들여지기 쉬운 원인이었다.[33]

식민지에서 일본인과 현지인의 임금·소득격차

이어서 식민지에서 본국인과 식민지인의 임금·소득격차를 살펴보자. 한국과 대만에서 일본인의 직업은 공업과 관련이 많았기 때문에 공업임금을 살펴본다. 1930년에 한국의 공업임금은 일본인 3엔 25전, 한국인 2엔 7전, 같은 해에 대만의 공업임금은 일본인 2엔 22전, 대만인 1엔 28전이었으며,[34] 일본인 임금 수준에 대해 한국인 62.4%, 대만인 57.4%였다. 본국과 식민지의 소득격차보다 차이가 약간 크지만, 자료가 다르기 때문에 실질적으로는 본국과 식민지의 소득격차를 반영하고 있다고 생각해도 좋을 것이다. 그 무렵 구미의 동아시아 식민지에서 본국인과 식민지인의 소득격차는 네덜란드령 동인도의 1930년 국세조사에서 알 수 있다.[35] 그것에 의하면, 1인당 소득은 현지인 63길더, 그 외의 아시

---

33 川勝平太, 「國際交流の經濟史的接近 ― 國際交流と日本」, 『國際交流』, 國際交流基金, 34호, 1983년 1월; 同, 「明治前期における內外綿布の品質」, 『早稻田政治經濟雜誌』, 250·251 합병호, 1977년 7월; 同, 「アジア木綿市場の構造と展開」, 『社會經濟史學』, 51권 1호, 1985년 6월; 杉原薰, 『アジア間貿易の形成と構造』, ミネルヴァ書房, 1996 등.

34 溝口敏行·梅村又次編, 『舊日本植民地經濟統計 ― 推計と分析 ―』, 東洋經濟新報社, 1988, 제25·27표.

35 アンガス·マディソン, 『20世紀の世界經濟』, 東洋經濟新報社, 1990(Angus Maddison, *The world economy in the 20th century*, OECD, 1989), p. 73.

아인(대체로 화교) 373길더, 유럽인 3,720길더로서 식민지인과 본국인의 소득격차는 59배로 매우 컸다. 네덜란드령 동인도에서 본국인과 식민지인의 소득격차는 본국과 식민지의 격차보다 훨씬 컸다.

당시 네덜란드령 동인도의 유럽인은 현지인과의 혼혈을 포함해서 전 인구의 0.4%에 지나지 않았다. 그렇지만 1930년의 일본인 비율은 한국에서 2.5%, 대만에서 5.4%였다. 일본의 식민지에서는 본국인 비율이 구미 식민지의 10배였다. 당연히 식민지에서의 일본인의 활동 분야는 구미 식민지의 본국인과는 달랐으며, 식민지인과 상당히 겹쳐져 있었을 것이다. 그 때문에 식민지에서 본국인과 식민지인의 소득격차가 본국과 식민지의 소득격차와 같은 수준이었다고 생각된다. 그것에 대해서 구미의 식민지에서는 일본보다 본국과 식민지의 소득격차가 클 뿐 아니라, 소수의 본국인이 지배하는 체제였기 때문에 식민지의 본국인은 본국의 평균적 소득보다도 훨씬 소득이 많은 직업·지위에 있었다. 구미의 아시아식민지 지배는 정점에 소수의 본국인이 자리잡고, 현지 사회의 상류층을 사용해서 현지의 사회질서를 이용하는 체제였다. 이 체제에서는 개발주의적 정책은 채택하기 어려웠으며 채택해도 철저하게 할 수는 없었다.

그런데 일본의 식민지지배 체제는 많은 일본인이 식민지에서 현지인과 비슷한 직업에 종사하고, 관료기구도 상당히 하부까지 일본인이 장악하는 체제였다. 이것이 일본 식민지정책의 성격—현지 사회를 그 기초부터 근대적으로 개편하는 개발정책—을 가능하게 하였다고 생각된다. 이 점에서도 일본의 중진국적 성격이 식민지지배의 양상을 일면에서 규정하고 있었을 것이다. 구미의 식민지에서는 본국인은 식민지인과 동떨어진 유럽식 생활을 하였지만, 일본의 식민지에서는 일본인의 생활은 현지인에 가까웠으며, 융합의 기회도 많았다. 그것이 융화도 마찰도 낳았을 것이다.

4. 1930년대 동아시아 국제경제관계

양차대전 사이 특히 1930년대의 세계와 동아시아의 국제관계에 대해서도 블록경제화와 세계경제의 축소, 일본의 무력에 의한 세력권 확대 및 영미와의 대립이라는 종래의 연구와는 다른 연구가 증가하고 있다. 영국자본주의를 젠틀맨자본주의라고 부르는, 산업자본의 이해득실보다 지주의 이해득실 및 금융자본의 이해득실이 일관해서 우위에 있었으며, 양차대전 사이에도 영국의 세계패권은 유지되어 있었고, 그것을 지탱한 것은 런던 금융자본의 금융력이라고 하는 P. J. 케인과 A. G. 홉킨스의 주장[36]이나 그것에 의거하는 아키다 시게루(秋田茂), 기바타 요이치(木畑洋一), 스기하라 가오루(杉原薰) 씨 등의 연구이다.[37] 양차대전 사이 특히 1930년대의 세계경제나 동아시아 국제경제의 안정성을 강조하는 경향이 지나치게 강한 점은 문제이지만, 연구가 진전하여 동아시아의 국제경제관계가 더 구체적으로 파악된 점은 긍정적으로 평가할 수 있다. 이 연구동향의 또 하나의 문제는 동아시아에서 영향력을 키워 가고 있던 미국의 동향이 편입되어 있지 않은 점인데, 이것은 앞으로의 연구과제이다.

---

36 P. J. ケイン, A. G. ホプキンズ, 『ジェントルマン資本主義の帝國』 I, II, 名古屋大學出版會, 1997(P. J. Cain and A. G. Hopkins, *British Imperialism: Innovation and Expansion 1688-1914*, Addison-Wesley Longman Ltd., 1993).

37 秋田茂, 『イギリス帝國とアジア國際秩序―ヘゲモニー國家から帝國的な構造權力へ―』, 名古屋大學出版會, 2003; 杉原薰, 「東アジアにおける工業化型通貨秩序の成立」; 木畑洋一, 「イギリス帝國の變容と東アジア」; 秋田茂, 「ジェントルマン資本主義と東アジア―日本·中國の工業化に對するイギリスの認識 1890-1930年代―」(3편 모두 秋田茂·籠谷直人編著 전게, 『1930年代のアジア國際秩序』 수록).

파운드결제권의 개방적 성격과 일·중

파운드블록의 본질은 파운드를 금태환 하지 않으면서도 그 가치를 유지하는 것, 세계통화로서의 그 지위를 유지하는 것이었으며, 런던 금융자본의 금융력을 유지할 필요 때문에 파운드를 런던 금융자본에게 집중시킬 목적을 가지고 있었다. 오타와회의에서 제국특혜관세 제도가 만들어진 것도 제국권 지역들이 시장을 확보하게 하고, 그리하여 파운드 채무의 상환을 가능하게 하여 런던 금융자본의 금융력을 유지시키기 위해서였다. 파운드결제권에는 영국제국에 속하지 않는 유럽 국가들(스칸디나비아제국, 발트 3국, 포르투갈)이나 아르헨티나, 이집트, 이라크, 샴(지금의 태국) 등도 포함되어 있었으며, 그 범위를 되도록 확대하려 한 것이 영국의 정책이었다. 일본은 1931년에 금수출금지(金輸出禁止)를 재개한 이후 엔 가치가 크게 하락하자 1932년 7월에 자본도피방지법을 제정하였고, 11월부터 전면적으로 외환거래를 정부 관리하에 두었으며, 1933년 3월에 기준환율을 종래의 달러표시에서 파운드표시로 변경하였고, 1엔=1실링 2펜스라는 낮은 수준에서 파운드에 링크시켰다. 달러는 미국의 불황 재발로 크게 하락해 있었으며, 안정된 통화는 파운드밖에 없었던 것이다. 일본은 넓은 의미에서는 파운드결제권에 속하게 되었으며, 그것은 1939년의 제2차 세계대전 발발까지 계속되었다. 중국도 1935년의 폐제개혁(幣制改革)에서 1위안=1실링 2펜스로 파운드에 링크하였기 때문에 중국도 파운드결제권에 들어가게 되었다. 엔블록이 완전히 독립적인 통화권(通貨圈)으로 되는 것은 1940년 7월에 성립한 제2차 고노에 내각의 '기본 국책 요강' 이후이지만, 일본은행을 중앙은행으로 하는 '대동아 금융권'은 엔계(円系) 통화만으로는 세력권 내의 물류 조직화가 불가능하였기 때문에 계획에 그쳤다. 일본은 독자적인 통화권을 만들 만큼의

경제력이 없었던 것이다.[38]

영국의 대일 유화정책

영국은 미국과 캐나다의 강한 요구로 일영동맹(이후에는 영일동맹으로 옮김)을 폐지하였지만, 1926년에 동북아시아 정책을 전환하였으며, 미국보다도 일본과 연계하는 것, 중국에 대해서는 종래 억압하였던 내셔널리즘 운동을 지원하는 방침을 내세웠다. 미국은 고립주의적이어서 동북아시아에 대한 관심이 옅었고, 동북아시아에서는 미국보다도 일본의 힘이 컸으며, 영국은 동북아시아에 대규모의 군사력을 유지할 힘이 없어졌기 때문이다. 1933년에 독일에서 나치가 정권을 장악하였으며, 그것에 대처하기 위해 동북아시아에서는 점점 일본의 힘을 이용해야 하였다. 또 경제적으로도 영국제국의 금융적 이해와 일본의 공업화는 서로 보완적이었다. 파운드결제권에서는 공업 제품의 자급이 불가능하였으며, 동남아시아에서는 일본 제품 수요가 강하였다. 식민지 1차산품의 판로로서도 일본이 필요하였다. 1934·1935년에 영국 재무부 고문 리스-로스(Leith-Ross)를 중국과 일본에 파견한 일도 중국의 재정개혁을 지원해서 재정을 안정시키고, 중국에 대한 영국의 투자를 유지하는 대신에 중국에 '만주국'을 사실상 승인시키는 것이었다. 후자에 대해서는 미국의 협력이 얻어지지 않아 실패하였다.

영국은 동북아시아에서 패권은 잃은 상태였지만, 그 국제질서의 유지에는 여전히 중요한 역할을 수행하고 있었던 것이다. 앞에서 소개한 나와삼환절론

38 山本有造, 「『大東亞金融圈』論」, 京都大學人文科學研究所, 『人文學報』, 79호, 1997년 3월; 原朗, 「『大東亞共榮圈』の經濟的實態」, 『土地制度史學』, 71호, 1976년 4월.

(名和三環節論)은 일본과 영국제국권의 관계를 대립 면에서만 파악하였으며, 이해가 일치하는 면을 간과하였던 것이다.

1930년대의 동아시아는 일본제국권의 급팽창, 블록경제화, 통화제도의 동요 등 불안정하게 되어 가고 있었지만, 여전히 국제경제질서가 완전히 해체되지는 않았다. 그것은 1937년 8월의 중일 전면전쟁(全面戰爭) 개시, 독일의 폴란드 침공에 의한 1939년 9월의 제2차 세계대전 개시에 의해서 최종적인 파국을 맞이하였다.

03

동아시아 3국(중국·일본·한국)의 18세기 분기 및 '원축국가'의 부재

07

동아시아 3국 경제의 근세와 근대 (1600~1900)

머리말

1. 소농사회의 성립과 발전

2. 동북아시아 3국(중국·일본·한국)의 분기

3. 지배체제와 재정의 유형적 차이

맺음말 — 동북아시아 공업화에 대한 전망

머리말

현재 세계에서 광역경제권은 EU를 중심으로 하는 유럽, 미국을 중심으로 하는 NAFTA(미국·캐나다·멕시코), 그리고 동아시아이다. 그중 동아시아가 가장 새롭고, 또 성장세가 현저하다. 극히 최근까지 경제사 이론은 근대까지는 서유럽, 현대에 대해서는 미국을 주요 대상으로 해서 만들어졌다. 그러나 현재 동아시아(동북아시아·동남아시아)가 자본주의적 광역경제권을 형성하고 있는 것에서 판단하면, 동아시아자본주의의 형성과정과 그 여러 조건에 대한 탐구는 경제사 연구의 중요 과제이다. 나아가 동아시아자본주의의 형성과정에는 유럽 및 미국과 다른 면이 많기 때문에 경제사 이론 그 자체를 동아시아의 역사적 경험을 추가해서 재구성할 필요가 있다. 이 장은 그러한 문제의식을 밑바탕에 두고 있다.

동아시아 광역경제권의 중심은 중국·일본·한국·대만이고, 역사적으로도 동북아시아의 자본주의 형성이 동남아시아에 앞섰다. 종래 세계사에서 자본주의 형성사(形成史)나 공업화 역사에 대한 연구는 서유럽 특히 영국이 중심이었으며, 그곳에서 형성된 자본주의와 근대공업이 전 세계로 파급되어 갔다고 이해되었다. 그와 달리 이 장은 동북아시아를 대상으로 한, 자본주의 형성의 내재적 조건 탐구를 기본 시각(視角)으로 한다. 본격적인 자본주의는 영국에서 먼저 발생하였고(세계 최초의 산업혁명) 세계적으로 파급되어 간 것을 부정하는 것은 아니지만, 동아시아자본주의의 대두라는 현상에서 판단하면, 그 독자성, 다른 지역이 아닌 동북아시아 특히 그 연해(중국 동부·남부의 연해, 일본, 한국, 대만)에 자본주의의 제3의 핵이 형성되었으며, 그것이 선행하는 서유럽 및 미국과 다른 유형의 자본주의라는 것을 연구하는 의의가 크다고 생각하기 때문이다.

나는 지금까지도 몇 논문에서 이상과 같은 점을 주장해 왔다. 이 장에서는 지금까지 진술해 온 논점은 더 깊이 다루고, 지금까지 다루지 않은 새로운 논점은 추가하도록 노력하려 한다.

1. 소농사회의 성립과 발전

소농사회의 역사적 위치 설정

한쌍의 부부와 그 자녀를 기본 구성요소로 하는 소가족에 의한 소규모 농업경영은 원시사회 말기에 정착농업이 생산의 중심으로 된 때부터 세계적이고 일반적으로 존재해 왔다. 그러나 소농경영이 안정되고 자립하게 되고, 그 자립적 소농경영이 사회적으로 일반화하는 것은 역사적으로 상당히 새로운 일이다. 15·16세기의 서유럽(알프스·피레네 이북을 가리키며 지중해 연안은 포함되지 않는다)과 동북아시아 연해에 최초의 소농사회(小農社會)가 형성되었다. 세계적으로 자본주의 이전에 소농사회가 성립한 곳은 이 두 지역뿐이다. 그리고 이 소농사회를 기반으로 자본주의가 형성된다는 것이 이 장의 주된 주장들 가운데 가장 중요한 것이다.

지금까지의 경제이론에서는 자본주의의 형성·발전과 함께 농민은 자본가와 임금노동자로 분해되어 간다고 이해되었다. 이러한 사고방식에서는 소농은 뒤처진, 자급자족적이고 전근대적인 잔존물로 취급되어 소농의 경영적 발전은 주의를 끌지 못하였다. 그러나 농업은 공업과 달리 자본주의화(자본주의적 대경영과 임금노동자라는 양식의 자본주의)하는 것이 아니었다. 농업생산은 소농경영의 충실·발전 및 그에 바탕을 둔 생산력의 상승이라는 형태였던 것이다. 자본주의적 농업이 발달한 영국은 세계적으로는 예외적이었는데, 그 영국 농업도 19세기 후반 이후부터 자본주의적 대규모 경영은 점차 후퇴하였고 제2차 세계대전 후에는 소농경영을 중심으로 구성되었다.[1] 공업 임금노동자조차 현실에서는 농민층분해에서 형성되었다고 하기보다도 소농경영에서 배출된 잉여노동력(剩餘勞動力)이 중심이었다. 원시사회 말기 즉 정착농업이 성립한 이후부터 근대 공업사회의 성립 전까지는 농업사회인데, 그 최후의 가장 발달한 농업사회가 소농사회이며, 이것이 자본주의를 낳는 모체로 되었던 것이다.

동북아시아의 소농사회 성립

동북아시아의 소농경영은 서유럽 소농경영과는 그 성격이 상당히 다르며, 그것은 기본적으로 기후조건에 규정되는 농법의 차이에 의한다. 상세한 설명은 생략하지만,[2] 몬순지대에 속하는 동북아시아 연해는 여름에 고온다습하여 작물 생육이 매우 왕성하지만, 동시에 잡초의 번식도 매우 심하여 수확을 늘리기 위해서는 제초가 중요하다. 특히, 다비(多肥)·집약농업 단계에서는 철저한 제

1 자세하게는 中村哲, 「近代世界における農業經營, 土地所有と土地改革」, 京都大學經濟學會, 『經濟論叢』, 141권 1, 2·3, 4·5호, 1989년 1~7월(同, 『近代世界史像の再構成—東アジアの視點から—』, 青木書店, 1991 수록. 중국어판 『近代東亞經濟的發展和世界市場』, 商務印書館, 1994. 한국어판 『世界資本主義와 移行의 理論—東아시아를 中心으로—』, 比峰出版社, 1991) 참조.

2 中村哲, 「東アジア資本主義形成史論」(東アジア地域研究會·中村哲編著, 『講座 東アジア近現代史1 現代からみた東アジア近現代史』, 青木書店, 2001. 본서 제1장). 농업에서 차지하는 자연환경의 결정적인 중요성을 이용해서 세계농업의 기본 유형을 규정하고, 그 속에서 동아시아를 중경농법, 서유럽을 휴한농법으로 특징 지은 飯沼二郎, 『農業革命の研究—近代農學の成立と破綻—』, 農山漁村文化協會, 1985; 同, 『增補農業革命論』, 未來社, 1987 참조.

초가 불가결하다. 그리하여 동북아시아의 발달한 소농경영은 극히 노동집약적이며, 동시에 토지생산성도 극히 높다. 거기에는 양질의 경지가 필요하다. 작물 중에서 벼가 중심이기 때문에 논의 질이 높은 것이 가장 중요하다. 다시 말해서, 관개시설이 정비된 수리안전답(배수된 상태에서는 밭이 된다)이 중요하며, 그 조성과 유지에는 상당히 높은 토목기술과 많은 자재·노동이 필요하다. 특히, 대하천 중·하류 유역 충적평야에서의 대규모 논 조성과 그 고도화가 중요하였으며, 그러한 논이 일반화하는 것도 자립적 소농 형성의 중요한 조건이었다.

덧붙이자면, 농업의 주요 생산수단은 토지이지만, 그 토지는 자연으로서의 토지(대지)는 아니고 인간 노동이 부가된 경지이며, 농업생산력의 발달에는 토지개량이 중요하다. 제조업의 주요 생산수단이 도구나 기계인 데 대해, 농업의 주요 생산수단은 경지 즉 토지자본(토지와 합체한 자본)이며, 경지는 그 안에서 작물이 변화·성장하는 용기·장치이다. 농업생산력의 발달은 농기구 발달보다도 작물의 생육을 안정시키고 촉진하는 토지개량이 중심이다. 발달한 농업은 그러한 의미에서 고도의 유기화학공업과 비슷한 성질을 가지고 있으며, 집약적인 논 농업의 경우가 특히 그러하다. 지금까지는 농법의 차이가 기후를 중심으로 한 자연환경의 상이함에 규정된다든지, 경지개량과 토지자본이 농업기술에서 중요한 지위를 차지한다든지 하는 인식이 불충분하였다. 농업생산의 기본적 요소인 토지·노동력·자본 중에서 서유럽은 토지와 자본이 주요하고, 동북아시아는 토지와 노동력이 주요하다고 하는 이해가 일반적이지만, 적어도 동북아시아 연해에서 자립적 소농이 성립하는 단계에서 동북아시아는 단순한 토지가 아닌 토지자본의 중요성이 지극히 컸다. 서유럽은 기후조건 때문에 동북아시아만큼 농업이 노동집약적이지 않고 토지생산성은 낮지만, 동일 노동량으로 상대적으로 넓은 면적을 경작할 수 있다. 그 때문에 동북아시아보다도 생산수단 중에서 농기구와 역축의 중요성이 크다. 요컨대 농법의 차이에 규정되어 농업자본의 양상이 동북아시아와 서유럽에서 다른 것이다. 동북아시아는 고도로 발달한 경지(특히 논)에서 벼와 면화·유채·사탕수수 등 공업원료용 작물의 윤작, 이모작·삼모작, 시비의 유효성을 높이는 깊이갈이 등이 효과적으로 시행될 수 있는 것이다.

동북아시아 연해의 경지는 자립적 소농이 형성된 15·16세기 이후 세계적으로도 가장 발달하였고 높은 수준에 이르러 있었다. 이어서 동북아시아 자립적 소농의 형성·발전을 개관한다.

중국 장강 하류 지역(江南)을 중심으로 하는 선진지대

지금까지 송 시대 장강 하류 유역의 삼각주는 농업 선진지역으로 생각되어 왔지만, 최근 연구에 의하면, 종종 물에 잠겨 작물을 심을 수 없게 되는 불안정한 경지를 많이 포함하는 저습지(低濕地)였으며, 재배되던 벼에는 장마철의 수해를 피하기 위해 생육기간이 짧고 악조건에 강한 적미(赤米) 품종이 많았다. 비교적 안정적인 농업은 삼각주 주변의 하곡(河谷) 평야지대에서 이루어지고 있었던 것이다.[3] 장강 삼각주가 농업 선진지역으로 되는 것은 명 중기(15세기) 이후이다. 장강과 통하고 있었던 타이후(太湖)의 수계가 제방과 운하에 의해서 장강과는 독립적인 수계로 되자, 장마철에 장강의 물이 불어나는 일이 크게 줄었

3 足立啓二, 「宋代以降の江南稻作」(渡部忠世編, 『稻のアジア史 2 アジア稻作文化の展開』, 小學館, 1987); 大澤正昭, 「"蘇湖熟天下足"―〈虛像〉と〈實像〉のあいだ」, 『新しい歷史學のために』, 179호, 1985년 6월; 同, 『陳旉農書の硏究―12世紀東アジア稻作の到達點』, 農山漁村文化協會, 1993.

으며, 배수도 어느 정도 체계화되었다. 그와 함께 위전·우전(圍田·圩田. 제방으로 둘러싸인 경작지)이 개량되었고, 내부가 단책형(短冊形. 좁고 긴 직사각형 모양)의 경지로 개조되어 관배수가 자유로이 이루어질 수 있게 되었다. 벼도 적미 계통에서 다비 다수확 품종으로 개량되었으며 다비, 깊이갈이용 괭이(자루는 보통 괭이처럼 길지만 괭이 끝은 삼괭이와 흡사함)의 보급, 철저한 중경제초 등 기술개량도 이루어졌다.[4]

이와 같은 관개·농업기술의 진보에 의해서 강남의 소농경영 규모는 송 시대의 30무(畝. 일본 무 30坪의 약 6.6배)에서 명청 시대에는 10무 남짓으로 줄었다. 동시에 양잠·제사 등·면가공(綿加工) 등의 가내공업을 도입하여 다각적·복합적 경영[5]으로 발전해 갔다. 그러나 명청 시대에는 상용 노동자를 필요로 하는, 20무 이상의 부농도 어느 정도 존재하는 한편, 2.5무 이하의 영세농도 다수 존재하였으며, 청 말부터 중화민국기(19세기 말~20세기 전반)에 걸쳐 영세민과 부농이 감소해 이른바 중농표준화가 진행한 듯하다.[6] 동시에 명 중기 이후 자립적

4 足立啓二, 「明淸時代長江下流の水稻作發展―耕地と品種を中心として―」, 『熊本大學文學部論叢』, 21호, 1987년 3월; 同, 「大豆粕流通と淸代の商業的農業」, 『東洋史硏究』, 37권 3호, 1978년 12월.

5 동북아시아의 자립적 소농은 그 발달과정에서 연간 노동수요를 가능한 한 고르게 하여 가족노동력을 유효하게 사용해야 하였다. 그리하여 노동수요가 계절적으로 다른 작물을 조합하여 다각적 경영을 발달시켰다. 나아가서 농업 이외의 상공업이나 임노동 등에도 종사하였다. 농업 이외의 분야를 경영에 도입하는 것을 경영 복합화라고 규정하여 농업 내부의 다각화와 구별하면, 동북아시아 소농경영 발달방식의 큰 특징은 경영의 다각화·복합화이며, 그것이 사회적분업의 기초가 되고, 농촌공업화의 모체가 되었다. 이에 대하여 서유럽 소농경영 발전의 특징은 전업화와 지역적분업의 발전이었다. 농업에 적합한 평탄지에서는 전업화해서 경작면적을 넓혔으며, 그것이 곤란한 구릉지나 산간지에서는 적은 면적으로도 가능한 농업과 가공업의 조합이 발달하였다. 후자의 중심 지역은 농업보다도 가공업이 중심으로 되고 농촌공업지대로 되어 갔다.

6 足立啓二, 「淸~民國期における農業經營の發展―長江下流域の場合」(中國史硏究會編, 『中國史像の再構成』, 文理閣, 1983); 足立啓二, 전게, 「明淸時代長江下流の水稻作發展―耕地と品種を中心として―」. 명청 이후 근대까지의 농업경영 발전에 대해서는 실증연구가 충분

소농을 기반으로 하여 경지를 대부하고 소작료를 수취하는 소차지농제[7](小借地農制. 중국의 租田制, 일본의 寄生地主制, 한국의 병작제)가 발달하였다. 강남만큼은 아니지만, 산둥, 장강 중류 지역(후난·후베이·장시), 화남 등지에서도 뒤늦게 같은 과정이 진행된 것으로 추정된다.

중국 화북, 쓰촨, 동북 등 자립적 소농의 형성이 미숙한 지역

화북·동북은 몬순지대의 바깥에 있으며, 밭농사 지역이고 강수량이 적어 건지농법(dry farming)이 행해지고 있다. 우기에 비가 내려 수분이 땅속에 스며들면 그 증발을 막기 위해서 지표를 쟁기로 얕게 갈고 눌러두는 농법으로 수확량은 비 내리는 시기와 양에 좌우되어 불안정하며, 토지생산성은 낮다. 쟁기는 송 시대에는 소 두 마리가 끄는 것이 많았지만, 명청 시대에는 대형화하여 3~4마리가 끌게 되었다. 이 쟁기를 이용한 적정 경작규모는 100무(6~7헥타르) 정도로 4~5명의 노동력이 필요하며, 가족노동력 이외에 고용노동력도 사용하는 대규모 경영을 하거나 분익농제(分種制)로 경영하였다. 다른 한편, 농민은 경영규모 20무 이하의 영세농이 절반 정도를 차지하였고, 그들은 소 등의 대형 역축이나 쟁기 등의 대형 농구가 없었기 때문에 분익농[8]으로 되어 토지를 빌림과 동

하다고는 할 수 없고, 논쟁이 계속되고 있다. 그 동향에 대해서는 三品英憲, 「近代中國農村研究における「小ブルジョア發展論」について」, 『歷史學研究』, 735호, 2000년 4월 참조.

7 농노제와 같은 인격적 예속관계에 의하지 않는, 소농과 지주의 단순한 토지 대차관계(중간적지주제)의 일종으로 정액의 차지료를 지불하는 형태(中村哲 전게, 『近代世界史像の再構成—東アジアの視點から—』, 제5장, 제6장 참조).

8 중간적지주제의 일종이지만, 소농의 경영 자립성이 아직 충분하지 않기 때문에 풍흉의 위험을 소농이 전면적으로 부담할 수 없어 지주도 위험을 부담하는 형태로서 차지료는 정액이 아니라 수확의 일정 비율이며, 그 안에는 지주에게서 빌린, 대형 농구나 마소와 같은 대형 역축 등의 임차료도 포함되었다(주 7의 문헌 참조).

시에 지주로부터 소와 쟁기를 빌리던가 혹은 지주나 부농에게 자영경지의 경운을 위탁하지 않으면 안되었다. 그로부터 수확을 일정한 비율로 지주와 차지농이 나누는 분익농제가 발달하였다.[9] 하층 농민은 고용농이 되는 일도 많았다.

명청 시대에는 어느 정도 집약화가 진전하였고 토지생산성도 높아졌지만, 이 지역에서는 소농의 경영 자립성이 약하고 불안정하였으며, 경영 위험을 전면적으로 소농이 부담하는 소차지농제는 성립하지 않았다. 동북지역은 청의 옛 땅이며, 19세기 말까지 출입이 금지되었고 인구가 희박한 광야였으나, 19세기에는 금지령을 어기고 한족이 들어왔고 개척되기 시작하였다. 농업의 유형으로서는 화북과 공통된 건지농법이 쓰였으며, 신개지였기 때문에 고용노동이 상당히 사용되었고 경영규모가 컸다. 쓰촨, 광둥 등의 변경은 이주민에 의한 신개지가 많았으며, 농업은 조방적이었다고 생각된다(집약적 농업지대도 있었다).

한국

한국의 남부와 북부는 농업 양상과 그 발달수준에 상당한 차이가 있다. 조선시대에 북부는 인구가 적고 1인당 경영면적이 남부보다 상당히 넓었으며, 밭이 압도적으로 많았고 논은 적었다. 쟁기도 소 두 마리가 끌었으며, 분익농제(타작)가 압도적이었고, 중국의 화북과 동북에 가까운 유형이었다.

남부는 강수량도 많고 논도 상당히 많았으며, 쟁기는 소 한 마리가 끌었

9 근대 동북아시아 지주제의 지역적 유형에 대해서는 中村哲, 「近代東アジアにおける地主制の性格と類型」(中村哲·梶村秀樹·安秉直·李大根編著, 『近代朝鮮の經濟構造』, 日本評論社, 1990. 한국어판 『朝鮮近代의 經濟構造』, 比峰出版社, 1989. 나중에 中村哲 전게, 『近代世界史像の再構成—東アジアの視點から—』에 수록), 중국의 분종제에 대해서는 草野靖, 『中國の地主經濟—分種制』, 汲古書院, 1985 참조.

고, 소차지농제가 많았다. 15·16세기부터 인구와 경지가 증가하였으므로 이 무렵부터 소농경영이 발달하기 시작하였을 가능성이 있다. 16세기 말부터 17세기 전반에 일본과 청의 침략을 받아 인구와 경지가 격감하였지만 그 이후 급속히 회복하였으며, 17세기 중기~18세기에는 농업생산력이 발달하여 노비를 사용하는 양반의 대경영은 쇠퇴·소멸하였고 자립적 소농이 일반적으로 형성되었다. 이앙법(모내기)의 보급, 소를 이용한 퇴비 증산, 철저한 경운이나 제초 등 소가족에 의한 집약적인 농업기술이 발달하였고, 소농경영이 우위에 섰다고 추정된다. 그러나 중국 강남이나 일본이 대규모의 치수·관개공사를 일으켜 침수 위험에 노출되어 있던 대하천 중·하류 유역의 저습지를 안정적이고 비옥한 논지대로 바꾼 것에 비하면, 이 시기의 경지 개발은 중소규모의 하곡 평야 개간과 수심이 얕은 서해안 간척에 의하였으며, 중국 강남의 송 시대나 일본 중세와 비슷한 면도 있다. 큰 하천의 하류 유역이 개발되어 비옥한 논지대로 바뀌는 것은 식민지시대였다.[10]

일본

일본의 소농사회 형성은 14세기 말부터 시작되지만, 본격화하는 것은 전국(戰國)시대인 16세기였으며, 16세기 말의 전국 통일의 결과로 사회가 안정되어 평화로워진 17세기에 거의 완성되었다. 이 한 세기 동안에 인구와 경지가 급증하였다. 종래에 인구와 경지가 두 배로 되었다는 것이 통설이었으나, 내 견해

10 최근 이영훈 씨를 중심으로 한 연구팀은 조선 후기(17~19세기)의 소농사회 성립에 대해서 부정적인 사실을 제시하고 있다. 그리고 소농사회 성립은 식민지기라고 한다. 이 점에 대한 검토는 앞으로의 과제이다.

로는 그것은 지나치게 많다. 인구는 1,500~1,600만 명에서 2,800만 명으로 1.8배 정도, 경지는 210만 정보(1정보는 약 1헥타르)에서 290만 정보로 1.4배 정도로 되었을 것이다. 그렇다고 해도 17세기가 일본의 사회경제적 대발전기였다는 사실은 확실하다. 인구와 경지가 양적으로 증가하였을 뿐만 아니라 질적으로도 발전하였다. 자립적 소농이 광범하게 형성되고 일반화되었으며, 관개설비가 정비된 안정적인 우량경지가 증가하였다. 중앙정권(도요토미 정권, 도쿠가와 막부)과 지방정권(大名. 영지의 1년간 총생산물이 쌀로 환산해서 1만 석을 넘는 큰 영주로서 가장 큰 경우는 100만 석을 넘었다. 중앙정권의 방침에 거스르지 않는 한, 영지 내에서는 독자적인 지배권, 징세권, 법령 제정권도 가지고 있었다. 전국에 약 260개가 있었다) 모두 소농 자립을 촉진하는 정책을 채택하였고 소농의 증가를 꾀하였다.[11] 또 영지 내의 개발을 진척시켰으며, 개개의 영주로서는 불가능한 큰 하천의 치수는 막부가 다이묘(지방정권)를 동원해서 시행하였다.

종래의 연구에서는 이 자립적 소농은 대경영의 예속민이 해방되어 자신의 가족과 경영을 가지게 되면서 출현하였다는 주장이 유력하였으나,[12] 적어도 중세 후기(14~15세기)에는 예속민을 포함하는 대규모 경영은 일반적이지 않았고, 경영적으로 불안정한 소농이 압도적으로 많았다고 생각되며, 그 소농의 경영적 안정과 더불어 가족구성원이 증가하고, 그리하여 분가하는 형태로 자립적 소농이 증가한 것이 주요하였다고 생각된다.

---

11 戰國 시대의 소란을 마감하고 국토를 통일한 도요토미 정권이 소농 자립정책을 강력하게 추진하였던 것을 처음 주장한 연구자는 安良城盛昭, 「太閤檢地の歷史的前提」, 『歷史學硏究』, 163·164호, 1953년 5·8월; 同, 「太閤檢地の歷史的意義」, 『歷史學硏究』, 167호, 1954년 1월이며, 이후 이른바 太閤檢地 논쟁(太閤은 도요토미 히데요시를 가리킴)이 활발히 전개되었다.

12 예를 들면 速水融, 『日本における經濟社會の展開』, 慶應通信, 1973. 앞에서 소개한 安良城의 학설도 일본 중세는 가부장제적 노예제 사회라는 것이었다.

일본의 소농사회 성립에서 중요한 또 하나의 조건은 15~17세기의 동아시아 광역교역권의 형성과 발전이며, 그에 동반하여 중국에서 선진기술이 전파되었던 것이다. 그 중요성을 최초로 명확하게 한 사람은 가와카쓰 헤이타(川勝平太) 씨인데,[13] 그것은 일본에 한정된 것은 아니고 동아시아 광역교역권의 중국 주변부에서 널리 보였다. 그때까지 압도적으로 경제·문화·기술이 선진적이었던 중국에서 주변부로 문화·기술이 전파 또는 이전되어 일본·한국·류큐(琉球)·동남아시아 등의 문화·기술수준이 향상되었고, 중국과의 격차가 축소되었다. 기술 흡수에 가장 열심이었고 성과를 거둔 곳은 일본이었다. 일본은 중국으로부터 생사, 견직물 등을 수입하는 대신 대량의 금속(금·은·동)을 수출하였기 때문에 화폐 소재가 부족하였고, 그리하여 무역제한을 시행함과 동시에 수입품의 국산화에 힘썼던 것이다. 15~18세기에 면화·면직물·백사(고급생사)·고급견직물·자기·차·설탕·담배 등의 국산화에 성공하였으며, 그에 의해 일본인의 생활이 크게 바뀌고 향상되었다. 특히 중요한 것은 일본인의 의복 재료가 중세의 마직물이나 각 지방의 자급적인 섬유로부터 목화와 그 가공품(솜·면사·면직물), 양잠·생사·견직물로 아주 달라졌던 것, 그 생산이 소농경영의 필수부문으로 되고 더욱이 상품생산되었던 것이다. 일본의 자립적 소농은 성립 당초부터 다각적이고 복합적인 경영을 발전시켰으며, 소상품생산적 성격을 가지고 있었던 것이다. 소상품생산적 소농의 일반적 성립은 에도시대(1600~1867) 시장경제 발달의 기반이 되었다.

13 川勝平太, 「國際交流の經濟史的接近 ― 國際交流と日本」, 『國際交流』, 34호, 1983년 1월.

마무리

동북아시아 연해에서는 명 중기 15세기에 경제적으로 가장 앞선 중국 강남에 최초의 소농사회가 성립하였으며, 동아시아 광역교역권의 형성과 발전에 동반하여 그 선진기술이 주변부에 이전되었고, 일본과 한국에도 소농사회가 성립하였다. 그리고 17~18세기까지 강남과 서일본이 가장 발달한 소농사회로 되었다. 중국의 산둥·장강 중류 지역·화남, 일본의 규슈·시코쿠(四國)·동일본, 한국 남부가 그에 준하는 지역이었으며, 중국의 화북·동북 등과 한국 북부, 류큐 등은 자립적 소농의 형성 정도가 낮았다. 그러나 소농사회의 범위를 넓게 잡아, 생활을 농외소득으로 보충해야 하는 영세농민이라도 가족농업을 영위하는 한 소농에 포함시키고, 농업경영을 하지 않는 농업노동자(예속적인가 아닌가를 불문하고)가 계층으로서는 존재하지 않게 되는 농업사회를 소농사회라고 하면, 중국의 화북·동북, 한국 북부, 류큐 등도 미숙한 소농사회였다고 할 수 있다. 17세기에서 18세기 초에 동북아시아는 소농사회가 되었다. 자립적 경영을 행하는 가족농업이 일반화된 사회와 경영 경험이 없는 농업노동자가 사회의 하층에 대량으로 존재하는 사회는 근대경제·자본주의 경제에 대응하는 능력에 큰 차이가 난다. 소농사회의 일반적 성립은 자본주의 형성의 기초이다.

2. 동북아시아 3국(중국 · 일본 · 한국)의 분기

문제 제기

동북아시아는, 지역에 따라 시기가 다르고 발달수준의 차이도 있지만 15~18세기에 소농사회가 되었다. 그러나 그 후 18~19세기 특히 19세기의 3국의 변화는 그 차이가 매우 컸다. 차이는 19세기 전반 이전에 요컨대 구미 특히 영국 주도의 세계자본주의에 이 지역이 편입되기 이전에 생겨 있었으며, 주로 국내적인 조건에 의해 일어났다고 생각된다. 그리고 이 시기에 생긴 차이가 세계자본주의에 대한 대응의 차이를 낳은 커다란 원인이었다. 18~19세기 특히 19세기 전반의 3국의 차이는 중국의 정체, 일본의 발전, 한국의 후퇴·위기로 개괄된다. 같은 소농사회이면서 어째서 그러한 차이가 생겼던 것일까? 소농사회의 발달수준의 상이함 때문이기도 하지만, 사회체제의 질적이고 유형적인 차이가 기본적 원인이라고 생각된다.

세계자본주의에 편입되는 단계의 3국의 차이를 설명하는 방식은 지금까지 주로 두 가지였다. 하나는 중국과 한국은 중앙집권적 전제국가였지만 일본은 분권적 봉건사회였다는 설명이다.[14] 다른 하나는 일본의 에도시대는 시장경제를 중심으로 하는 경제사회였지만, 그 시대에 중국과 한국은 여전히 자급경제 중심이었다는 것이다.[15] 이 두 가지 설명은 어느 정도 타당성이 있으며, 나의 설명도 그러한 측면을 포함하고 있지만, 특별히 강조하고 싶은 것은, 첫째로 분

14 최근의 대표적인 연구는 足立啓二,『專制國家史論―中國史から世界史へ』, 柏書房, 1998.
15 대표적인 연구로서 速水融 전게,『日本における經濟社會の展開』; 速水融·宮本又郎編,『經濟社會の成立―17~18世紀―』, 日本經濟史1, 岩波書店, 1988.

기(分岐)가 18세기 후반부터 19세기 전반이라는 특정 시기에 발생하였다는 것, 둘째로 일본과 중국·한국이라는 분기는 아니고 3국의 분기였으며, 중국과 한국의 차이가 일본과 중국의 차이보다도 컸을 가능성이 있다는 것이다. 일본 봉건제론의 입장에서는 한국은 중국보다도 지방세력이 강하고 집권체제가 약하여 중앙집권적 전제국가이기는 하지만 일본에 가까운 측면이 있는 국가였다.

이 절에서는 3국의 18~19세기 전반의 대조적인 변화를 그 수량적 지표를 알 수 있는 몇 가지 측면에서 관찰한다. 다음 절에서는 가장 커다란 차이라고 생각되는 지배체제를 재정을 중심으로 검토한다.

국내총생산·인구·1인당 소득

일본은 17세기에 인구가 급증하였으나, 18세기 초부터 증가하지 않게 되었으며, 19세기 초까지 한 세기 동안 약 3,000만 명에서 정체하였다. 최근 연구에 의하면 소득 증가에 동반해서 결혼연령이 높아졌고 출생률이 낮아진 때문이었다. 1820년대부터 다시 증가하였고 메이지 시기(1868~1912) 이후의 증가로 이어졌다. 그 원인은 출생률 증가가 아니라 사망률 저하였으며, 19세기 초는 초기 자본주의(初期資本主義)가 발전하기 시작한 시기이기도 하였으므로 근대적 인구 성장이 이때부터 시작하였다고 볼 수 있다.

중국에서는 1700년부터 1850년 사이에 인구가 1.4억 명에서 4.1억 명으로 3배로 증가하였으며 일본과 대조적이다. 경지면적도 증가하였는데(그러나 과세 경지면적은 증가하지 않았다), 쓰촨·광둥 등 변경에서 많이 증가하였고, 그다음에 장강 중류 유역 등이었다. 강남은 인구는 상당히 증가하였으나 경지는 그다지 늘어나지 않았다. 그 때문에 영세농이 급증하였다. 농업경영이 집약화하고, 소농의 생산력이 상승한 강남을 제외하면, 이 시기의 중국 경제발전은 주요하게는 인구 증가에 동반하는 외연적 발전이었으며, 생산성 상승 등의 내포적 발전은 아니었다. 앵거스 매디슨의 추계로는 1인당 실질GDP[16]는 1600년 중국 600달러, 일본 520달러, 1700년 중국 600달러, 일본 570달러, 1820년 중국 600달러, 일본 669달러, 1870년 중국 530달러, 일본 737달러였다.[17] 매우 조잡한 추계이기는 하지만, 중국은 정체적이었으며 일본은 에도시대에 40% 상승하였다. 나의 추정으로는 중국은 18세기 중기부터 19세기 중기의 한 세기에 1인당 GDP는 1할 정도 감소하였고, 일본은 3할 정도 증가하였다. 그리하여 일본은 17세기 말에 중국을 따라잡았으며, 19세기 중기의 개항 시점에 중국을 4할 정도 웃도는 수준에 이르러 있었다. 한국에 대해서는 이와 같은 추계는 없지만, 李憲昶, 『韓國經濟通史』에서 대략적인 추계를 해본다. 쌀로 환산한 환곡[18]의 지급량은 18세기 초에 180만 석 정도, 1760년대에 350만 석 정도, 19세기 중엽에 200만 석 정도로 각각 쌀 생산량의 14%, 23%, 13%에 해당하였다고 한다.[19] 당시 한국에서는 쌀이 총생산의 약 3할을 차지하였으므로, 쌀 생산량으로 한국의 총생산을 계산한 다음 그것을 일본 석(조선시대 석의 2배)으로 환산하면 18세기 초에 2,143

16 '매년의 각국 통화를 구매력평가와 물가변동률을 이용해서 1990년 기준 공통 달러(국제달러)로 환산한' 통화단위로 표시한 것. アンガス·マディソン, 『經濟統計で見る世界經濟2000年史』, 柏書房, 2004(Angus Maddison, *The World Economy: A Millennial Perspective*, 2001, OECD).

17 アンガス·マディソン 전게, 『經濟統計で見る世界經濟2000年史』, p. 311, 표 B-21에 의함.

18 농민 경영을 안정시키기 위해서 정부가 봄에 농민에게 종자와 농량을 대여하고 가을의 수확 후에 1할의 이자를 붙여서 회수하는 제도. 당시의 한국에서는 봄부터 가을까지 약 반년에 1할 이자는 상당히 저리였다.

19 李憲昶, 『韓國經濟通史』, 法政大學出版局, 2004, p. 121. 원저는 李憲昶, 『韓國經濟通史』, 法文社, 1999이지만 저자가 대폭 가필, 보정한 원고를 번역한 일본어판(須川英德, 六反田豊監譯)이 2004년에 法政大學出版局에서 출판되었다. 이 책은 이 일본어판에 의거하고 있다.

만 석, 1760년대에 2,537만 석, 19세기 중엽에 2,564만 석이 된다. 1인당 생산량은 18세기 초 1.58석, 19세기 중엽 1.55석이다. 18세기 초부터 19세기 중엽까지 150년간 총생산은 19%밖에 늘지 않았으며, 1인당 생산은 전혀 늘지 않았다. 18세기 후반 이후는 총생산이 전혀 늘지 않았으므로 아마 1인당 생산은 감소하였을 것이다.[20] 19세기 후반은 인구와 총생산 모두 감소하였을 가능성이 크다(후술).

요약하면, 18세기 초부터 19세기 중엽에 걸쳐서 인구와 1인당 GDP라는 점에서 3국은 대조적인 변화를 나타냈다. 일본은 인구가 거의 늘지 않았으며, 1인당 GDP는 공업화 이전의 전근대로서는 상당히 빠른 속도로 증가하였다(같은 시기의 서유럽과 같은 정도). 중국은 인구는 상당히 빠른 속도로 증가하였으나, 1인당 GDP는 전혀 증가하지 않거나 다소 감소하였다. 한국은 인구는 어느 정도 늘었으나, 1인당 GDP는 전혀 증가하지 않거나 다소 감소하였다.

시장 · 도시

일본 에도시대의 한 특징은 도시의 급격한 발전이다. 여기에는 병농분리, 조카마치(城下町: 다이묘가 무사와 상공업자를 성곽 주변에 집중시켜 형성된 도시) 건설, 참근교대(參勤交代: 다이묘가 교대로 에도에서 근무해야 했던 제도), 교통·수송·상업의 발달 등 여러 요인이 있다. 인구 1만 명 이상인 도시의 인구가 총인구에서 차지하는 비율은 1600년 일본 4.4%, 중국 4.0%였지만, 1820년에는 일본 12.3%, 중국 3.8%였다.[21] 또한 서유럽은 각각 7.8%, 12.3%였다. 한국의 도시는

20 추계값에 지나지 않지만, 생산의 정체가 일반적 인식임을 나타내고 있다.
21 アンガス·マディソン 전게, 『經濟統計で見る世界經濟2000年史』, p. 45 표 1-8c, p. 290 표

서울이 압도적인 존재여서 1428년 10만여 명, 1669년 19만 명, 19세기 말 25만 명이었으며, 1876년 개항 직전에 인구 1만 명 이상인 도시의 인구는 약 40만 명, 총인구의 2.5% 정도, 5,000명 이상의 도시를 합하면 3.4% 정도로 추정된다. 평양과 개성이 3~4만 명, 대구, 전주, 통영, 해주, 함흥이 1만 명 정도였다.[22]

일본은 3도(三都: 에도, 오사카, 교토로서 18세기에 에도 인구는 100~110만, 오사카, 교토는 40여만, 에도는 중앙정부인 막부의 소재지로서 정치의 중심, 오사카는 경제의 중심, 교토는 고대로부터의 수도로서 문화의 중심임과 동시에 수공업의 중심이었다)를 비롯해 전국에 조카마치(가장 큰 나고야와 가나자와는 인구 10만 전후)를 중심으로 도시가 발달하였다. 조카마치에는 무사와 상인·수공업자가 모여 살았는데, 다이묘의 거성(居城)과 그 조카마치 건설은 선진적인 기술과 문화를 전국에 보급시켰으며, 토목·건설 기술을 발달시켜 농업·광산·항만 등의 발달을 촉진하였다.

정기시(定期市)는 중세부터 전국적으로 전개되고 있었으며, 선진지역에서는 15세기부터 상설점포화가 진행하였고, 기내(畿內: 대체로 현재의 오사카부, 교토부 남부, 효고현 동남부, 나라현)에서는 15세기 말부터 16세기에 걸쳐 많은 소도시가 2~3km 간격으로 산재하였으며, 오와리(尾張: 현재의 아이치현 서부)에서도 20개

B-14에 의함.

22 李憲昶 전게, 『韓國經濟通史』, pp. 154, 163~164. 또 李榮薰·朴二澤, 「朝鮮後期の經濟體制 ― 廣域的統合體系の特質を中心に ― (鹿児島國際大學附設地域總合研究所의 중·일·한·대 공동연구, '東アジア資本主義形成史', 제5회 합숙연구회 보고, 2005년 8월, 중국 란저우)에 의하면, 1789년의 도시인구 57만여 명, 호구 통계에 의한 총인구 740만 명의 7.8%이다. 그러나 도시의 정의가 불분명하고 호구 통계는 실제 인구의 2분의 1 내지 3분의 1밖에 파악하지 않았기 때문에 채택하지 않는다. 18세기 말은 한국경제가 정점에 달한 시기였다. 또 이 연구는 중국 강남 지방의 도시화율을 1629년 15%, 1776년 16.3 내지 19.3%, 1776년의 중국 전체 도시화율을 7.4%, 17세기 중엽의 일본은 15.9%라고 하고 있다. 이 중 일본의 도시는 3도와 조카마치인데, 이들 모두가 인구 1만 이상의 도시라고는 말할 수 없다.

에 가까운 소도시가 4~6km 간격으로 분포해 있었다.[23] 선진지역 이외의 농촌은 정기시가 상품거래의 중심이었지만, 17세기 말 이후에는 다이묘의 번(藩)에서 농촌 소도시(城下町에 대응해서 在町이라고 함)가 증가하였고, 조카마치를 핵으로 하는 네트워크가 형성되었다.

중국에서도 선진지역인 강남에서는 이미 명 시대(15~16세기)에 농촌 정기시에 상설점포가 생기기 시작해 소도시(市鎭)로 바뀌기 시작하였다. 화북에서는 16세기부터 정기시가 증가하였으며, 20세기 전반까지는 농촌 정기시의 시대였다.[24] 한국에서 정기시는 15세기 후반에 출현하였고, 17세기 초에 수백 개, 1770년에 1,062개였는데, 다수는 오일장이었다. 서울 주변이나 강경·원산·마산 등 상업도시로 발달한 곳도 조금 있었지만, 20세기까지 농촌 상거래의 중심은 상설점포보다는 정기시였다.[25]

요약하면, 17세기부터 18세기에 일본에서는 급격한 도시화가 진행하였으며, 농촌 정기시의 소도시화가 진전하였다. 중국 강남은 이미 15·16세기에 일본이 18세기에 도달한 도시화 수준에 이르러 있었으나 그 이후는 정체적이었으며, 그 밖의 지방은 도시화가 그다지 진전하지 않았다. 한국은 18~19세기에도 도시화는 진전하지 않았으며, 농촌의 거래는 정기시에서 행해졌다.

---

23 新保博·長谷川彰, 「商品生産·流通のダイナミックス」(速水融·宮本又郎編 전게, 『經濟社會の成立—17~18世紀—』).

24 石原潤, 『定期市の研究—機能と構造—』, 名古屋大學出版會, 1987, 제4·5장. 山根幸夫, 『明清華北定期市の研究』, 汲古書院, 1995.

25 李憲昶 전게, 『韓國經濟通史』, 제3장.

상품·유통·이자

일본에서는 에도시대에 도시의 발달과 더불어 전국적으로 상업과 상품유통이 발달하였다. 그 중심은 3도였는데, 에도는 50만 명이 넘는 무사 인구(그중에서도 쇼군, 다이묘를 위시한 상급 무사가 많았다)가 거주하는, 최대의 소비도시였으며, 방대한 소비재가 모였고 소비되었다. 상업과 수공업의 중심은 기내였기 때문에 오사카·교토에서 에도로 매우 많은 상품이 수송되었다. 중요한 상품인 고급견직물은 주로 교토의 니시진(西陣)에서 생산되었으며 에도로 보내졌다. 미쓰이가(三井家)는 그것을 거래하는 가장 큰 상업자본으로 발전하였다. 청주도 최대 소비지는 에도였는데, 17세기 초기에 청주가 오사카 주변에서 개발되어 에도에 배로 운반되었으며, 청주 전문의 해운업자(樽廻船)가 성립하였다. 에도시대 최대의 금융업자인 고노이케가(鴻池家)는 처음에는 청주의 제조·판매에서 이익을 올렸다. 전국 최대의 상품은 쌀이었으며, 서일본(동일본의 서부는 선박 수송에 의해서 오사카와 이어져 있었기 때문에 여기에서는 서일본에 포함된다)은 오사카, 동일본은 에도가 중앙시장이었다. 각각 연간 130~200만 석의 쌀이 수집되었으며, 그 대부분은 다이묘와 막부의 연공미(年貢米. 주 37 참조)이었다. 오사카에는 현물이나 다이묘가 발행한 쌀 보관증명서(米切手. 유가증권으로 사용됨)를 거래하는 시장이 성립하였는데, 1730년에는 회원제 시스템으로 현물(정확하게는 쌀 보관증명서)과 선물을 매매하는 도지마코메카이쇼(堂島米會所: 일종의 증권거래소)가 설립되었고, 전국의 미가 결정을 주도하였다. 그리하여 에도를 위시한 전국의 미가가 그것에 연동되었다. 지방시장에는 농민이나 지주의 판매 미곡이 상당히 많았다. 쌀 이외의 상품은 18세기 초 무렵에 오사카를 중심으로 전국의 시장이 연결되었으며, 지방시장 간의 직접 거래가 늘어나는 것은 18세기 말·19세기 초부터였다. 상품 중에서 쌀의 비중이 가장 컸던 것은 전과 다름이 없었으나, 상품작물 재배나 제조업의 발달로 그 비중은 점차 낮아졌다. 오사카에 수집된 상품을 살펴보면, 1736년에는 쌀이 압도적이었고 다음이 면 관련 상품(면직물·솜·실면)이었는데, 면 관련 상품은 모두 합해도 쌀의 5분의 1에 지나지 않았다. 하지만 1804~1829년이 되자 그것의 비중이 쌀을 넘어섰다.[26]

중국의 명청 시대에 재정적물류(財政的物流)는 축소되어 각 성으로부터 베이징 정부에 수송되는 연간 300~400만 석(중국 석은 일본 석의 절반 남짓)의 쌀만으로 되었다. 선진지대인 강남에서 화북과 동북으로 면, 견(絹)을 비롯한 여러 상품이 수송되고, 화북과 동북에서 대두, 콩깻묵 등의 농산물과 그 가공품이 수송되는 것을 중심으로 원격지 유통이 발달하였다. 유통의 핵심은, 국지적 시장에서는 농촌 정기시를 순회하는 행상이었으며, 원격지 시장에서는 생산지와 소비지를 잇는 객상 및 생산지에서는 객상을 위해 상품을 사서 모으고 소비지에서는 상품판매를 청부하는 중개상인인 아인(牙人)이었다. 객상은 주로 자기자본으로 상품을 매입하여 소비지로 운반해서 판매하였으며,[27] 도매·중매·소매의 분화는 그다지 이루어지지 않았다.

조선은 재정적물류가 압도적 비중을 차지하였고, 상업적 물류는 부차적이었다. 국지적 시장은 농촌 정기시와 그곳을 순회하는 행상(보부상)이 중심이었으며, 원격지 유통은 남부 연안·낙동강과 경상도 연안을 잇거나, 남부 연안과 서울을 잇는 유통이 중심이었는데, 수송방법은 강과 연해의 선박운송이었

---

26 일본에 관한 개관은 앞에 제시한 速水融·宮本又郎編 전게, 『經濟社會の成立—17~18世紀—』와 新保博·齋藤修編, 『近代成長の胎動』(日本經濟史2 岩波書店, 1989)에 수록된 여러 논문 참조.

27 足立啓二 전게, 『專制國家史論』, 제5장. 同, 『非團體型社會中國における經營統合樣式の發展に關する硏究』, 平成13年度~平成15年度科學硏究費補助金硏究成果報告書, 2004.

다.[28] 비교적 규모가 큰 전라도 해상(海商)조차도 자기 소유의 상품을 자기 배로 운반하였고, 당사자 간 직거래를 하였다. 18세기 말에 서울 가까운 한강의 포구를 위시하여 전국 주요 포구에 중개상인인 객주가 성립하였다. 중국 원격지 상업의 아인·객상 형태의 유통이 형성된 것이다. 그러나 그것이 더 이상 발달하지 못하고, 중앙정부의 왕족·관료의 독점에 의해서 압살되어 갔다.

일본에서 16세기 말·17세기 초에 외국무역[29]도 포함하여 원격지 유통을 담당하였던 상인은 호상(豪商)이라 불리는, 자기 배에 자기 소유의 상품을 실어 교역하는 형태의 상인이었으나, 17세기 전반에 쇄국정책이나 정부의 통제 강화에 의해 몰락하였다. 그 대신에 오사카, 교토 등 중앙 대도시에 수수료를 받고 지방상인의 거래를 중개하는 중개도매상(何受問屋)이 성립하였다. 중국의 아인이나 한국의 객주에 가까운 형태이다. 지방상인은 자기자금으로 상품을 매입하여 중앙 도시와 지방의 생산지·소비지를 연결하는 상업을 하였는데, 위험을 부담하는 대신 이익도 커서 17세기의 경제발전에 편승해서 자본을 축적하였다. 17세기 후반에는 중앙 대도시에 진출해서 자기자금으로 자기 상품을 움직이는

---

28 吉田光男, 「商業史研究から見た朝鮮の近世と近代―李朝後期の經濟構造をめぐって」(中村哲·堀和生·安秉直·金泳鎬編著, 『朝鮮近代の歴史像』, 日本評論社, 1988); 李憲昶 전게, 『韓國經濟通史』, 제3장; 李榮薰·朴二澤 전게, 「朝鮮後期の經濟體制―廣域的統合體系の特質を中心に」; 李榮薰·朴二澤, 「農村米穀市場과 全國的 市場統合: 1713-1937」, 『朝鮮時代史學報』, 16호, 2001년 3월.

29 외국무역은 17세기 초의 전성기에는 국내총생산의 15% 정도를 차지할 만한 규모였지만, 17세기 후반 이후 경향적으로 축소되었다. 처음에는 주요 수출품인 금속(금·은·동)의 해외유출 때문에 화폐재료가 부족해져 경제운영에 지장이 초래되자 막부가 금속 수출량을 규제하였기 때문이며, 이어서 수입대체에 노력하여 주요 수입품(생사·고급견직물·자기·설탕·고려인삼 등)의 국산화에 성공하였기 때문이다. 에도시대 초기의 외국무역은 그 구조로부터 보면 영속성이 없었고, 이른바 쇄국정책이 아니라도 언젠가 보호무역으로 전환되지 않을 수 없었다. 외국무역이 축소되어도 중요 상품의 국산화(수입대체)에 의해서 국내경제는 발전하였다.

매입도매상(仕入問屋)으로 성장하였으며, 중개도매상의 지위를 대신하였다. 그리하여 도시 내부에서 도매, 중매, 소매 등의 유통계열이 성립하였고, 지방에서도 중앙의 매입도매상과 거래하는 생산지의 판매도매상(買次問屋), 중매, 생산자로부터 상품을 매집하는 소중매(小仲買)의 계열이 생겼다. 중앙의 매입도매상에 매집된 상품은 소비지의 도매·중매·소매의 계열을 거쳐 소비자에게 인도되었다. 중앙 도매상의 자금이 상품 구입 시의 선대(先貸)나 상품 판매 시의 후불(외상) 등 신용을 떠받치고, 그 중앙 도매상에게 오사카의 금융업자가 융자하였다. 이상은 생산·거래량이 많은 업종의 경우로 그렇지 않은 업종은 이 정도로는 정비되어 있지 않았다. 한편, 지방경제가 발전하고 19세기가 되면, 지방상인의 자금력이 충실해져 중앙 도매상의 금융에 뒷받침되던 유통지배가 동요·해체되어 갔다.

일본에서는 법제도 정비, 도량형 통일, 유통기구나 운수제도의 발달과 안정 등에 의해서 거래비용이 낮아졌다. 또 자본이익률도 상당히 낮아졌다. 오사카와 에도의 큰 상업자본의 매출액이익률은 18세기 초에 15% 정도, 18세기 말에 7~8%, 19세기 전반에 5% 정도였으며, 미쓰이나 고노이케와 같은 금융업자의 실제 수취 대부이자율은 1721~1740년 평균 미쓰이 4.9%, 고노이케 6.3%, 그 후 점차 낮아져 1781~1800년 평균 미쓰이 1.7%, 고노이케 3.8%, 1821~1840년 평균 미쓰이 1.9%, 고노이케 3.4%였다.[30] 농촌 이자율은 지방에 따라 상당히 차이가 있지만, 오사카 근교의 선진적 농촌의 경우(和泉國 泉北郡夕雲開의 筒井家의 사례), 지주인 쓰쓰이가(筒井家)의 대출금리는 토지담보가 있으면 1728~1758년 평균 18.6%, 1771~1788년 평균 14.2%, 1789~1800년 평균 14.2%, 1801~1824년 평

30 新保博·齋藤修編 전게, 『近代成長の胎動』, p. 41, 표 1-6.

균 12.4%, 1845~1859년 평균 10.7%였고, 한 세기 사이에 8%p쯤 낮아졌다. 무담보대부(증서대부)의 이자율도 거의 같은 수준이었다. 이는 일반 농민의 차입이자율인데, 지주의 차입이자율은 그보다 많이 낮았다. 쓰쓰이가는 자기자금으로 또는 필요한 경우에는 자금을 빌려서 부동산 매매를 하였는데, 쓰쓰이가의 차입이자율은 1728~1758년 평균 13.4%, 1771~1788년 평균 9.7%, 1789~1800년 평균 6.7%, 1801~1824년에 평균 6.3%였다.[31] 18세기부터 19세기 전반에 걸쳐 이자율은 꽤 낮아졌으며, 주로 생활자금에 충당되는 농민의 차입이자율보다 상당히 낮아 3분의 2에서 절반 정도의 수준이었다. 1건당 차입금액이 커서 거래비용이 낮았다든지 채무불이행이나 상환 연기 등의 위험이 적었던 것에 의할 것이다. 개항 이후에는 경제사정의 격변으로 이자율이 상당히 상승하였다.

중국에서는 상업자본에 대한 대출금리가 일반적으로 월 1%, 연 10~20%였다고 한다.[32] 농민에 대한 대출금리는 그보다 상당히 높았을 것이다. 조선 후기의 이자율은 중국보다 더 높았다. 상호부조적인 성격이 있어서 일반대부보다 저리였을 것으로 생각되는 족계(族契)나 동계의 경우에도 경상도 경주에서는 17세기 말부터 1910년까지 50%를 유지하였으며, 전라도 영암에서는 1740년대부터 40%, 18세기 말 30%, 1810년대 20%, 그 이후 상승하여 19세기 중엽 35~40%로 되었고, 그때부터 1910년대까지 그 수준이었다. 18세기 말~19세기 초의 이자율 저하는 계원의 경제 상태가 나빠지자 상호부조의 관점에서 그렇게 되었던 것이라고 한다.[33] 1890~1907년에 서울 금융업자의 상인 대출을 분석한 이영훈·

31 中村哲, 『明治維新の基礎構造―日本資本主義形成の起點―』, 未來社, 1968, p. 348, 표 7-10, 7-11.

32 足立啓二 전게, 『專制國家史論』, pp. 200~201.

33 須川英德, 「朝鮮後期經濟史研究の新動向―李榮薰編著, 『數量經濟史から再檢討した朝鮮後期』を中心に―」, 『社會經濟史學』, 71-3, 2005년 9월, p. 79.

조영준 씨의 연구에서는 평균이자율은 연 83%에 이른다.[34] 조선 정부는 1744년에 공정이자율을 20%로 정하였으나(『續大典』), 실효성은 전혀 없었다. 조선 후기·말에는 이처럼 매우 높은 금리가 일반적이었던 듯하지만, 그 조건이 무엇이었는지는 이해하기 어렵다. 실증연구가 더 필요하다.

중국과 한국은 18~19세기에 이자율이 높아지지도 낮아지지도 않았지만, 일본은 18세기부터 19세기 전반에 이자율이 상당히 낮아졌다. 아마도 17세기에는 중국과 일본은 이자율에 큰 차이가 없었겠지만, 19세기 전반에는 일본은 중국의 절반 정도로 낮아졌다고 생각된다. 한국은 중국과 비교해도 매우 높았다.

3. 지배체제와 재정의 유형적 차이

지금까지 18~19세기 전반을 대상으로 해서 중국·일본·한국의 경제 변화의 차이를 설명하였으며, 그 첫머리에서 그러한 차이를 낳은 최대 요인이 지배체제의 질적인 상이점에 있다고 지적하였다. 이 절에서는 그 점을 재정을 중심으로 검토하고자 한다.[35]

34 李榮薰·趙映俊, 「19世紀末~20世紀初におけるソウル金融市場の特質 — 南大門一帯の'日収'金融を中心として —」(주 22의 공동연구 '東アジア資本主義形成史', 제3회 합숙연구회 보고, 서울, 2004년 8월 6일). 대부 건수의 94.6%는 원리금이 모두 상환되었으므로 대부 위험은 높지 않았다.

35 나는 6년쯤 전에 동북아시아와 서유럽의 차이를 경제 내부가 아니라 국가체제의 양상과 그것을 규정한 국제적 조건에서 구하며 다음과 같이 주장하였다. 첫째로 동북아시아와 서유럽에서 15·16세기에 거의 동시에 소농사회가 형성되고 자본주의맹아가 생겨났다. 둘째로 18세기 후반부터 19세기에 서유럽은 산업혁명을 거쳐 본격적인 자본주의로 발전하였으나, 동북아시아는 19세기까지 소농사회에 머물렀으며 결국 구미 주도의 세계자본주

재정규모

먼저 차이가 상당히 컸던 것을 나타내기 위해서 3국의 재정규모를 살펴본다. 에도시대에 중앙정부인 막부는 전국의 약 4분의 1(약 700~750만 석의 石高에 해당되는 면적. 주를 참조)을 영유하였으며, 그중 꽤 많은 영지는 직속 가신(旗本)에게 나누어 주었고, 막부 직할령은 약 420만 석이었다.[36] 나머지 4분의 3은 약 260명의 다이묘(藩主)가 영유하고 독자적으로 지배하고 있었기 때문에 전국의 공조액(貢租額)[37]을 알 수 있는 것은 메이지유신에 의해서 번이 폐지되고, 중

의에 수동적으로 편입되었다. 셋째로 가장 큰 원인은 동아시아에는 중화제국 체제가 존속하여 서유럽과 같은 국가 간 경쟁이 없었던 것인데, 서유럽에서는 국가 간 경쟁에서 이기기 위해 국내경제 통합, 국가재정 팽창, 국채발행, 원격지 교역의 국가에 의한 추진·통제, 군사력 강화 등이 이루어졌으나, 동아시아에서는 그러한 과정이 없었고 경제가 완만하게만 성장하였다(中村哲 전게, 「東アジア資本主義形成史論」). 이 절은 이러한 점을 3국의 내부로부터 파악하는 것이기도 하다.

36 에도시대에 전국의 농업생산액과 경지면적을 조사하고, 토지보유자(사실상의 토지소유자)를 확정하였으며(檢地), 생산액을 쌀로 환산하여 그것을 기초로 토지보유자(농민)에게 貢租를 부과하였다. 이를 고쿠다카세(石高制)라고 한다. 石高는 수확량 이외의 여러 가지 조건이 개입되기 때문에(농업 이외의 조건이 들어가기도 한다) 실제 수확량과 일치하지 않았지만, 에도시대 초기에는 실제 수확량에 상당히 가까웠다고 보아도 좋다. 농민의 반대로 檢地를 할 수 없게 되는 중기 이후에 石高는 고정되었지만 수확량은 늘었기 때문에 양자의 차이가 커졌다(中村哲 전게, 『明治維新の基礎構造』, 제4장 참조).

37 貢租란 일본의 독특한 용어로서 年貢이라고도 한다. 그 대부분은 토지세이다. 토지세는 막부나 각각의 번마다 달랐지만, 쌀로 납부하는 일이 가장 많았고, 이어서 미가를 이용해서 쌀을, 경우에 따라 대두·맥류의 가격을 이용해서 대두·맥류를 화폐로 환산해서 납부하는 대금납과 그 환산율이 고정된 사실상의 정액금납이 있었다. 최대 영주였던 막부는 일반적으로 공조의 3분의 1은 미가로 환산한 대금납, 10분의 1은 대두 가격으로 환산한 대금납, 나머지는 쌀 납부였다. 에도시대 공조의 큰 특색은 쌀을 수확하지 않는 밭도 수확을 쌀로 환산해 가능한 한 쌀로 납부하게 한 점이며, 그것은 이미 상품경제가 일반화되어 있고 쌀이 최대 상품이어서 가격의 안정도도 가장 높았기 때문이다. 최대 상품인 쌀을 확보함으로써 영주는 상품유통에서 우위에 섰고 지배를 안정시킬 수 있었다. 그러나 후기에는 쌀 이외에 공업 제품이나 상품작물이 늘어나 유통에서 쌀의 지위가 점차 하락하였으며, 연공미(영주미) 이외에 지주나 농민의 판매 미곡이 증가하였다.

앙정부의 전국 지배가 완성되는 1871년부터이다(廢藩置縣에 의함). 1871년의 전국 공조액은 1,255만 석(쌀 환산)이었으며, 에도시대에는 이보다 약간 많았다고 생각된다. 그리고 이는 부가세나 무라(村. 농촌의 동리에 해당함)의 경비를 포함하지 않은 금액이다.[38] 당시에 고쿠다카(石高)는 3,220만 석이었으므로 공식적인 공조율은 39%가 된다. 하지만 지조개정(地租改定. 일본의 토지조사사업)에 의한 수확량은 4,681만 석이었고, 그것도 실제보다 3할 정도 적으므로 1871년의 실제 수확량은 대략 6,000만 석 정도였을 것이고, 그렇게 보면 공조율은 약 21%가 된다. 1870년의 인구는 3,440만 명으로 1인당 공조액은 0.365석이었다.

중국은 1812년에 세입이 4,014만 냥(지세·인두세·잡세·염세·관세의 합계. 『史料旬刊』)이었다. 미가는 1석에 은 2냥 정도였고, 중국 석은 일본 석의 절반 남짓이었으므로, 일본 석으로 환산하면 세입은 약 1,000만 석이 되며, 인구는 1811년에 3억 5,860만 명이었으므로, 1인당 세입은 0.028석으로서 일본의 13분의 1이었다.[39] 세입 총액으로도 인구가 10분의 1 이하인 일본보다 2할 정도 적었다. 농업생산액은 일본만큼 정확하지는 않지만, 우청밍(吳承明) 씨의 추정에 의하면, 지주의 소작료 수입과 농민 수입의 합계가 가내부업을 포함해서 19세기 전반에 18~19억 냥이었으므로, 부담률은 1.3%가 된다. 비정규 부담이 세입과 동일한

38 中村哲 전게, 『明治維新の基礎構造』, p. 187.

39 岩井茂樹, 「財政」(狭間直樹·岩井茂樹·森時彦·川井悟, 『データでみる中國近代史』, 有斐閣, 1996)에는 1753년의 재정수입은 6,000만 냥, 그중 4분의 3이 토지세였고, 나머지는 염세·常關稅(국내관세) 등이었다(p. 44). 18세기에 물가는 상승세였고 인구도 증가하였기 때문에 18세기 중엽의 세 부담은 19세기 초보다 무거웠으나, 2배라고 해도 한국과 같은 정도, 일본의 6~7분의 1이다. 그런데 공식적 세금 이외에 부가세나 捐納, 胥吏의 경비 등이 상당히 많았고, 뒤로 갈수록 증가하였다. 1900년에 중국 관세를 관리한 로버트 하트는 공식적 세입과 같은 정도의 비정규 수입이 있다고 추측하였다(p. 51). 그렇지만 은 가격 하락에 의해서 실질부담액이 감소해 갔던 것을 고려하면, 19세기 말경에도 일본의 5분의 1에서 6분의 1 정도였을 것이다.

수준으로 부과되었다고 가정하면, 실질부담률은 2.6%였다.

조선 후기 18·19세기의 세입은 쌀로 환산해 192만 석(지세 46%·환곡이자 36%, 身役價 16%. 金玉根, 『朝鮮王朝財政史硏究』)이었다. 조선시대 석은 일본의 절반이므로 일본 석으로는 96만 석이며, 1800년의 추계인구가 1,650만 명이므로(李憲昶 전게, 『韓國經濟通史』), 1인당 0.058석이 된다. 이 값은 중국의 1.8배, 일본의 6분의 1 남짓이며, 19세기 중엽의 추계 총생산 2,564만 석의 3.7%이다.

단순한 양적 비교이지만 일본의 중세(重稅)가 두드러진다. 그 이유는 아래에서 다루겠지만, 중국, 한국보다 압도적으로 많을 뿐만 아니라 서유럽과 비교해도 상당히 높았을 것으로 생각된다. 예를 들면 영국(연합왕국)의 1850년 세입은 5,700만 파운드, GDP 5억 3,600만 파운드로 세입은 GDP의 10.6%였으며, 더욱이 관세와 소비세가 6할 이상이어서 직접세는 적었다.[40]

지배 형태—집권과 분권의 실태

막부는 3도와 외국무역의 거점인 나가사키 등의 주요 도시 및 주요 광산을 직할령으로 영유하였고, 화폐발행권을 집중시키기도 하여 초기에는 압도적인 경제력을 가졌다. 참근교대, 무가제법도(武家諸法度: 다이묘가 지켜야 하는 규칙) 등의 다이묘 통제책도 효과적으로 기능하였다. 그러나 막부 중기(18세기) 이후가 되면 무역과 광업이 쇠퇴하고, 영지가 다이묘 통제를 목적으로 전국에 흩어져 있었던 탓에 힘이 상대적으로 저하하였다. 다이묘는 너무 많은 가신단을 거느린 데다가 참근교대에 막대한 경비가 필요하였기 때문에 초기부터 재정은

40 B. R. ミッチェル, 『マクミラン世界歴史統計 I ヨーロッパ編〈1750-1975〉』, 原書房, 1983, pp. 751, 818(Brian R. Mitchell, *European historical statistics 1750-1975*, Macmillan, 1980).

곤란하였다.[41] 재정 곤란을 타개하기 위해서 여러 가지 정책이 취해졌다. 수입과 균형이 맞도록 지출을 줄이는 것은 가장 일반적인 정책이었지만, 상품경제가 진전하고 에도와 조카마치에서의 도시적 생활 때문에 유효하지 않았다. 결국 상품경제화에 대응해서 영국(領國)경제의 발전을 도모하게 되었다.

에도시대의 상품경제는 초기에 압도적으로 막부와 다이묘 즉 영주가 주도하였지만, 그 아래에서 소농경제의 상품화가 진전하였고 18세기 특히 그 후반 이후에는 상품경제의 주도권이 영주로부터 상인·지주·농민에게 넘어가기 시작하였다. 특히 큰 번(쌀로 환산한 토지수확량 20~30만 석 이상의 번. 전국에 20~30개 정도 있었음)은 국산장려(국산은 領國産), 영국 내의 산업·상업자본의 보호정책을 취하였고, 한사츠(藩札)라는 독자적인 지폐를 발행하였으며, 영국의 쌀과 특산물을 오사카와 에도의 중앙시장에서 판매하고, 유력한 특산물을 전매하기도 하였다. 큰 번은 반(半)독립국화하여 일종의 중상주의 정책을 취하였으며 중앙시장에서 경쟁하였다. 번 자체도 초기의 다이묘를 정점으로 하는 무사집단의 영지에서 상공업자·농민도 포함하는 영국으로 변질하였고 가신단은 그 영국의 관료가 되어 갔다. 근대혁명인 메이지유신이 사쓰마(薩摩)·조슈(長州)를 중심으로 한 막부 타도파의 무력에 의한 막부 타도라는 형태를 취한 것은 위와 같은 과정 속에서 유신의 조건이 만들어졌기 때문이다.

중국에서는 명 말의 일조편법 개혁으로부터 18세기의 지정은제를 거치면서 국가재정은 대부분 은으로 집행하게 되었다. 현물재정은 약 900만 석이었는데,

---

41 16세기 말·17세기 초에는 전쟁에 대비해 무력을 강화할 필요가 있어서 많은 가신을 거느렸으나, 17세기 중엽 이후에는 그 필요성이 크게 낮아졌다. 그러나 가신을 대폭 줄일 수는 없었다. 또 참근교대 중에 에도에서 지출되는 경비가 번 재정의 3분의 1에서 절반을 차지하였으며 대부분 화폐지출이었다. 오사카에 연공미 판매기관(藏屋敷)을 설치하는 데에도, 참근교대 때문에 영지와 에도를 왕복하는 데에도 경비가 들었다.

그중 절반은 베이징으로 수송되어 궁정 소비, 녹봉, 군량 등으로 충당되었으며, 나머지는 지방 성(省)에서 지출되었다. 은이 세입·세출의 80%를 차지하였기 때문에 은 가격의 영향을 강하게 받았다. 은은 국내산도 있었지만 주로 국외에서 무역을 통해 반입되었고, 동전과 달리 국가가 그 유통량이나 가격을 통제할 수 없었다. 명청 정부는 은화를 발행하지 않았기 때문에 은은 소재가치 그대로 유통되었는데, 17~19세기에 은 가격이 장기적으로 하락세였기 때문에 정부 수입은 실질적으로 상당히 감소하였다.[42] 한편, 청은 정복왕조여서 명 시대까지 재정지출의 중심을 차지한, 북쪽 변방 수비를 위한 군사비가 대폭 감소하였다. 재정규모가 수입과 지출 양쪽 모두 축소된 것이다.

중국은 중앙집권적 전제국가였지만, 중앙의 관료 파견은 현(縣) 수준까지였다. 또 일본과 달리 촌락의 자율성이 약하여 일본처럼 촌락이 납세를 책임지는 방법(村請制)은 성립할 수 없었다. 그 때문에 국가는 인공적인 통치조직을 만들어 사회를 편성하였다. 명 시대에는 이갑제였는데, 지연을 활용한 일종의 관제 납세조합(松本善海 씨에 따름)[43]이었다. 이갑제는 15세기부터 해체되기 시작하였고 16세기 중엽부터 그 속도가 빨라졌다. 그 대신에 징세 실무를 담당하는 서리(胥吏)제도가 발달하였으며, 징세청부(抱攬)가 행해졌고, 국가의 징세 능력은 낮아져 갔다.[44] 국가에 의한 인공적인 농민 편성이 해체되면서 농촌에서 사회질서 유지를 담당하게 된 인물이 향신(鄕紳=紳士)이었다.

조선은 중앙집권국가라는 점에서 중국과 같지만, 그 양상은 상당히 달랐

---

42 이 시기의 중국 재정에 관해서는 주로 岩井茂樹, 「中國專制國家と財政」(『中世史講座 第6卷 中世の政治と戰爭』, 學生社, 1992). 岩井茂樹 전게, 「財政」에 의함.

43 松本善海, 『中國村落制度の史的硏究』, 岩波書店, 1977.

44 中村哲, 「中國前近代史理論の再構成·序說」(中村哲編著, 『東アジア專制國家と社會·經濟』, 靑木書店, 1993).

다. 가장 큰 차이는 실물재정 중심이라는 것이다. 조선 전기(15~16세기)의 세제[45]는 전세, 신역, 공물이라는 세 축으로 이루어졌으나, 1608~1708년에 점차 대동법이 실시되어 국가가 필요로 하는 물자를 농민에게서 현물로 징수하던 공물이 토지세로 바뀌었고, 징수 품목이 쌀과 면포로 통일되었다. 이어서 1750년에 농민에게 부과되던 신역 중에서 과중하게 된 군역을 모두 군포(면포)로 바꾸었고, 부담액도 절반(1인당 1필)으로 줄였으며, 그로 인한 재정수입 감소분 면포 50만 필(동전 100만 냥. 동전 1냥은 100文)을 보충하기 위해서 경지 1결(2~3헥타르 정도)당 쌀 2두를 결작미라는 명칭으로 징수하였다. 이렇게 해서 18세기에는 농민의 세부담이 대부분 토지세로 통일되었다. 징세방법으로는 1720년대에 비총제(比總制)가 채용되었다. 그때까지의 답험손실법은 매년 중앙으로부터 도에 경차관이 파견되고 그가 수확조사를 해서 면세액을 결정하는 방법이었는데, 중앙은 도 단위의 세액과 면세액만을 결정하고, 도 관찰사가 그것을 지배하의 군현에 배분하는 방법으로 바뀐 것이었다. 요컨대 도 행정기구(관찰부)의 지배력이 강화된 것이다. 군현 하부의 면리에는 지배의 말단으로서 면임과 이임·이정이 두어졌지만, 촌락의 자립성이 약하였기 때문에 일본처럼 촌락이 납세를 책임지는 방법은 성립하지 않았고, 전세와 신역을 징수하기 위해 8결을 단위로 하는 인공적 징세조직(八結作夫制)이 만들어졌다.[46] 인공적 징세조직이 위로부터 설정된 점에서는 중국과 마찬가지였다. 그리고 재지양반(在地兩班)[47]의 지배조직인

45 李榮薰·朴二澤, 「18世紀朝鮮王朝の經濟體制 ― 廣域的統合體系の特質を中心として ―」(中村哲編著, 『近代東アジア經濟の史的構造 ― 東アジア資本主義形成史III』, 日本評論社, 2007. 한국어판 『근대 동아시아 경제의 역사적 구조』, 일조각, 2007).

46 그렇지만 조선 후기(17~19세기)의 촌락 자립성을 인정하는 유력한 연구도 있다. 대표적인 연구로서 吳永敎, 『朝鮮後期 鄕村 支配政策硏究』, 혜안, 2001. 특히 제3장 「향촌대책과 面里制의 확립」 참조.

47 양반이란 본래 조선시대에 과거시험에 합격해서 중앙관료가 된 자를 가리켰지만, 조선

유향소와 그 하위에 있던 향리[48]가 그것을 보완하였다. 중국에서도 명청 시대에는 은퇴해서 고향에 돌아간 전직 관료나 관료의 일족이 재지에서 세력을 키웠지만(향신), 유향소와 같은 제도화된 조직은 없었으며, 재지양반 정도의 힘은 없었다.

그런데 18세기 후반 이후에는 20년마다 시행되도록 규정되어 있던 양전이 전혀 시행되지 않았으며, 가뭄·홍수 등 자연재해가 증가하였고,[49] 국가의 과세 경지는 감소해 갔다. 1807년에는 급재 면세지(給災免稅地)가 30만 결, 오래된 진황·잡탈 면세지(流來陳雜頉地)가 41만 결, 각종 면세지가 20만 결이어서 실결 즉 과세경지는 81만 결에 불과하였다.[50] 국가는 토지와 인민의 파악을 포기하고 조세 할당제를 채택하게 되었다. 중앙재정이 악화하자 국가는 지방의 상납액을 늘리게 하였고, 지방재정은 농민에게 악영향을 미쳤다.

조선 재정의 큰 특징으로 환곡이라는 제도가 있었다(자세한 내용은 주 45 이

후기에는 관료가 되지 않고 토착해서 지주가 되더라도 유학(성리학)적 교양이 있는 지식인(士) 계층을 포함하게 되었다. 중요한 점은 촌락 내에 명문 양반을 정점으로 한 신분질서가 있었으며, 일본 촌락의 신분질서보다도 엄격해서 격차가 크고 시간이 흐를수록 강화되었다는 것이다. 양반은 동족 결합이 강하였고, 동족 내의 상호부조 조직이 발달하였으며, 일본의 촌락 정도로는 단체성이 강하지 않았던 조선에서는 그것이 촌락공동체의 기능을 대신하였다. 그리고 그 협동성이 동족 내에 머물렀기 때문에 양반 신분의 농업경영은 다른 계층보다도 안정성이 높았다. 이로 인해 다른 계층(양인, 노비)의 양반으로의 상승 지향을 낳았고, 양반 신분의 증가, 양인·노비 신분의 감소 경향이 계속되게 되었다.

48 중국의 서리에 해당하지만 사회적 지위는 서리보다 높았으며 향리층의 조직화도 진전하고 있었다.

49 인구 증가, 경지개발, 산업발달 등으로 목재 수요가 늘었음에도 불구하고 그것을 관리할 제도가 마련되지 않았으며, 정부가 도별 금지령을 내는 것만으로는 효과가 없었다. 18세기 말에는 많은 산이 민둥산으로 되었고, 산림 황폐화 때문에 홍수가 자주 일어나 수리시설이 파괴되거나 기능이 저하하였다. 그리하여 19세기에 농업생산력은 상당히 후퇴하였다. 李榮薰 전게, 「數量經濟史から再檢討した17~19世紀の朝鮮經濟」, 鹿児島國際大學附設地域總合硏究所, 『地域總合硏究』, 31권 2호, 2004년 3월; 須川英德 전게, 「朝鮮後期經濟史硏究の新動向」 참조.

50 李憲昶 전게, 『韓國經濟通史』, 제2장.

영훈·박이택 논문 참조). 농민의 재생산을 위해서 국가가 봄에 농량과 종자를 현물로 대여하고, 가을 수확기에 1할의 이자를 붙여 갚게 하는 제도이지만, 그 환곡제도도 19세기에 붕괴해 갔다.

중국과 조선은 같은 중앙집권국가였지만, 중국의 재정은 이미 시장을 기초로 한 재정이었으나 조선은 전국적 물류를 국가가 직접 운영·관리하는 현물재정이었다. 양자 모두 토지와 인민을 파악하는 힘은 말단에서는 약하였고, 제도권 밖의 비정규 질서가 지방을 떠받치고 있었다. 그 때문에 국가의 조세징수액은 적었다. 일본은 대조적으로 강력한 지배체제가 지방까지 관철하였고, 그것을 자립성이 강한 촌락이 떠받치고 있었다. 그 때문에 전근대국가 중에서는 매우 효과적으로 많은 조세를 징수할 수 있었다. 또 중국 재정이 화폐·상품경제에 수동적으로 대응한 데 대해 일본에서는 중앙정부가 화폐발행권을 집중해서 화폐유통량을 통제할 수 있었으며, 병농분리, 조카마치 건설, 참근교대, 고쿠다카세(주 36 참조), 상업 규제완화(樂市·樂座)와 같은 정책을 써서 적극적으로 시장을 창출하였다. 그 때문에 일본은 중국보다 상품경제의 발전 속도가 빨랐으며, 국가(막부와 번)는 그것에 대응하는 정책을 채택할 수 있었다.

재정 붕괴, 근대적 전환

중국의 재정은 19세기에 들어와 해체되기 시작하였는데, 결정적인 계기는 태평천국의 난이었다. 중앙은 태평군(太平軍)과의 전비를 그 일부라도 부담해야 하였지만, 태평군 지배지역으로부터의 중앙 상납은 끊어져 중앙재정은 파탄하였다. 새로 만들어진 이금(釐金: 일종의 국내관세)·해관세 등의 상업세가 재정의 주요 부분을 차지하게 되었으나, 이금은 중앙정부에 납입되지 않고 지방 성의 총독·순무(巡撫)에게 장악되었고, 성 재정이 중앙으로부터 자립하기 시작하였다. 게다가 청일전쟁과 의화단사건에 기인한 막대한 배상금이 재정을 압박하였다. 중국 재정은 19세기 후반에 완전히 변질·해체되었다. 토지세는 증가하는 지출의 일부밖에 감당하지 못하였고, 상업세 중심의 세제로 바뀌었으나, 그것은 지방에 장악되어 중앙재정은 차관으로 보충되어야 하였다. 지방 성은 재정적으로 자립해 갔을 뿐 아니라 제도권 밖의 기구를 만들어 중앙으로부터의 독립성을 강화하였다.

한국의 재정도 중국과 거의 같은 시기인 19세기 중기에 본격적으로 해체되었다. 소농경영의 재생산을 떠받쳐 온 환곡은 1807년의 1,000만 석을 정점으로 감소하였으며, 1840년대에 본기능을 상실하였다. 흉년의 면세지도 재정난으로 축소되어 작황과는 무관하게 되었다.[51] 중앙재정의 지세수입 감소를 보충하기 위해 상업과세가 강화되고, 그 대신에 독점권이 부여되어, 겨우 발달하기 시작한 원격지 상업이 위축·쇠퇴해 갔다. 더욱이 상업과세와 독점권 부여는 중앙정부가 아니라 왕실 및 관청·관료가 사적·개별적으로 행한 것이어서 중앙재정의 분열을 초래하고 말았다.

중국과 한국의 재정은 19세기 중기에 붕괴·분열해 갔지만, 일본의 재정은 그렇지 않았다. 이 절의 첫 부분에서 보았듯이 번이 최종적으로 폐지되는 1871년에도 약간 줄었다고는 하나 공조액은 에도시대 중기 이후의 수준을 유지하고 있었다. 이는 지조개정에도 계승되어(물론 근대적인 형식을 갖추어서), 토지세는 메이지 정부 초기 재정수입의 7~8할을 차지하였던 것이다.[52]

51 李榮薰·朴二澤 전게, 「農村 米穀市場과 全國的 市場統合: 1713-1937」, p. 29.

52 메이지유신에 의한 번체제 해체와 토지개혁에 대해서는 中村哲, 「領主制の解體と土地改革」(歷史學硏究會·日本史硏究會編, 『講座 日本歷史7 近代1』, 東京大學出版會, 1985) 참

맺음말—동북아시아 공업화에 대한 전망

거센크론은 후발국의 캐치업(catch-up)형 공업화를 연구하여 후발일수록 설비나 기업의 규모가 커지며, 소비재보다 생산재에 중점이 두어지고, 산업자금 공급도 기업의 자기 축적(영국)이 아니라 은행(독일), 더 후발이면 정부자금(러시아)이 되며, 자본주의의 유형도 달라진다고 하였다.[53] 공업화의 후발성을 단순한 시기적 후발(후진)이 아니라 선발국과의 대외적·국내적 조건의 차이 및 그에 대한 대응의 차이로 이해하고, 후발국과 선발국의 차이를 유형적인 차이로 규정한 점에서 공업화 이해에 크게 공헌하였으며, 그 영향력도 크다. 그러나 그는 주로 독일, 러시아 등 유럽 후발국에 대한 연구로부터 그러한 결론을 이끌어 냈으며, 유럽 이외의 공업화에 대해서는 관심은 있었지만 지식은 그다지 없었다.[54] 그로부터 반세기가 지난 현재 동아시아는 유럽, 미국과 비견되는 자본주의 경제권이 되었고, 그 유형적 특징이나 역사적 연구도 진전하고 있다. 그 하나로 복선적(複線的)공업화론이 있다. 종래에 일본 공업화는 정부주도의 위로부터의 공업화라는 주장이 강하였지만, 1980년대 이후에는 에도시대부터 있었던 재래형 중소공업의 발달이 평가받게 되었다.[55] 오히려 공업화 초기에는 재래

조. 또 메이지유신의 제도개혁에 대해서는 中村哲, 『明治維新』, 集英社, 1992 참조.

53 Alexander Gerchenkron, *Economic Backwardness in Historical Perspective: A Book of Essays*, Cambridge, Massachusetts: The Belknap Press of Harvard University, 1962.

54 그의 유명한 저서인 *Economic Backwardness in Historical Perspective*가 발표된 것은 1952년이므로 어쩔 수 없는 일이다. 다만 일본에 대해서는 관심이 많았던 듯하며, 그 저서의 주에서 '적어도 일본의 공업화에 대해 약간이나마 언급하여 유럽 경험의 한계를 뛰어넘는 것은 매우 바람직한 일일 것이다. 유감스럽게도 필자는 일본 경제사에 무지하여 자신의 관찰 범위를 그렇게 확대할 수 없다'고 말하였다.

55 선수를 친 것은 中村隆英, 「在來産業の發想」, 「在來産業の規模と構成」(2편 모두 中村隆英, 『明治大正期の經濟』, 東京大學出版會, 1985에 수록. 후자는 梅村又次編, 『日本經濟の発展: 近世から近代へ』[数量經濟史論集; 1], 日本經濟新聞社, 1976에 처음 수록)이었다.

형이 양적으로 압도적이었으며, 게다가 급속히 발전하고 있었던 것이다. 복선적 공업화론은 일본의 경험을 중심으로 하고 있으며, 다른 동북아시아에도 타당할 것인지는 문제가 있다. 이 장에서 서술된 동북아시아 3국의 17~19세기 경제변화의 공통성 및 차이성과 관련되는 공업화 양상을 복선적공업화의 관점에서 평가해 보자.

앞 절에서 보았듯이, 중국 국가재정은 19세기 중기 이후에 급속하게 변질·분열·해체되었다. 그 때문에 중앙정부는 재정적으로 근대화·공업화 정책을 채택할 능력이 없었다. 20세기 초의 광서신정(光緖新政)도 정책입안 단계에서는 근대적 개혁안이 만들어졌으나 거의 실행되지 못하였으며, 1911년의 신해혁명에 의해서 성립한 중앙정부도 1912년에 독자적인 재원은 1,200만 냥밖에 없었고, 1913년의 선후대차관(善後大借款) 2,500만 파운드(중앙정부의 실제 수입은 2억 5,000만 위안)에 의존해야 하였다. 공업화 정책은 오히려 재정적으로 중앙에서 자립한 양무파의 지방정부 성이 추진하였는데, 그 재원도 이금 등의 상업세여서 한계가 컸다. 그래서 비용이 매우 많이 들어 민간은 조성하기 곤란한 사회기반시설(철도·도로·선박·통신·항만·전기 등)은 본격적으로 정비할 수 없었고, 민간도 할 수 있는 근대공장 건설이 양무파 공업화 정책의 중심이었다. 신해혁명 이후의 군벌 할거를 극복하고 일단 국가통일을 달성한 난징국민정부의 세입 중 95%는 해관세·염세·통세(統稅: 물품세로서 1904년부터 이금을 대체하기 시작함. 이금과 달리 중복 부과되지 않음)와 같은 상업세였으며, 19세기 중반까지 세입의 중심이었던 토지세는 감소하였고, 나아가 1928년에 지방으로 이관되었다(이 해에 이금은 폐지됨).

한국의 재정은 한층 더 곤란하였다. 중국은 지방정부까지 포함하면 청 말에도 상업세가 증가하여 재정규모를 어느 정도 늘릴 수 있었다. 1894년의 국가재정은 8,898만 냥, 그 내용은 지정은 2,500만 냥, 해관세 2,199만 냥, 이금 1,295만 냥, 염세 1,366만 냥이었다. 한국은 1876년의 개항 이후, 정치개혁 시도는 몇 차례 있었으나 개혁파의 힘이 부족하였으며, 일본과 청의 간섭 등에 의해서 실효성 있는 개혁은 시행되지 않았다. 1894년의 갑오개혁은 거의 유일한, 상당한 실효성을 가진 개혁이었고, 재정에서도 조세금납화, 예산제도 도입, 탁지부로의 재정권 집중, 왕실재정과 국가재정의 분리 등이 시행되었다. 재정규모도 약간 증가하였지만, 1896년 세입예산은 481만 원(圓)에 불과하였으며(같은 해 일본 중앙재정의 40분의 1 정도), 1896~1904년의 평균 세출은 군사비가 31.8%로 가장 많았고, 상공부문은 2.1%에 지나지 않았다. 정책 의도가 어떻든 실제로 정부가 공업화 정책을 실시하는 것은 불가능하였다.

일본은 3국 중에서는 상당히 많은 재정자금을 공업화 정책(식산흥업)에 투입할 수 있었다. 관영공업에도 일부 배정되었지만, 압도적인 부분은 사회기반시설 정비에 배정되었다. 물론 자금 이외에 근대적 제도의 정비가 중요한데 메이지유신으로 구체제를 타도한 효과가 컸다. 1900년의 재정수입은 중앙 2억 9,300만 엔, 지방을 포함하면 4억 1,200만 엔으로 3국 중에서 가장 많았으며, 새로운 재원이 늘어나 토지세 비중은 상당히 감소하였다(1900년에 토지세는 15.8%).[56] 메이지유신 이후의 재정개혁과 경제발전으로 재정규모는 급격히 커졌고 중국·한국과의 격차는 커졌다.

요컨대 재정자금을 투입한 정부주도의 공업화, 말하자면 이식형 대공업과 근대적 사회기반시설 정비는 재정적 뒷받침이 있었던 일본만이 대규모로 시행할 수 있었으며, 그것이 없었던 중국은 미약하게밖에, 조선은 거의 시행할 수

56 石井寛治,『日本經濟史』, 제2판, 東京大學出版會, 1991, pp. 193, 195.

없었다.

서유럽 국가들과 비교하면, 근대 이전에 전제적 중앙집권국가였던 중국과 한국은 실은 지배의 말단이 농촌에까지 미치지 못하여 재정적 기반이 취약하였으며, 국가재정은 이미 세계시장에 편입되기 이전에 소농사회의 성장에 대응하지 못하고 해체되기 시작하였다. 세계시장에 편입됨으로써 해체는 가속되었고 결정적으로 되었다. 19세기 말까지 중국과 한국에서는 정부주도의 이식형 공업화는 미약하거나(중국), 거의 없었다(한국)고 할 수 있다. 거셴크론의 캐치업형 공업화 모델은 그때까지의 동북아시아에는 들어맞지 않는다. 주요인은 국가권력의 분산성(집중성의 미약함)과 미약한 농촌지배력이었다. 그런 점에서 일본은 오히려 예외였으며, 그 주요 조건은 막번체제(幕藩體制)의 강력한 지배력과 메이지유신에 의한 변혁(혁명)과 근대국가의 건설에 있었다.[57]

시기를 내려서 20세기 전반까지 포함하면, 중국은 1928년 난징국민정부가 일단 전국을 통일하였으며, 관세개정에 성공하고 관세자주권을 회복하여 재정적 기초를 다졌고, 화폐개혁에도 성공하였으며, 국내적 및 대외적으로 공업화 정책을 명확히 내세웠다.[58] 이때부터 중국에서 정부주도의 이식형 공업화가 개시되었다. 한국은 1910년에 한일병합으로 독립을 잃고 일본의 식민지가 되었지만, 일본 정부(조선총독부)의 개발주의 정책에 따라 사회기반시설 정비가 이루어졌으며, 일본 자본에 의한 이식형 공업화가 급속히 진행하게 되었다.[59]

---

57 中村哲 전게, 『明治維新』.

58 久保亨, 『戰間期中國〈自立への模索〉—關稅通貨政策と經濟發展—』, 東京大學出版會, 1999; 奧村哲, 『中國の現代史—戰爭と社會主義』, 青木書店, 1999.

59 山本有造, 『日本植民地財政史研究』, 名古屋大學出版會, 1992; 平井廣一, 『日本植民地財政史研究』, ミネルヴァ書房, 1997; 中村哲·安秉直編著, 『近代朝鮮工業化の研究』, 日本評論社, 1993(한국어판 『近代朝鮮工業化의 研究—1930~1945年—』, 一潮閣, 1993). 堀和生, 『朝鮮工業化の史的分析』, 有斐閣, 1995(한국어판 『한국근대의 공업화』, 전통과현대,

복선적공업화의 다른 한 요소는 재래적 중소공업화인데, 일본에 관해서는 이미 많은 연구가 있기 때문에 생략한다.[60] 재래형 중소공업은 일본이 가장 발달하였던 것을 전제로 중국과 한국의 특징을 요약적으로 서술한다.

중국은 20세기 전반기까지 공업화의 중심은 섬유공업 특히 면공업과 잠사업이었으며, 최근의 실증적 연구는 종래의 평가와 달리 그 발전 특히 재래적 발전이 상당하였던 것을 명확히하고 있다. 종래의 면공업 연구 중에 토포(土布) 생산의 발전에 관한 연구가 많기는 하지만, 그 연구는 주로 가오양(高陽), 바오디(寶坻), 딩시안(定縣) 등 화북 지방의, 면작을 그다지 하지 않아 토포 산업의 전통은 없으나 수입면사를 사용해서 면직물업을 급속히 발전시킨 지역에 편중되었으며, 선진지역으로서 면작과 토포 생산이 번성하였던 강남에 대한 연구가 없었다. 오히려 강남은 구식의 면작·방사(紡絲, 실잣기)·직포가 결합한 형태가 뿌리 깊게 잔존하였다고 추정되어 있었다.

그러나 최근에는 徐新吾主編, 『江南土布史』(上海社會科學院出版社, 1992)를 비롯하여 우수한 실증연구가 발표되었으며, 강남에서는 19세기 말부터 재래면업의 변화가 급속히 진행하였고, 그것을 축으로 사회·경제 전체적인 변화가 일어나고 있었던 것이 명확해지고 있다. 상하이와 그 근교, 우시(無錫), 항저우,

---

2003). 金洛年, 『日本帝國主義下の朝鮮經濟』, 東京大學出版會, 2002.

60 Johzen Takeuchi, *The Role of Labour-Intensive Sectors in Japanese Industrialization*, 1991, United Nations University Press; 中村隆英 전게, 『明治大正期の經濟』, 中村隆英編著, 『日本の經濟發展と在來産業』, 山川出版社, 1997; 谷本雅之, 『日本における在來的經濟發展と織物業一市場形成と家族經營』, 名古屋出版會, 1998; 黃完晟, 『日本都市中小工業史』, 臨川書店, 1992; 中村哲, 「日本の資本主義化と中小工業一日本資本主義形成の一特質」(後藤靖編著, 『近代日本社會と思想』, 吉川弘文館, 1992. 이후에 中村哲, 『近代東アジア史像の再構成』, 櫻井書店, 2000에 수록); 谷本雅之, 「戰間期日本における都市型輸出中小工業の歷史的位置: 「在來的經濟發展」との關聯」(中村哲編著 전게, 『近代東アジア經濟の史的構造一東アジア資本主義形成史III』. 한국어판 『근대 동아시아 경제의 역사적 구조』, 일조각, 2007에 수록) 등 참조.

닝보 등 도시 지역에서는 면직업에서 공장제수공업이나 기계제 공장이 발달하였고, 농촌에서는 주로 선대제 가내공업(자본제 가내공업)이 발달하였다는 것이다.[61] 그것을 시장으로 해서 이식형의 방적공장이 먼저 상하이 이어서 우시, 난퉁(南通) 등의 지방도시에 설립되었다. 일본에서 19세기 말부터 20세기 초에 일어난 변화와 매우 비슷한 과정이 조금 늦게 20세기 10~30년대 전반에 일어난 것이다.[62] 공장제수공업이 일본보다 발달하는 것은 중소공장에 적합한 동력인 전기의 보급이 일본에 비하면 많이 늦었기 때문이다.[63] 일본에서는 전기 보급에 의해서 선대제 가내공업에서 역직기(力織機)를 사용하는 근대공장으로 바로 이행하였다. 일본보다 불리한 조건이 많았던 강남에서도 약간 늦기는 하지만, 일본과 거의 같은 재래적 공업화가 있었다고 추정해도 좋을 것이다.[64]

---

61 강남의 이와 같은 과정에 관한 포괄적인 실증연구로 弁納才一, 『華中農村經濟と近代化』, 汲古書院, 2004.

62 예를 들면 蘇南 지방의 武進에서는 이미 19세기 초에 綿替制(면화를 농민에게 나누어 주고 다 짠 면포와 교환하는 형태의 선대제 가내공업)가 성립하였다. 1890년대 초에는 중국 최초의 근대적 방적공장인 상해기기직포국의 면사가 사용되었고, 1905년 무렵부터는 일본에서 수입면사가 들어왔으며, 지방정부 소재지에는 공장제수공업, 농촌에는 선대제 가내공업이 발달하였다. 나아가 제1차 세계대전의 호황기에 농촌 선대제 가내공업이 공장제로 이행하였고(역직기 또는 족답기를 채용), 공장제 직포업이 생산의 절반을 차지하게 되었다. 그것을 판로로 해서 武進에 常州紗廠이라는 방적공장이 현지 재계의 주요 인물을 중심으로 설립되었다(1919년 8월 발기인회, 1920년 10월 창립회, 1921년 10월 조업 개시). 또 1921년 11월에 조업한 大綸紗廠은 선대제 가내공업 경영을 기반으로 직포공장을 설립해 성공한 蔣光祖가 중심이 되었고 방적과 직포를 겸영하였다. 제3의 방적공장으로 利民紗廠이 1922년에 창립하였고, 1924년에는 조업하고 있었다. 武進에 대해서는 주로 森時彦, 「武進工業化と城郷關係」(森時彦編著, 『中國近代の都市と農村』, 京都大學人文科學研究所, 2001) 참조. 이후에 「武進工業化のプロセス」라는 제목으로 森時彦, 『中國近代綿業史の研究』, 京都大學學術出版會, 2001에 수록.

63 상하이와 장쑤성의 전력업에 대해서는 金丸裕一, 「中國「民族工業の黃金時期」と電力産業―1879~1924年の上海市·江蘇省を中心に―」, 『アジア研究』, 39권 4호, 1993년 8월; 同 「江北における電力産業の成長―「企業城下町(Kigyo-Jokamachi)」南通のケース―」, 『帝京史學』, 9호, 1994년 1월 참조.

64 잠사업에 대해서는 奧村哲, 『中國の資本主義と社會主義―近現代史像の再構成』, 櫻井

한국에서는 농가부업으로서의 재래 면공업은 광범하게 존재하였지만, 그것은 자급적인 농가 가내공업이 중심이었다. 면포는 쌀 다음 가는 상품이었지만 농가 잉여의 판매여서 선대제 가내공업이 성립하지 않았다. 개항 이후에는 일본이나 중국과 마찬가지로 재래 면직업은 수입면사를 상당히 많이 사용하게 되었지만, 그것은 농가의 자급적인 면직업에서 주로 사용되었고,[65] 수입면사를 이용해서 상품생산을 하였던 중국, 일본과 달랐다. 1910년대부터 도시에서 공장제수공업 형태의 면직업이 약간 나타났으나 단명하였고, 1930년대에도 한국인 경영의 기계제 면직공장은 매우 적었다.[66] 한국에서는 재래적 공업화가 거의 없었다. 다만, 식민지기에 한국인 경영의 중소공장은 급격히 발전하여 일본인 경영의 중소공장을 상회하게 되었다.[67] 그 공장들의 대부분은 재래의 농가 가내공업이나 도시 수공업에서 발전한 것이 아니고 식민지기에 새로이 성립된 것이었지만, 식민지라는, 일본인보다 상대적으로 불리한 조건하에서 이룬 그러한 발전은 한국이 이미 그 이전에 소농사회 단계에 있었던 것을 기반으로 하였다고 생각할 수 있다.

재래형 공업화는 19세기 말까지를 들면 동북아시아 3국 중에서는 일본뿐

書店, 2004; 曾田三郎, 『中國近代製絲業史の硏究』, 汲古書院, 1994; 楊纓, 『開港と江浙蠶絲市場ー近代中國の世界市場への統合過程をめぐってー』, 東京都立大學博士學位論文, 2004 참조.

65 高村直助, 「近代日本綿業と韓國」, 『朝鮮文化硏究』, 1호, 1994년 3월.

66 安秉直, 「戰前東アジアの在來綿業ー中國·日本·朝鮮の比較分析ー」(堀和生·中村哲編著, 『日本資本主義と朝鮮·臺灣』, 京都大學學術出版會, 2004. 한국어판 『일본제국주의와 한국·대만ー제국주의하의 경제변동』, 전통과현대, 2007. 대만판 『日本帝國主義與韓國·臺灣ー帝國主義下的經濟變動』, 臺灣·博揚文化事業有限公司, 2010).

67 許粹烈, 「日本帝國主義下朝鮮人工場の動態ー1930年代『朝鮮工場名簿』の分析を中心に」(中村哲·安秉直編著 전게, 『近代朝鮮工業化の硏究』). 1930년에 2,233개, 1938년에 3,963개였던, 한국인 경영의 직공 5명 이상 공장 가운데 면직공장은 1930년에 14개, 1938년에 23개에 불과하였다(같은 논문, pp. 128~129).

이었지만, 20세기 전반에는 중국에서 광범하게 전개되었고, 한국에서는 재래적은 아니지만 중소공업이 새롭게 광범하게 형성되었다.[68]

68 소농사회가 형성되고, 그 속에서 중소영세공업이 형성된다. 구미 이외 지역의 후발형 자본주의의 형성에는 국가나 외국자본(때로는 국내 대자본)에 의한 위로부터의 이식형 공업만으로는 충분하지 않고, 그와 함께 재래형 중소영세공업의 광범한 형성 및 양자의 연관이 필요하다는 것이 나의 가설이다. 그리고 그것이 실현된 것은 동아시아(특히 동북아시아)이고, 그 조건이 결여되거나 불충분한 다른 지역은 자본주의의 형성·발달이 순조롭지 않다는 가설이다. 예를 들면 라틴아메리카의 자본주의 형성은 상당히 옛날부터 시작하였고 동아시아보다 일렀지만, 그 속도는 동아시아보다 늦고 순조롭지도 않다. 그 중요한 원인은, 라틴아메리카 농업은 대토지 소유·대경영(라티푼디오)과 경영 자립성이 약한 영세경영(미니푼디오)이 지배적이며, 영세경영이 대경영에 노동력을 제공한다는 상호의존관계가 있어서 자립적 소농의 형성이 약한 것이다. 그로 인해 소농사회가 성립하지 않고, 중소영세공업의 발달수준이 낮아진다(주 60의 中村哲, 「日本の資本主義化と中小工業—日本資本主義形成の一特質」).

08

'원축(源蓄)국가'의 부재—서유럽과의 결정적 차이

머리말

최근 20년 정도에 동아시아 경제사 연구는 매우 진전하였다. 실증수준도 높아졌지만, 더 큰 것은 연구시각 및 관심의 변화이다. 그 배경은 20세기 후반부터 시작된 동아시아 경제의 급속한 발전이다. 그 이전에는 동아시아 경제의 정체성과 후진성만이 관심을 끌었지만(선진의 구미와 정체·후진의 아시아라는 구도), 동아시아 경제의 눈부신 성장에 의해서 지금까지와는 달리 동아시아 경제가 왜 그리고 어떻게 발전하였는가에 관심이 기울여지게 된 것이다.

최근에는 구미의 연구자 중에서도 동아시아 경제발전에 주목하고, 그 역사적 성장과정을 평가하는 연구가 나오고 있다. E. L. 존스,[1] K. 포메란츠[2] 등이 대표적이다.

이 장의 방법은 비교사 특히 국제비교를 중시한다. 첫째로 동북아시아 3국(중국·일본·한국)을 비교한다. 둘째로 수량화된 자료를 되도록 많이 이용한다. 구미 경제사에 비해서 수량적 연구가 뒤처져 있었지만, 우선 일본 경제사 분야에서 연구가 진전되었으며, 최근에는 중국과 한국 경제사에서도 수량적 연구가 진전되었다. 드디어 중국·일본·한국의 수량적 비교가 불충분하나마 가능하게 되었다. 그리고 수량으로 표시되지 않는 구조적인 분석을 더하는데, 정량

---

1 エリック·L·ジョーンズ(安場保吉譯),「環境, 國家と經濟發展―ヨーロッパとアジアの比較史」,『社會經濟史學』, 67-2, 2001년 7월(社會經濟史學會 69회 대회[2000년 10월 21일] 특별강연의 개고); Eric Lionel Jones, *Growth Recurring: Economic Change in World History*, Oxford, Oxford University Press, 1988(天野雅敏·重富公生·小瀨一·北原聰譯,『經濟成長の世界史』, 名古屋大學出版會, 2007).

2 ケネス·ポメランツ(杉原薰·西村雄志譯),「比較經濟史の再檢討―'東アジア型發展經路'の概念的, 歷史的, 政治的含意」,『社會經濟史學』, 68-6, 2003년 3월; K. Pomeranz, *The Great Divergence: China, Europe, and the Making of the Modern World Economy*, Princeton, NJ: Princeton University Press, 2000.

적 분석과 정성적 분석을 조합하기 위해서이다. 셋째로 동북아시아와 서유럽을 비교한다. 이것은 세계사적으로 보아서 현재까지 이 두 지역이 전근대사회의 기반 위에서 근대자본주의 사회로 발전·변화한 지역이기 때문이며, 경제사 연구의 실증수준이 다른 지역보다 높기 때문이다. 그 이외의 지역을 더할 필요가 있지만 거기까지는 힘이 미치지 않는다.

동북아시아의 자본주의 형성사에 관한 나의 연구는 ① 소농사회(小農社會)론, ② 복선적(複線的)공업화론, ③ 자본주의 성립에서의 국가 역할이지만, 오늘은 시간이 제한되어 있기 때문에 이 세 문제를 거론하면, 설명이 불충분하게 되어 버린다. 그리하여 나의 연구에서 가장 새롭고 아직 불충분한 ③에 한정하고 싶다.[3]

이 세 분야는 병렬적인 관계는 아니고 중층적인 관계에 있다. 일반적으로 말해서 경제구조는 중층적 구성으로 되는데, 동아시아의 자본주의 형성은 우선 소농사회가 형성되고, 그것을 기반으로 해서 농촌공업과 재래적 공업화가 일어나고, 그 위에 국가정책과 재정에 의해 사회기반시설 정비 및 대공업(공장제)의 도입이 이루어져서 복선적공업화가 성립하고 발전한다. 물론 이것은 시계열적이기도 하다. 이 3자가 갖추어져서 비로소 동아시아자본주의의 형성이 본격화하는 것이다.

서유럽 국가들은, 나라별 차이는 물론 상당하지만, 동북아시아 국가들과 비교하면 그 차이가 적으며, 동북아시아와의 대비에서는 하나의 유형으로 다룰 수 있다. 그에 비하면 동북아시아 3국의 차이는 서유럽 국가들 사이의 차이보

---

3 이 장은 2007년 1월 6일 京都民科歷史部會와 東アジア地域硏究會가 공동주최하여 龍谷大學 深草學舍에서 열린 심포지엄 '동아시아자본주의의 역사구조'에서의 보고를 문장화한 것이다.

다 크며, 특히 국가와 재정은 하나의 유형으로 다룰 수 없다고 생각된다.

1. 동북아시아 3국(중국 · 일본 · 한국)의 국가재정 (17~19세기)

일본의 17~19세기 재정(幕藩體制와 메이지정부)

일본 에도시대(1600~1867)의 재정은 중앙정부인 막부에 관해서 1686년 이후는 어느 정도 알 수 있다. 그러나 그 대부분은 최대 영주로서의 재정이다. 전국 지배 경비(예를 들면 성곽 건설·수리, 큰 하천의 치수공사, 주요 도로의 건설·유지 등)의 상당 부분을 지방정부인 번(藩)에 부담시켰으며, 로쥬(老中), 지샤부교(寺社奉行) 등의 막부 고관은 후다이다이묘(譜代大名. 도쿠가와 전국통일 이전부터의 가신 출신의 다이묘) 중에서 임명되어 그 번들의 부담이 상당하였다. 막부의 전국 지배 경비를 포함하는 중앙재정은 현재는 알 수 없다. 앞으로의 중요한 연구과제이다.

또 전국이 약 260 정도(초기에는 적어서 200 이하, 말기에는 300 가까이 되지만, 증가한 것은 소규모 번이다)의 번으로 나뉘어 있었고, 그 재정은 독립적이었기 때문에 전모는 분명하지 않으며, 전국의 공조액(貢租額. 제7장 주 37 참조)을 알 수 있는 것은 번이 폐지되고 중앙정부의 전국 지배가 완성되는 1871년부터 1874년까지의 4년뿐이다.[4] 1871년의 전국 공조액은 쌀로 표시해서 1,255만 석, 이것

4 1871년 7월에 廢藩置縣이 행해졌으며, 조세징수권도 중앙정부로 옮겨졌다. 이후 地租改正까지는 중앙정부의 지방통치능력이 약하였으며, 농민의 조세경감 요구에 눌려 지조는 매

은 부가세나 무라(村. 농촌 동리)의 경비 등은 포함하지 않는다. 1870년의 인구는 3,440만 명으로 인구 1인당 0.362석이다. 그런데 쌀로 환산한 농업생산액은 6,000만 석 정도로 추정되므로 공조율은 21%로 된다. GDP에 대한 비율은 그것보다 훨씬 낮아서 10% 정도 아닐까? 그러나 지방세나 부가세를 포함하면 약간 높아질 것이다. 매우 대략적인 추측이지만, 일본의 근대국가 성립 당시의 재정규모는 GDP에 대한 비율로는 서유럽 국가들과 비슷하여 국제적으로도 꽤 높은 재정력을 가지고 있었다고 말할 수 있을 것이다. 서유럽 대국과 비교하면, 재정의 절대적 규모는 작았다.

에도시대의 공조액은 명확하지 않지만, 판명된 번의 사례에서 어느 정도의 경향은 알 수 있다. 17세기에는 공조율이 상당히 높고 변동이 컸다. 도요토미 히데요시는 1586년에 수확의 3분의 2를 영주 몫으로 하였다.[5] 에도시대는 일반적으로 5공5민(五公五民)이라고 일컬어졌으니 공조율이 5할이지만, 기준이 되는 고쿠다카(石高: 제7장 주 36 참조)는 실수확량보다 상당히 적었고 시대가 내려갈수록 그 차이가 커졌으며, 검견(檢見)하여 고쿠다카(혹은 경지면적)에서 상당히 공제된 값에 공조가 부과되었기 때문에 실제공조율은 공칭공조율보다 많이 낮아졌다. 참고로 지조개정(地租改定. 일본의 토지조사사업)의 지조는 수확의 25.5%였다(토지세가 지가의 3%인 경우이며, 1877년에 지가의 2.5%로 낮아지자 21.25%로 하락). 이때의 수확도 실수확량보다 적지만, 그래도 5공5민의 절반 비율이었다. 17

년 감소하였다.

5 1595년의, 도쿠가와 이에야쓰 외 다섯 다이묘가 연서한 규정에 '천하의 영지에 대해서는 수확을 조사한 후에 3분의 2는 조세징수권자, 3분의 1은 백성이 취할 것'이라고 되어 있듯이, 수확의 3분의 2를 영주 몫으로 하는 것은 전국적인 원칙이었다. 이것은 太閤檢地가 행해진 위에 그해의 수확을 조사하여 수확의 3분의 2를 영주가 취하는 것이어서 그 정확도는 전근대에서는 상당히 높았다고 보아도 좋다. 물론 실제로는 3분의 2보다 적었겠지만, 전근대의 세계에서는 드물게 보이는 높은 수준이었다.

세기 말·18세기 초 무렵부터 공조율의 변동은 작아졌으며 고정화되어 갔다. 실수확량은 늘어갔기 때문에 실제공조율은 경향적으로 하락하였다. 이상은 일반적인 경향으로 번에 따른 차이는 상당히 컸다.

17~18세기의 서유럽과 비교하면, 막번체제(幕藩體制)는 압도적으로 직접세 중심이었으며,[6] 그것도 지세에 의존하였다. 중국은 간접세가 많았다.[7] 에도시대에는 상공업자와 금융업자에 대한 과세가 매우 가벼웠다. 후기에는 막부의 임시부과금, 번의 전매제,[8] 한사츠(藩札: 번 내에서 강제통용력을 가지는 지폐) 가치하락 등의 부담이 있었지만, 농업과세에 비하면 훨씬 가벼웠다고 할 수 있다.

일본의 근세 초기(16세기 말·17세기 초)는 세계적으로도 드물게 극히 무거운 지세를 농민이 부담하고 있었다고 할 수 있다. 그러면 왜 그 정도로 지세가 무거웠던 것일까? 또 그것은 어떻게 해서 가능하였던 것일까? 예전에는 전근대 혹은 봉건제는 심한 중세(重稅)였다고 간주하였지만, 그것은 근대주의적 입장에 선 봉건제 비판의 이데올로기였고, 실제는 근현대에 비하면 오히려 세금이 가벼웠다. 징세기구가 불충분하여 징세능력이 낮았으며, 유통과 운수가 발달

6 일반적으로는 貢租를 봉건지대라고 하지만, 그중에는 국가적 조세가 상당히 포함되어 있다. 중국·한국과 비교하기 위해서도 조세로 표현한다.

7 중국은 송 시대에는 간접세(소금·술·차의 전매와 상업세)가 많았지만, 명청 시대에는 직접세가 중심으로 되었다. 그러나 간접세도 상당히 많았다. 한국은 직접세가 압도적이었으며, 그 점에서 일본과 공통되지만, 18세기 중반까지는 신역과 공물(지방 특산물)이 상당히 많았다. 하지만 일본은 17세기 후반부터는 거의 지세였다. 또 한국은 18세기에는 농민의 재생산 유지를 목적으로 하는 환곡의 이자가 재정수입의 큰 부분을 차지하였다. 일본에는 흉년에 농민의 재생산 유지를 위한 구휼미 등은 있었지만 그 양은 적었으며, 막부와 번의 재정에서는 순수한 지출이었다.

8 에도시대의 전매제라고 불리고 있는 제도 중에는 유통을 통제하고 과세하는 방식이 상당히 많았으며, 특히 후기에 많아졌다. 이것은 서유럽에서는 조세에 포함되어 있는 일이 많았다. 서유럽에서는 조세(간접세)에 포함되는 것을 일본은 전매로 분류하고 있던 것이어서 에도시대의 전매제 내용에 대해서 재검토할 필요가 있다.

하지 않았기 때문이다. 또 근대와 달리 지배자의 수요를 채우는 것이 목적이었는데, 상품경제가 발달하지 않은 상태에서는 지배자의 욕망도 크지 않았다.

영주 재정이 급격히 팽창한 것은 전국시대(戰國時代. 대체로 15세기 후반부터 16세기 후반까지)인데, 다이묘는 막대한 전쟁비용 때문에 영국(領國)에 대한 지배력을 높였으며 권력을 집중시켰다. 막부와 번의 재정지출 중에서 최대 부분은 가신단에 대한 녹미(祿米)였다. 근세 초기까지는 전쟁에 대비하여 되도록 강력한 가신단을 거느릴 필요가 있었는데, 그 필요가 없어진 뒤에도 영국 통치의 필요를 훨씬 넘는 가신단을 거느렸기 때문이다. 다이묘의 경우는 그것에 더하여 참근교대(參勤交代. 다이묘가 교대로 에도에서 근무해야 했던 제도) 경비가 있었다. 말하자면, 전국시대에 중세가 실현되었고 에도시대에도 그것이 계속되었던 것이다. 이것은 중국·한국과 일본의 큰 차이이며, 서유럽과 유사한 면이 있다. 그런데 극히 무거운 지세에도 불구하고 백성이 그것을 부담할 수 있었고, 나아가서 전국시대와 근세 초기에 농업생산이 급속히 발전한 것은 무엇 때문일까라는 문제가 남는다. 조세부담의 경중이 경제에 미치는 영향은 직접적이지는 않다. 현재도 북유럽은 극히 중세이지만, 경제에 마이너스 효과만 미치는 것은 아니다. 조세 용도와 징세 효율, 나아가서 정당성이 문제이지만, 그 점은 여기에서는 언급하지 않는다. 그러나 막부와 번은 중국·한국의 전제국가와 비교하면 사회기반시설 정비나 경지개발 등에 대한 지출을 많이 하였다고 할 수 있다. 서유럽 국가들과 비교해도 마찬가지로 말할 수 있을 것이다.

중국의 17~19세기 재정

중국은 중앙집권국가이지만 사회에 대한 국가의 통치능력은 상당히 낮았다. 재정력을 보면, 1812년의 세입액은 4,014만 냥(지세·인두세·잡세·염세·관세의 합계), 미가는 1석에 은 2냥 정도였으며, 중국 석은 일본 석의 절반 남짓이므로 일본 석으로 약 1,000만 석이었고, 일본의 공조수입 총액보다 적었다. 1811년의 중국 인구는 3억 5,860만 명이었으므로 중국의 1인당 세부담은 0.028석으로 일본의 13분의 1에 지나지 않았다. 농업생산액은 우청밍(吳承明) 씨의 추정에서는 가내부업을 포함해서 19세기 전반에 18~19억 냥이므로 부담률은 1.3%로 극히 가벼웠다. 중국은 비정규 부담이 많아서 정규 부담과 같은 정도였다고 하므로 실질부담률은 그 두 배로서 2.6%로 되고, 1인당 부담은 일본의 6.5분의 1로 되지만, 그래도 세금이 가벼운 점에 변함은 없다. 앵거스 매디슨의 추계에 의한 1820년 1인당 소득, 중국 600달러와 일본 669달러(1990년 국제달러 표시)를 사용하면, 실질부담률은 일본의 5.7분의 1이다.[9]

중국의 관료제는 상층부에서는 정비·발달되어 있었으며, 또 시대가 경과함에 따라 발달하였지만, 사회와 접촉하는 하층부에서는 극히 약하였으며, 그것을 지탱하는 지역사회의 조직화도 약하였다. 이 경향은 명청 시대에도 바뀌지 않았으며, 예를 들면 촌락공동체나 동업조합은 일본과 비교해서 훨씬 덜 발달하였다. 중앙으로부터의 관료 파견은 현(縣) 수준에서 멈추었으며, 그 아래의 납세조직인 이갑제도 청 시대에는 이미 해체되었다. 그것을 대신해서 징세실무를 담당하는 비공식 제도인 서리(胥吏)가 발달하였으며, 징세청부(抱攬)가 행해지게 되었고 국가의 징세능력은 점점 낮아졌다.

9 E. L. Jones 전게, 『經濟成長の世界史』는 명청 시대에 국민생산의 8%를 넘는 일은 없었다고 하며(p. 133), 그것을 낮게 평가하지만, 실은 이 수치는 지나치게 높은 것이다. 또한 이 수치는 Albert Feuerwerker, 'The State and the Economy in Late Imperial China'(*Theory and Society*, vol. 13, May 1984)에 의하고 있다.

명 말의 일조편법으로부터 18세기의 지정은제에 걸쳐서 국가재정은 대부분 은본위로 행해지게 되었다. 17~19세기에 은 가격은 장기적으로 하락세였기 때문에 정부수입은 실질적으로 상당히 감소하였다. 은은 주로 해외무역을 통해 반입된 것이어서 국가가 주조권을 장악하고 있던 동전[10]과 달리 국가가 유통량이나 가격을 조절할 수 없었다. 명청 정부는 은화를 발행하지 않았기 때문에 은은 소재가치 그대로 유통되었다(청말에 양무파의 일부 지방정부가 은화를 발행하였다). 청은 정복왕조였으며, 명 시대까지 재정지출의 중심을 차지하고 있던 북쪽 변경 수비를 위한 군사비가 대폭 감소하였다.[11] 재정규모가 수입과 지출 양쪽 모두 상당히 줄어든 것이었다.

한국의 17~19세기 재정

조선시대는 중앙집권적 전제국가라는 점에서는 중국과 공통되지만, 그 양상은 상당히 달랐다. 가장 큰 차이는 실물재정 중심이었던 것이다. 중국도 송 시대까지는 실물재정 중심이었으며, 국가가 재정을 유지하기 위해서 거대한 재정물류(財政物流)를 전국적으로 조직하고 있었는데, 조선은 그것과 기본적으로 같은 유형의 재정이었다. 단지 그 규모는 훨씬 작았다. 그리고 전국적 물류의 중심은 재정물류였지 상품유통은 아니었다(중국사 연구자 특히 구미의 중국사 연구자는 재정물류를 상품유통으로 오해하는 일이 많으며, 그것이 중국 상품경제의 발달

10 중국에서 실제로 유통된 동전은 국가 주조의 良貨는 아니었으며, 私鑄 동전이 많았지만 국가 주조의 동전이 기준통화였다.

11 중국 역대 왕조의 재정지출에서 가장 비중이 큰 것은 군사비였으며, 그 태반은 북방 기마민족의 침입을 방어하기 위한 비용이었다. 청은 북방민족이 중국을 정복하여 성립한 국가였기 때문에 한민족 왕조처럼 북쪽 변경을 수비할 필요는 없었다.

정도를 과대평가하게 되는 하나의 원인이다).

조선 전기(15~16세기)의 세제는 전세(地稅), 신역, 공납(지방 특산물을 현물로 징수)이라는 세 축으로 이루어졌는데, 1608~1708년에 서서히 대동법을 시행하여 공납을 지세로 전환하였으며, 1750년에는 신역 중에서 특히 과중하였던 군역의 부담을 1인당 군포(면포) 2필에서 1필로 줄였다. 그에 따른 재정수입 감소를 보충하기 위해서 경지 1결[12]당 쌀 2두를 결작미(結作米)라는 명칭으로 징수하였다. 이렇게 해서 18세기 중반에는 농민의 세부담은 대부분 지세로 통일되었다. 중앙관료의 지방 파견은 군·현까지였으며, 촌락의 자율성도 일본만큼 강하지 않았기 때문에 전세와 신역을 징수하기 위해서 8결을 단위로 하는 인공적인 징세조직(八結作夫制)이 만들어졌다. 인공적 징세조직이 위로부터 설정된 것은 중국과 마찬가지였다. 한편, 에도시대의 일본은 촌락이 납세를 책임졌다(村請制). 조선도 중국과 마찬가지로 지방통치조직은 약하였고, 특히 말단이 약하였는데, 비공식적 향촌 지배기구인 양반지주의 유향소와 그 하위에 있던 향리[13]가 그것을 보완하였다. 중국에서도 명청 시대에는 은퇴해서 고향에 돌아간 전직 관료나 관료의 일족이 지방에서 세력을 키웠지만(鄕紳), 유향소와 같은 제도화된 조직은 없었으며, 조선의 재지양반(在地兩班)과 같은 힘은 없었다.

18세기의 국가세입은 쌀로 환산해 192만 석(지세 46%, 환곡 이자 36%, 身役價 16%)이었으며, 조선시대 석은 일본 석의 절반이므로 일본 석으로 환산하면 96만 석이었다. 1760년대의 총생산량을 추계한 다음 쌀로 환산하면 2,537만 석이

---

12 한국의 경지면적 단위로서 지목(논과 밭)과 토지생산성에 따라서 면적이 다르기는 하지만 대체로 2~3헥타르 정도.

13 중국의 서리에 해당하며 향촌에서 지배 실무에 종사하는 비정규 하급관리·서리보다 사회적 지위가 높았으며, 계층으로서의 조직도 가지고 있었다.

었으므로 담세율은 3.8%로 된다. 1800년의 추계인구 1,650만 명으로 나누면 1인당 부담액은 0.058석으로 일본의 1인당 부담액의 6분의 1에 지나지 않았다. 조선에도 비정규 과세가 상당히 많았다고 생각되지만, 그것이 전체적으로 어느 정도였는가는 알 수 없다. 비정규 과세를 더해도 일본보다 세금이 많이 가벼웠음에 틀림없다. 참고로 식민지 초기(1910~1918)에 일본의 지조개정과 기본적으로 동일한 근대적 토지개혁인 토지조사사업이 행해졌지만, 그것에 의한 지세는 법정수확량의 3.9%여서 조선 말기보다 약간의 증세였다. 지조개정에서는 앞에서 서술한 대로 지세가 법정수확량의 25.5%였으므로 법정수확량을 기준으로 하면, 지세율은 일본의 6.5분의 1이었다. 조선 말기에는 그보다 더 적었을 것이다.

한국은 17세기 중기 이후 18세기까지 경제가 상당히 발전하였으며, 소농사회가 성립하였다. 국가재정도 18세기 말까지는 건전하게 운영되고 있었지만, 19세기에 들어가 해체되기 시작하였다.

무갈시대(16~18세기)의 인도

동북아시아 중국·한국의 전근대 전제국가는 에도시대의 일본이나 18세기의 서유럽 국가들보다 세금이 많이 가벼웠다. 그러나 전근대 전제국가의 세금이 일반적으로 가벼웠던가는 더 검토할 필요가 있다. 예를 들면 인도나 서아시아의 전근대 전제국가는 중국·한국과는 서로 다를 가능성이 있다. 인도 무갈시대에 관한 곤도 오사무(近藤治) 씨의 연구[14]에 따르면 16세기 악바르 시기에 행해진, 토지측량과 과세표에 기초한 지세사정법(地稅查定法)이 그 후 고정화되

14 近藤治, 「ムガル朝時代における土地制度の變遷」(近藤治, 『ムガル朝インド史の研究』, 京都大學學術出版會, 2003).

었으며, 지세는 17세기 후반 이후에는 태반이 촌 단위로 부과되는 정액지세 또는 정률지세로 되었다. 양자 모두 과세율은 수확량의 5할이 일반적이었다(3분의 1인 경우도 있다). 그런데 경지면적과 수확량은 16세기 말에 고정되어 17·18세기에는 실제와는 상당히 달랐다. 징세관은 말단 지방행정구인 군에 주재하며 관할하는 촌의 지세액을 결정하였지만, 군에는 다수의 촌이 속해 있었고,[15] 징세관이 각 촌의 수확량을 정확하게 파악할 수 없어서 실제로는 지역 유력자(영주 또는 지주)인 군장(郡長)·군서기·촌장·촌서기와 협의 및 교섭해서 결정하였다. 따라서 실제 세율은 5할보다 상당히 낮았을 것이다. 앵거스 매디슨의 연구[16]에서는 17세기에 국가의 조세수입 총액은 GDP의 15~18%였으며 주로 지세였다.[17] 이 추계를 신뢰하면, 무갈시대의 실질과세율은 상당히 높았던 것으로 된다.[18] 같은 시기의 중국과 한국보다 매우 높으며 일본에 가깝다. 무갈시대의 인도는 촌락공동체가 발달하였으며, 영주제도 존재하여 영주의 중앙정부에 대한 자립성도 어느 정도(에도시대의 藩 정도는 아니지만) 있었던 듯하므로, 전제국가체제이기는 하지만 지배의 말단과 농촌사회의 연관은 중국이나 한국보다 강하였

15 지방행정 단위는 주－현－군이며, 아그라주가 악바르기(16세기 후반)에 13현, 203군이었고, 아우랑제브기(17세기 후반·18세기 초)에 30,180촌이었으므로 1군은 평균 150촌 정도였다고 추정할 수 있다. 1촌의 호수는 수십에서 백수십 정도였다.

16 Angus Maddison, *Class structure and economic growth: India and Pakistan since the Moghuls*, New York: Norton, 1971(E. L. Jones, *European Miracle: Environment, economies and geopolitics in the history of Europe and Asia*, Cambridge University Press, 1981[安元稔·脇村孝平譯,『ヨーロッパの奇跡―環境·經濟·地政の比較史―』, 名古屋大學出版會, 2000, p. 203]에서 재인용).

17 E. L. Jones 전게,『經濟成長の世界史』에는 국민생산의 33~50%라고 되어 있다(p. 132). 이것은 레이 초드리의 연구에 의하지만, 앞에서 서술하였듯이 공식적인 원칙이어서 실제와는 크게 달랐다.

18 일본의 추계보다 정밀도가 많이 낮다고 생각되므로 일본과 직접 비교하지 않는 쪽이 좋다.

을 가능성이 있다. 단지 무갈시대의 실증연구 수준이 동북아시아 3국보다 낮다고 생각되며, 나의 지식이 부족하기 때문에 더 검토할 필요가 있다.

2. 서유럽 국가재정(16~18세기)

서유럽 국가들 중에서 자료가 가장 잘 갖추어져 있는 국가는 영국(잉글랜드 때로는 브리튼)이므로 영국을 중심으로 살펴본다.[19]

영국의 정부수입은 GDP 비율로 1558년 엘리자베스 치하로부터 1620년대까지 평시에는 2%를 넘지 않았으며, 전시에도 4%를 넘지 않았다. 그것이 1640년대(시민혁명기)에 6%, 1690년대(명예혁명 직후의 9년전쟁기)에 10%에 달하였고, 그 후 그 수준을 유지하였으며(스페인 계승전쟁), 18세기 중반부터 더 증가하였고(오스트리아 계승전쟁, 7년전쟁, 미국독립전쟁), 19세기 들어 17~19%에 이르렀으며(나폴레옹전쟁), 그 후 하락하여 1850년에 10.6%(연합왕국의 값)였다. 이것은 중앙정부의 수입이며, 지방에서 징수·지출된 것은 포함하지 않는데, 후자는 불분명하다. 영국은 15세기 중반부터 17세기 말까지 유럽의 대규모 국제분쟁에 관여하지 않았기 때문에 국가지출이 상대적으로 적었다. 스페인과 프랑스는 16세기부터 국가지출이 증가하였으며(주로 대외전쟁 비용), 관료제[20]가 발달하였다.

---

19 영국에 대해서는 주로 M. J. Braddick, *The Nerves of State: Taxation and the Financing of the English State, 1558-1714*, Unwin Hyman, 1989(酒井重喜譯, 『イギリスにおける租税國家の成立』, ミネルヴァ書房, 2000) 및 John Brewer, *The Sinews of Power: War and the English State 1688-1783*, Manchester U.P., 1996(大久保桂子譯, 『財政=軍事國家の衝撃—戰爭·カネ·イギリス國家 1688-1783』, 名古屋大學出版會, 2003)에 의한다.

20 서유럽의 절대왕정기에 발달한 관료제는 근대관료제나 동북아시아의 전근대 관료제와 매우 다르다. 가장 큰 차이는 관료의 증가에서 매관의 비중이 컸으며, 매관수입이 국가

지출 면에서의 이 급격한 증가는 대부분 전쟁과 군비(군대와 병기·군량·말먹이)에 사용되었다. 17세기 중반은 내전이었지만 17세기 말 이후는 외전이었다. 왕실비나 행정비도 증가하였으나 군사비에 비하면 아주 적었다. 행정비는 인건비가 대부분이었으며 공공투자에 해당하는 것은 거의 없었다. 그것은 왕실비에도 없었다. 공공투자는 아마도 지방에서 징수·지출된 것에 포함되어 있었을 것이다. 그 외에 큰 영주나 지주가 부담하고 있었다고 생각된다.

수입 면에서 큰 변화는 처음에는 국왕 수입의 감소였다. 1558~1603년에는 여전히 평균 28.8%를 차지하였지만, 특히 1640년대에 격감하여 1640년대 말 이후는 5% 이하로 되었다. 내전에서 의회파가 승리하고 국가재정권은 국왕으로부터 의회로 이동하였다.[21] 그리하여 국가의 재정기반이 현격히 강화되었으며, 의회에 의한 조세징수가 급증하였다. 그것은 증가하는 군사비를 마련하기 위해서였다.

나아가서 1689년부터 국채가 발행되기 시작하였고 국가의 차입능력이 현격히 향상되었는데, 그것도 안정된 조세수입이 국채의 이자지불과 상환을 확실하게 보증하였기 때문이다. 거액의 국채발행은 영국의 금융업 발달을 기반으로

재정수입으로 된 것인데, 반대로 그 관료에 대한 급부(급여·특권 등)가 지출 증가 요인으로 되었다. 또 관료제의 비능률을 낳았다. 영국은 스페인, 프랑스 등보다 관료제의 발달이 늦었기 때문에 도리어 비효율적이고 비용이 드는 관료제가 없었으며, 그것이 18세기에 영국의 유리한 조건이었다.

21 국왕 수입이 감소하는 것은 王領地 매각이 큰 이유이다. 내전에서 왕당파가 패배한 원인의 하나는 매각할 만한 왕령지가 이미 거의 없었던 것이다. 또 국왕만이 아니고 귀족(영주)의 영지 매각이 일반화되어 있었으며, 그것을 구입해서 부르주아가 새로운 귀족으로 되는 일도 많았다. 뒤에 서술하듯이 이것이 봉건적 토지영유가 근대적 토지사유로 바뀌어 가는 조건으로 된다. 동북아시아에서는 중국과 한국은 중앙집권적 전제국가여서 어떤 토지의 조세징수권이 사유화되는 것에 의해 그 토지에 대한 권리가 근대적 토지사유권으로 바뀌는 일은 없었으며, 일본은 메이지유신에 의해서 영유권이 국가에 흡수되었기 때문에 영유권이 토지사유권으로 바뀌는 일은 없었다.

한 것은 물론이지만, 거액의 국채발행과 그 소화는 금융업 발달을 촉진한 최대의 요인이기도 하였다. 그리하여 영국의 거대한 금융자본이 형성되었다. 국가채무는 18세기에 급증하였으며, 9년전쟁이 끝난 시점에 1,670만 파운드, 1720년의 금융공황(남해거품사건) 시에 5,000만 파운드, 1748년 7,600만 파운드, 1775년 1억 3,100만 파운드, 1783년 2억 4,500만 파운드였다. 이것은 세수 총액의 20년분에 가까운 금액이었으며, 미국독립전쟁이 끝난 해에는 이자 지불이 세수 총액의 66%에 이르렀다.

수입액은 18세기에 토지세·소비세·관세가 세수의 9할을 차지하였지만, 그 명세를 보면, 17세기 말부터 18세기 초기에 4~5할을 차지한 토지세는 경향적으로 저하하여 말기에는 20%로 되었다. 그것을 대신해서 소비세가 증가하여 1730년대 이후에 5할을 차지하였으며, 관세는 25~30% 정도였다. 요컨대, 18세기에 영국의 조세는 간접세 중심으로 되었다. 서유럽 주요국은 같은 시기에 모두 토지세와 국제무역·국내제품에 대한 간접세를 조합한 구조로 되었다. 18세기 후반에 잉글랜드 정부수입의 75%는 간접세였으며, 프로이센과 네덜란드도 마찬가지로 관세와 물품세에 대한 의존율이 높았다. 직접세가 많았다고 하는 프랑스에서도 세수의 과반은 간접세였다. 중국·일본·한국·인도가 토지세 중심이었던 것과는 대조적이다.

조세징수 면에서는 영국은 중앙정부의 지방통치력이 약하였고, 1640년 이전은 거의 지방관리(치안판사나 치안관)가 징수하였지만, 1640년대 이후는 중앙에서 직업적 세입(歲入) 담당관이 파견되었다.

요약하면, 영국은 봉건왕정에서 절대왕정을 거쳐 근대 국민국가에 이르는 과정에서 국가재정이 급팽창하였다. 그 최대의 지출 요인은 전쟁·군사비였으며, 그것을 지탱한 수입 면의 요인은 의회가 재정권을 장악함으로써 재정기반이 강해져 조세 증징이 가능하게 된 것, 금융 발달에 의한 국채발행 등이었다. 서유럽의 다른 국가들은 영국과 비교하면 그러한 변화가 영국만큼 급격하지는 않았다. 16~18세기의 대국 프랑스와 스페인은 영국보다 일찍 절대왕정이 형성되었으며, 대규모의 대외전쟁을 하여 재정팽창도 일렀다. 또 금융시장의 발달이 영국보다 늦었기 때문에 국가 차입의 제약도 영국보다 컸다. 시민혁명이 늦어 재정권이 국왕에서 의회로 이동하는 것도 늦었고 재정기반의 확대·안정화가 이루어지지 않았다. 네덜란드는 반대로 영국에 앞서서 재정 근대화와 전쟁에 의한 재정팽창이 진행하였으며, 금융 발달도 일러서 국가 차입도 많았다. 그러나 다른 서유럽 국가들의 국가재정도 경향적으로는 영국과 같았다.

3. 동북아시아 3국(중국 · 일본 · 한국)의 근대국가로의 이행과 재정

중국의 국가재정은 19세기에 들어 해체되기 시작하였으며, 태평천국의 난(1850~1864)이 결정적 계기로 되었다.[22] 중앙정부는 태평군(太平軍)과의 전비를, 그 일부라도 부담해야 하였으나 태평군 지배지역에서의 중앙 상납은 끊어져 중앙재정은 파탄하였다. 새로 만들어진 이금(釐金: 일종의 국내관세), 해관세 등의 상업세(간접세)가 재정수입의 주요 부분을 차지하게 되었으나, 그 대부분은 중

22 세계시장으로의 타율적인 편입에 의한 것이 아니었던 것에 주의해야 한다. 이 점은 한국도 마찬가지였다. 세계시장으로의 편입 이전에 내부적으로 재정, 더 일반화하면 국가체제가 해체되기 시작하였던 것이다. 일본은 이것과 달리, 幕藩體制 해체의 결정적 요인은 개국·개항 요컨대 세계시장으로의 편입이다.

앙정부에 납입되지 않고 지방 성(省)의 총독·순무(巡撫)에게 장악되었다. 성 재정이 중앙으로부터 자립해 갔으며, 성은 제도권 밖의 기구를 만들어 중앙으로부터의 독립성을 강화하였다. 나아가서 청일전쟁, 의화단사건에 기인한 막대한 배상금이 재정을 압박하였다. 중국 재정은 19세기 후반에 변질·분열되었을 뿐 아니라, 중앙재정이 확보할 수 있었던 안정적인 재원인 관세수입은 외국의 관리하에 두어졌다(외국의 관리하에 두어졌기 때문에 지방정부로 넘어가지 않고 모두 중앙정부에 들어갔다). 중앙재정은 차관으로 보충할 수밖에 없었다.

이러한 상태에서 중앙정부가 근대화·공업화 정책을 펴는 것은 재정적으로 거의 불가능하였다. 20세기 초의 광서신정(光緖新政)도 정책입안 단계에서는 근대적 개혁안이 만들어졌으나 거의 실행되지 못하였으며, 1911년의 신해혁명에 의해서 성립한 중앙정부도 1912년에 독자적인 재원은 1,200만 냥에 불과하였고, 1913년의 선후대차관(善後大借款) 2,500만 파운드(중앙정부의 실수입 2억 5,000만 위안)에 의존할 수밖에 없었다. 근대화·공업화 정책은 오히려 재정적으로 중앙으로부터 자립한 양무파의 지방정부가 추진하였지만 그 재원도 부족하여, 비용이 매우 많이 들어 민간의 힘으로는 곤란한 사회기반시설(철도·도로·항만·전기·통신 등)은 본격적으로 정비할 수 없었으며, 민간도 할 수 있는 근대공장 건설이 양무파 공업화 정책의 중심이었다.

그 후 군벌 할거를 거쳐 1928년에 일단 국가통일에 성공한 난징국민정부가 드디어 관세인상 등으로 재정기반을 강화하였으며, 근대화 정책을 추진하였다. 그러나 그 본격적인 전개는 일본의 침략에 의해 저지되었으며, 항일전쟁기의 충칭국민정부, 이어서 내전에 승리한 공산당 정부에 계승되었고, 사회주의 경제건설 속에서 진전되게 되었다.

한국의 국가재정도 중국과 거의 같은 시기, 19세기 중기부터 해체가 본격화하였다. 소농경영의 재생산을 지탱하고 있던 환곡(농민의 재생산 유지를 위해서 국가가 봄에 농량·종자용 곡물을 대여하고, 가을 수확기에 1할의 이자를 붙여 갚게 하는 제도인데, 당시로서는 봄부터 가을 사이에 이자 1할이면 상당한 저리였다[23])은 1807년의 1,000만 석을 정점으로 감소하였으며, 1840년대에는 농민의 재생산 유지라는 본래의 기능을 상실하였다. 흉년의 면세지도 재정난으로 축소되어 작황과는 무관하게 되었다. 중앙재정의 지세수입 감소를 보충하기 위해 상업과세가 강화되었으며, 그 대신에 독점권이 부여되어 겨우 발달하기 시작한 원격지 상업이 위축·쇠퇴해 갔다. 더욱이 상업과세·독점권 부여는 중앙정부가 아니라, 왕실 및 관청·관료가 사적·개별적으로 행한 것이어서 중앙재정의 분열을 촉진하였다.

1876년의 개항(조일수호조규=강화도조약) 이후에 개혁이 여러 번 시도되었으나 좌절되었다. 1894년의 갑오개혁은 유일하게 어느 정도의 실효성이 있었으며, 재정에서도 조세금납화, 예산제도 도입, 탁지부로 재정권 집중, 왕실재정과 국가재정의 분리 등이 시행되었고, 재정규모도 조금이지만 증가하였다. 그렇지만 1896년의 세입예산은 481만 원(일본 중앙재정의 40분의 1 정도)에 불과하였으며, 세출(1896~1904년 평균)은 군사비가 31.8%로 가장 많았고 상공부문은 2.1%에 지나지 않았다. 정책 의도를 불문하고 정부는 재정적으로 공업화 정책을 실시할 능력이 없었다. 제도 면에서도 실효성 있는 근대적 개혁은 거의 행해지지 않았다.

23 조선 후기의 이자율에 대해서는 中村哲, 「東北アジア(中國·日本·朝鮮)經濟の近世と近代(1600-1900年): その共通性と差異性」(中村哲編著, 『近代東アジア經濟の史的構造—東アジア資本主義形成史III』, 日本評論社, 2007, 한국어판『근대 동아시아 경제의 역사적 구조』, 일조각, 2007) p. 14 및 본서 제7장 참조.

1905년의 일본에 의한 보호국화 및 통감부 설치, 1910년 한일병합에 의해서 일본 주도의 근대화·공업화 정책이 강행되었다. 나아가서 일본의 패전·남북분단과 독립을 거쳐 한국에서는 1960년대부터 신흥공업경제적 발전이 본격화하였다.

중국·한국과 달리 일본의 막번체제는 최후까지 지배체제를 유지하였으며, 조세 징수도 기본적으로 효과적으로 행해지고 있었다. 이 점은 종래의 연구에서는 대부분 간과되었지만, 메이지유신의 양상을 알기 위해서는 극히 중요한 논점이다. 종래의 연구는 메이지유신을 전제로 하여 막번체제의 해체과정에만 주목하였다. 그런데 상품경제의 발달과 함께 재정지출도 증가하는 경향이었지만, 막부는 3도(도쿄, 오사카, 교토. 모두 막부 직할령)의 큰 상인·금융업자로부터 임시부과금 징수, 화폐개주 이익금(막부가 화폐에 대해 최고권력을 장악하였기 때문에 가능하였다), 번에 여러 비용을 부담시키는 등의 방법으로, 번은 전매제, 한사츠 발행, 3도나 영내의 대상인·금융업자로부터의 차입 등의 방법으로 재정을 유지하였다.[24] 막부 재정의 변질·붕괴는 개항 후 특히 막부와 번의 대립(특히 막

24 막부 말기 정확하게는 1843년의 번 채무를 메이지유신 정권의 번 채무 정리(藩債處分)를 이용해서 추측하면, 총액이 번 재정수입의 4년분 이상이었다고 생각되며, 서유럽 18세기의 국가채무와 같은 정도이거나 그것보다 적지만, 채권자인 상인·금융업자가 입은 영향은 서유럽과 매우 달랐다. 반제될 확실성이 낮아졌으며, 특히 유신정부의 정책으로 크게 감액되어(유신정부가 이어 받은 1843년 이전의 채무와 그것에 대한 체불이자는 1870·1871년의 시가로 1억 3,238만 엔이었지만, 전액 감액되었다. 1844년 이후의 차입에는 국채가 교부되었지만, 조건이 극히 나빴으며[매우 저리], 시가는 교부액[액면금액]의 6분의 1[1844~1867년 사이의 채무]에서 절반[1868년 이후의 채무]이었다. 전체적으로는 8할이 감액되었다), 채권자인 상인·금융업자는 큰 타격을 받아 도산에 몰리는 일이 매우 많았다(이상에 대해서는 中村哲, 「領主制の解體と土地改革」(歷史學硏究會·日本史硏究會 編, 『講座 日本歷史7 近代1』, 東京大學出版會, 1985을 참조). 서유럽에서는 특히 국채발행이라는 차입방식에 의해 이자지불과 상환(영국과 네덜란드의 국채는 장기채 또는 영구채가 많았다)이 확실하게 되었으며, 큰 금융업자는 특히 큰 이익을 올렸다. 하지만 이것은 영국과 네덜란드에 대해서 말할 수 있는 것으로 프랑스와 스페인에는 들어맞지 않을

부와 薩摩藩·長州藩의 대립)이 격화하는 1860년대 이후였다. 해안 방어·외교·군사비의 급증을 세입으로 감당할 수 없게 된 것이다.

1868년 유신정부(維新政府) 성립, 1871년 폐번치현(廢藩置縣)에 의한 전국 지배 실현, 이어서 지조개정과 질록처분(秩祿處分: 메이지 정부가 막부와 번의 가신단에 대한 녹봉 지급을 폐지한 조치) 등이 행해졌으며, 근대적 재정이 성립하였다. 정부 재정의 기반은 에도시대의 공조(지세)를 계승한 지조(地租)였으며, 초기 재정수입의 7~8할을 차지하였다. 세출 면에서는 질록처분 등으로 막부와 번의 가신단을 떨어내어 여유가 생긴 재정자금을 근대화·공업화 정책에 투입하였다. 식산흥업을 위한 재정자금은 군사공업을 비롯한 관영공업에도 투입되었지만, 압도적 부분은 사회기반시설 정비와 광산개발에 배정되었다.

일본은 중국·한국과 달리 메이지유신이라는 개혁(혁명)에 의해서 근대국가가 성립하였으며, 근대화·공업화를 추진하였다. 그렇게 할 수 있었던 것은 막번체제가 아직 해체되지 않은 상태에서 그 지배를 이어받았고, 그에 더하여 그것을 상당히 철저히 해체하면서 근대적 대개혁을 하였기 때문이다.

1900년의 재정수입은 중앙 2억 9,300만 엔, 지방을 포함하면 4억 1,200만 엔이며, 메이지유신 이후의 재정개혁과 경제발전에 의해서 재정규모는 급격히 커졌고, 중국·한국과의 격차가 확대되었다. 새로운 재원(주세·영업세·소득세 등)이 증가하여 토지세는 세입의 15.8%로 낮아졌다.

지도 모른다. 프랑스와 스페인은 무거운 부담에 비하면 재정기반이 상대적으로 약하였으며, 금융제도의 발달이 늦었기 때문에 국가의 차입조건이 영국이나 네덜란드보다 나빴고, 이자지불과 상환이 원활히 행해지지 않는 일이 많았다. 중국과 한국은 국가가 재정자금을 대규모로 민간에서 빌리는 일은 없었다.

4. 주요한 결론: 근대 이행기의 국가·토지소유·경제의 유형—동북아시아와 서유럽—

근대 이행기의 국가 유형

근대 이행기의 동북아시아 3국과 서유럽 국가들을 재정을 중심으로 비교하면, 세 가지 유형으로 나뉜다. 중국·한국, 일본, 서유럽이다.

서유럽 국가들과 동북아시아의 중국·한국이 대조적이다. 서유럽 국가들의 재정은 급속히 확대되었지만, 중국과 한국의 재정은 그 반대로 축소되었다. 서유럽 국가들은 봉건왕정으로부터 절대왕정과 시민혁명을 거치면서 중앙정부의 통치능력이 강화되었으며, 재정기반은 확대되었다. 재정지출 증가의 중심은 전쟁 특히 외전과 그것을 가능하게 하는 군사비 증가였다. 최근 연구에서는 이 시기의 국가가 '재정-군사국가'(the fiscal-military state)라고 명명되어 있다(John Brewer 주 19의 저서). 마르크스류로 말하면 '원축(源蓄. 본원적축적)국가'이며, 자본주의 형성을 가속하는 권력이다.[25]

---

25 본원적축적의 "어떤 방법도 국가권력, 즉 사회의 집중되고 조직된 폭력을 이용해서 봉건적 생산양식으로부터 자본주의적 생산양식으로의 전화과정을 온실 속에서와 같이 촉진하여 과도기를 단축하려고 한다." "봉건적 농업사회로부터 산업사회로의 전화에 즈음해서는 또 그것에 대응해서 행해지는 세계시장에서의 여러 국민의 산업전쟁에서는 이른바 자연적인 방법이 아닌, 강제수단에 의해서 달성되는 자본의 가속적인 발전이 긴요하다. … 국민적 자본이 점차 완만하게 산업자본으로 전화해 가는 것과 그와 달리 보호관세를 매개로 하여 주로 토지소유자나 중소농민이나 수공업에 부과되는 조세에 의해서, 독립 직접생산자에 대한 가속적 수탈에 의해서, 자본에 의해 강행적으로 가속되는 축적과 집적에 의해서, 요컨대 자본주의적 생산양식의 여러 조건의 가속적 형성에 의해서 이 전화가 시간적으로 빨라지는 것의 사이에는 매우 큰 차이가 있다"(K. マルクス, 『資本論』, 제1권 24장 「いわゆる本源的蓄積」, p. 779, 大月書店版, 『マルクス=エンゲルス全集』 23b, p. 980, 제3권 47장 「資本主義的地代の生成」, p. 793, 大月書店版全集 25b, p. 1006).

동북아시아의 전제국가인 중국과 한국은 자본주의 형성에 대응하지 못하고 분열·해체되었다. 이 차이는 자본주의 형성 속도의 커다란 격차를 낳았다. 서유럽 국가들 특히 영국에서 산업혁명이 일어나는 조건으로 되었으며, 동북아시아 국가들 특히 중국과 한국이 경제적으로 뒤처지게 되는 조건으로 되었다. 그리하여 동북아시아 국가들은 영국을 중심으로 하는 구미 주도의 세계시장에 수동적으로 편입되었다. 두 지역(서유럽과 동북아시아)의 근대 이행에서 결정적 차이를 낳은 최대 요인은 국가 유형의 차이에 있다고 말할 수 있을 것이다. 단적으로 말하면, '원축국가'의 유무이다.

덧붙이면, 이 국가 유형의 차이는 서유럽 중심주의에 나타나는 아시아적 전제국가와 서유럽 봉건제라는 차이는 아니고, 근대 이행기에 새롭게 형성된 차이이다. 국가재정 규모에 대해서 말하면, 영국은 절대왕정기의 16·17세기 초기에는 GDP의 2% 정도였으며, 그 시기에 중국과 한국의 국가재정은 3~4% 정도여서 GDP 비율로 영국보다 상당히 컸다(영국은 중앙재정만이므로 지방재정을 합하면 GDP 비율로 중국·한국과 비슷한 규모가 될지도 모른다). 17세기 말·18세기 초에 그것이 역전되었으며, 18세기 말에는 재정규모의 격차가 결정적으로 된 것이다. 다른 서유럽 국가들도 영국만큼 급격하지는 않았지만, 국가재정 규모의 확대 경향은 같았다.

근대 이행기에 서유럽 국가들은 '재정·군사국가' 혹은 '원축국가'화했지만, 중국과 한국에서는 구래의 전근대 국가가 존속하였다. 그리고 그 전근대 국가가 해체되기 시작한 시기에 구미 주도의 세계시장에 편입되었다.

일본 막번체제의 평가

일본의 막번체제는 중국·한국과 같은 중앙집권적 전제국가 유형은 아니며, 서유럽과 같은 절대왕정 유형이라고도 말할 수 없다. 이 장은 재정규모를 중심으로 하는 고찰인데, 막번체제의 징세능력은 중국과 한국을 훨씬 웃돌았으며, 서유럽의 절대왕정도 상회하였다. 일본이 세계적으로도 드물게 세금이 무거웠던 것은 전국시대에 전쟁·군사력 강화와 영국(領國) 통일이 진행하였으며, 나아가서 전국 통일을 지향하는 유력한 다이묘들 사이에서 대규모 전쟁이 계속되었던 것, 쇼쿠호시대(織豊時代. 오다 노부나가와 도요토미 히데요시가 지배한 시대)와 에도시대 초기에 이루어진 검지(檢地. 제7장 주 36 참조)·고쿠다카세(石高制) 그리고 병농분리·농민통제·소농자립화 등의 정책 때문일 것이다. 또 하나는 다음 항목에서 서술하지만, 막번체제의 조세 특히 토지세는 국가적 조세와 봉건지대가 융합·통일된 것이기 때문이다. 중국과 한국의 국가적 조세[26]와도 서유럽 절대왕정의 조세와도 달리 봉건지대가 포함된 것이었다.

16·17세기의 전국시대로부터 에도시대 초기는 일본이 본격적으로 동아시아 광역교역권에 참가하고, 중국으로부터의 기술이전이 진전되어 경제적으로 중국에 캐치업한 시기였으며, 서유럽 세력과도 접촉한 시기였다. 이 시기에 무역은 크게 늘어 17세기 초기에는 주요 수출품인 은의 수출액은 농업생산액의 10%에 이르렀다.[27] 아마도 무역의존도(수출입액의 GDP에 대한 비율)는 15%까지 높아졌

26 전근대의 중국과 한국은 국가적 토지소유(領有)여서 농민(지주도 포함)은 그 아래의 토지점유자였다. 이 경우도 조세와 지대는 융합되어 있다. 단지 그 지대는 사적 지대(봉건적 지대)는 아니고 국가적 지대이다. 주 33 참조.

27 新保博·長谷川彰, 「商品生産·流通のダイナミズム」(速水融·宮本又郎編, 『經濟社會の成立一17~18世紀一』, 日本經濟史1, 岩波書店, 1988, 제5장), p. 234. 하지만 이 값은 꽤 적

을 것으로 추정된다. 이것은 당시의 중국과 한국을 훨씬 웃돌 뿐 아니라 그 시기의 서유럽에서도 이보다 높은 나라는 네덜란드와 영국뿐이었다. 일본은 국제무역에 깊이 포섭되어 있었다. 단지 수입은 중국으로부터의 생사가 중심이며, 1차산품을 수출하고 가공품을 수입하는 후진국형 무역이었다. 이것은 서유럽 국가들도 마찬가지여서 16~18세기의 아시아 방면 무역은 아시아로부터 수입하는 상품(인도의 면포, 중국의 차·생사·자기 등 가공품이 많았다)에 대하여 서유럽에서 수출되는 상품은 4분의 1에 지나지 않았으며, 4분의 3은 라틴아메리카산 은이었다.[28]

17·18세기에 소농사회가 발달하였으며, 전국적 시장이 형성되고 도시화가 진전되어 완만한 '애덤 스미스적 성장'을 이루었다. 1인당 GDP는 1700~1870년에 연평균 0.15% 성장하였다. 서유럽 국가들의 1인당 GDP 성장률은 1700~1820년에 영국은 0.34%로 일본보다 높았지만, 서유럽 평균은 0.15%로 일본과 같았으며, 프랑스는 0.18%, 스페인은 0.14%였다(앵거스 매디슨의 추계). 에도시대 중기 이후 일본경제는 같은 시대의 서유럽과 같은 정도로 성장하였다.[29] 그러한 경제발전이 메이지유신과 그 후의 산업혁명, 복선적공업화, 가속적 경제성장을 낳는 전제조건을 만들었던 것은 확실하다. 중국은 1700년부터 1850년에 인구는 1.4억 명에서 4.1억 명으로 3배가 되었지만 1인당 실질소득은 거의 늘지 않았으며, 19세기에는 오히려 감소하였다.[30] 한국의 인구와 총생산은 18세기

은 것이다. 주 36 참조.

28 단지 서유럽 국가들은 남북아메리카·동유럽과는 제품을 수출하고 1차산품을 수입하는 무역을 하였으며, 서유럽 역내무역이 컸다. 일본은 17세기 후반부터 은 생산 감소, 수출 제한에 의해서 외국무역은 후퇴하였다.

29 같은 시기의 중국·한국과의 비교는 中村哲 전게, 「東北アジア(中國·日本·朝鮮)經濟の近世と近代(1600-1900年): その共通性と差異性」(본서 제7장), 제2절 참조.

30 中村哲 전게, 「東北アジア(中國·日本·朝鮮)經濟の近世と近代(1600-1900年): その共通性

중반까지는 늘었지만, 후반부터 19세기 내내 증가하지 않았다. 1인당 생산액은 19세기에 감소하였을 가능성이 크다.

근대 이행기의 토지소유 유형

동북아시아(중국·일본·한국, 아마도 인도나 서아시아도 기본적으로는 동북아시아와 같을 것이다)와 비교한 서유럽의 커다란 특징의 하나는 봉건영주제에서 서로 결합되어 있던 토지소유와 재판권·행정권·군사권(=주권)이 장기적으로 점차 분리되고, 봉건영주가 가지고 있던 재판권·행정권·군사권은 점점 국가에 흡수되어 국가주권을 구성하였으며, 그러한 속성을 잃은 토지소유는 근대적인 토지 사유권으로 되어 간 것이다.[31]

서유럽에서는 봉건사회 후기에는 영주권이나 왕령지(王領地)의 매매가 행해지고 있었으며, 국왕의 매관(칭호·관직·특권 등)이 행해져 국왕 수입의 일부로 되

と差異性」(본서 제7장), pp. 10~11.

31 전근대의 계급적 토지소유는 생산자에 대한 직접적 지배·예속관계를 기초로 하고 있다. 봉건적 토지소유도 그 하나이며, 발달한 전근대적 토지소유인 봉건적 토지소유(領有)에서는 직접적 지배·예속관계는 재판권·행정권·군사권이라는 형태를 취하는 것이다.
"前資本制的 토지소유에 부수하는 직접적 지배·예속관계의 농노제적 특질에 대해서 보기로 하자. 노예제에서는 노예는 인격을 가지지 않는 물건으로 되어 있기 때문에 노예에 대한 강제는 각각의 노예주의 사적인 일이며, 그것을 국가권력이 사회적 질서로서 유지하면 그것으로 충분하다. 농노제의 경우는 농노가 토지의 사실상의 소유 주체로까지 진화하였으며, 따라서 인격적 독립성을 어느 정도까지 가지고 있기 때문에, 요컨대 어느 정도까지 사회의 일원(평등하지는 않고 신분적 차별을 받는 사회성원)이기 때문에 각각의 농노주의 경제외적강제도 단순한 사적 형태를 취하지는 않고, 사적인 것이 사회적으로 공인된 공적 형태를 취하지 않으면 안된다. 요컨대 농노주의 농노에 대한 사적인 경제외적 강제가 직접적으로, 농노를 포함하는 봉건사회의 질서를 유지하는 기능이라는 형태를 취한다. 그리고 이데올로기적으로는 농민보호라는 형태를 취하는 것이다. 따라서 농노제적 경제외적강제는 발달한 형태에서는 재판권이나 행정권 등의 형태를 취하게 되는 것이다."
中村哲, 『奴隷制·農奴制の理論』, 東京大學出版會, 1977, pp. 188~189.

었고, 절대왕정 시대에는 국가수입의 중요한 일부로 되었다. 예를 들면 프랑스에서는 1620~1630년대에 정부수입의 25%를 밑도는 일은 없었다. 영국은 프랑스와 스페인 정도는 아니지만, 그래도 1630년대에는 정부수입의 30%에 이르러 있었다(John Brewer 주 19의 저서, pp. 26~29).

그리하여 서유럽에서는 영주권의 사적 성격이 강해졌으며 영주의 지주화, 대상인의 지주화가 진행하였고, 지주와 부르주아지의 관계가 강해져 갔다. 다른 한편에서 절대왕정의 형성과 함께 봉건영주의 독립성이 소실되고, 궁정귀족화가 진전하였다. 또 서유럽에서는 16·17세기의 '군사혁명'에 의해서 화기(火器) 사용, 상비군 설치, 병력의 대규모화 등에 의해서 봉건영주의 군사력이 저하하였으며, 국왕에게 군사권이 집중되어 갔다. 영국에서는 헨리 7세(1485~1509)부터 찰스 1세(1646~1649)까지의 시기에 귀족의 비무장화가 진행하였으며, 무문(武門) 귀족은 몰락하였다(John Brewer 주 19의 저서, p. 18).

동북아시아(아마 인도, 서아시아도)에서는 주권과 토지소유의 분리가 용이하지 않았다. 중국과 한국은 중앙집권적 전제국가였으며 영주는 존재하지 않았다. 지주는 존재하였지만, 국가로부터 독립한 재판권·행정권·군사권은 없었으며, 그 토지는 주로 전제국가하의 농민 보유지를 값싸게 사 모은 것이었기 때문에 농민 보유지와 마찬가지로 국가에 종속·지배되었다. 지주와 농민의 관계는 중간적지주제였다.[32] 중국·한국과 같은 전제국가에서는 국가가 최고·유일

32 중간적지주제에 대해서는 中村哲, 『近代世界史像の再構成一東アジアの視點から一』, 青木書店, 1991, 제5장 「近代東アジアにおける地主制の性格と類型」, 제6장 「近代世界における農業經營, 土地所有と土地改革」 참조. 또한 중국에서는 중간적지주제를 봉건제라고 하며, 나아가서 그것을 지배적인 토지소유라고 하여 2000년에 걸쳐 중국은 봉건제였다고 하는 주장이 아직 공식적으로는(연구자 중에 실제로는 非封建制였다는 주장을 택하는 사람도 많다) 인정되고 있지만 잘못이다.

의 영주였으며, 국가의 조세와 경제외적강제에 기초한 지대는 일치해 있었던 것이다.[33](중간적지주제는 토지 대차관계이며, 그 소작료는 차지료이다. 그리고 서유럽에도 일본에도 존재하였다.)

일본 막번 영주의 지세(貢租)도 국가의 조세와 경제외적강제에 기초한 지대가 융합·통일된 것이었다.[34] 각각의 번은 중앙정부인 막부의 정책을 위반하지 않는 한 독립적으로 영국을 지배하였으며, 독자적인 재판권·행정권·군사권을 행사하였다. 영지 매매는 중세 및 전국시대에는 행해졌지만, 에도시대에는 고쿠다카세와 막부 통제 때문에 행해지지 않았다(에도시대 말기에는 다소 있었지만, 공공연하지 않았음).

서유럽에서는 절대왕정으로부터 시민혁명을 거쳐 국민국가가 형성되었고 국가주권이 강화되었으며, 다른 한편에서 사적 토지소유가 발달해 갔다. 동북아시아에서는 주권과 토지소유의 분리가 진행하지 않았고 국민국가의 형성이 뒤늦었으며, 토지사유권도 서유럽 정도로 강력하지는 않았다. 중국과 한국

---

33 이 점에 대해서는 다음과 같은 마르크스의 견해가 타당하다. "직접노동자가 아직 그 자신의 생활수단에 필요한 생산수단이나 노동조건의 '점유자'라는 형태에서는 어떠한 형태에서도 소유관계는 동시에 직접적 지배·예속관계가 되지 않을 수 없으며, 따라서 직접생산자는 부자유한 사람이 되지 않을 수 없는 것이다. 부자유라고 해도 그것은 부역을 동반하는 농노제로부터 단순한 공납 의무에 이르기까지 점점 약해지는 것일 수 있다. … 그들에게 직접적으로 토지소유자로서 마주함과 동시에 주권자로서 마주하는 상대가 사적 토지소유자가 아니고 아시아에서처럼 국가라고 하면, 지대와 조세는 일치한다. … 이러한 사정하에서는 종속관계는 정치적으로도 경제적으로도 이 국가에 대한 모든 臣從관계에 공통된 형태 이상으로 가혹한 형태를 취할 필요는 없을 것이다. 국가는 여기에서는 가장 높은 영주이다. 주권은 여기에서는 국가적 규모로 집중된 토지소유이다." K. マルクス, 『資本論』, 제3권 47장 2절, pp. 798~799, 大月書店版, 『マルクス=エンゲルス全集』 25b, pp. 1013~1014. 中村哲 전게, 『奴隷制·農奴制の理論』 특히 제3장 「前近代アジアの社會構成」 참조.

34 중국과 한국의 국가조세는 원래 조세와 지대가 융합되어 있었다. 일본은 중세에 조세와 봉건지대가 상당히 분리되어 있었지만, 전국시대에 양자가 융합하기 시작하였고 織豊시대에 완성되었다고 생각된다.

의 전제국가는 근대 국민국가로 바뀔 수 없었고 내부로부터 붕괴하기 시작하였으며, 세계시장으로의 편입이 그것을 가속하였고 결정적으로 붕괴시켰다. 그 때문에 세계시장과 국제정치의 압력하에서 근대국가를 새로이 창출하지 않으면 안되었으며, 힘든 과정을 겪었다. 중국의 국민당·공산당에 의한 당·국가체제라는 형태의 근대국가 창출[35]과 그것으로부터의 탈출, 정치적 민주화의 곤란 및 한국의 국가권력 약체화, 독립 상실, 한일병합 후의 식민지 국가로부터 제2차 세계대전 후의 독립, 독재정권으로부터 민주화로의 긴 흐름, 북한의 사회주의화와 그 침체 등이 힘든 과정을 나타낸다.

일본의 경우는 메이지유신 직후의 신정부군과 구정부군의 전쟁(戊辰戰爭), 번이 지배하던 토지와 인민을 조정에 반환(版籍奉還), 폐번치현, 지조개정, 질록처분의 과정에서 막번체제가 해체되었으며, 막부의 전국 지배권 및 막부와 번의 영유권은 메이지 정권에 집중되었다. 요컨대 메이지유신은 일거에 국가주권을 가진 근대 국민국가를 창출함과 함께 국가조세와 봉건지대의 양쪽을 포함하는, 막부와 번의 영유권을 국가에 흡수시켜 근대국가를 지탱하는 강력한 근대 조세제도를 창출한 것이다. 농민·서민지주(중간적지주제)의 토지사유권도 공인되었지만, 그것은 막번체제하에서 사실상 성립해 있었으며 근대법적 증명이 부여된 것이었다.

아시아(동북아시아·인도·서아시아)의 조세에는 서유럽의 봉건지대에 해당하는 부분도 포함되기 때문에 서유럽의 국가수입과 지대의 합계를 아시아의 조세와 비교할 필요가 있다. 그러나 서유럽 지주(영주)의 지대를 나라마다 아는 것

35 西村茂雄, 『20世紀中國の政治空間—「中華民族的國民國家」の凝集力—』, 青木書店, 2004; 足立啓二, 『專制國家史論—中國史から世界史へ』, 柏書房, 1998, 제VI장 3절 「中國における近代的統合の形成過程」 참조.

은 거의 불가능하다. 영국에 대해서는 그레고리 킹(Gregory King)에 의한 잉글랜드와 웨일스의 1688년 소득추계를 이용할 수 있다. 그것에 의하면 잉글랜드와 웨일스의 총소득 4,474만 파운드 중에서 지주 소득은 629만 파운드로서 14.1%를 차지하였다.[36] 이것에 국가의 조세 226만 파운드[37]를 더하면 855만 파운드로 총소득의 19.1%가 된다.[38] 이것은 중국과 한국의 17·18세기 담세율의 5~6배이며, 일본과 같은 정도이다. 중국·한국과 비교하면 국가·지주의 조세·지대(두 가지를 합하면 중국·한국과 같은 전제국가의 조세와 같다) 징수능력은 훨씬 높았지만, 일본의 막번체제는 그것과 같은 정도였다고 할 수 있다(에도시대 전기인 17세기에는 일본이 영국을 웃돌았을 가능성이 크다). 영국에서는 17세기에 지주 소득은 국가수입을 훨씬 웃돌았지만, 18세기를 통해서 국가수입이 급속히 늘어서 지주 소득을 훨씬 웃돌게 되었다. 그 부담의 상당량은 지주가 졌다.

---

36 귀족, 고위성직자, 準男爵(baronet), 기사, 에스콰이어, 젠트리를 지주로 간주하였다. 지주 소득 중에는 지대 이외의 소득도 포함되어 있지만 그 금액은 분명하지 않다. 지주는 15만 3,520명, 총인구 550만의 2.8%를 차지하였다. 지주의 1인당 소득은 41파운드, 잉글랜드·웨일스의 1인당 평균소득은 8.9파운드였다. 킹의 추계는 현재의 연구수준에서 보면 상당히 그릇된 가정이 포함되어 있다. 마티아스는 "표의 거의 모두는 계산의 근거가 없는, 추측에 그치고 있다"고 말하고 있다(P. マサイアス, 『最初の工業國家』, 日本評論社, 1972[Peter Mathias, *The First Industrial Nation, an Economic History of Britain, 1700-1914*, 2, Methuen Publishing, 1969], p. 25. 24쪽에 킹의 추계표가 있다). 그러나 대단히 귀중한 추계이며, 대략적인 수치로서는 충분히 이용할 수 있으며, 실제로도 이용되고 있다.

37 1690년을 전후한 5년간의 평균 재무부 수령액에 10%의 징세비를 더한 금액(パトリック·オブライエン, 『帝國主義と工業化, 1475-1974—イギリスとヨーロッパからの視點』, [Patrick K. O'Brien, *Imperialism and the industrialization of Britain and Europe, 1415-1974*] ミネルヴァ書房, 2000, pp. 168~169, 표 4-2에서 계산).

38 지주가 부담한 조세가 이중계산되어 있지만 그 금액은 분명하지 않다. 대세에 영향은 없다.

소득격차로 보는 자본주의 유형

16~18세기의 서유럽에서 1인당 GDP는 천천히 상승하였다. '애덤 스미스적 성장'이다. 이 3세기 동안 서유럽에서도 가장 성장률이 높았던 잉글랜드는 연평균 0.3%, 네덜란드·벨기에(저지대 국가)는 0.2%였으며, 그 결과 실질적인 생활수준은 약 2배로 되었다. 그럼에도 불구하고 두 지역 노동자의 실질임금은 1800년에 1500년의 70~80% 수준까지 내려가 있었다.[39] 다른 서유럽은 이 두 지역 정도는 아니지만, 역시 1인당 소득의 증가에도 불구하고 실질임금은 낮아졌다. 한편 에도시대의 일본은 1700~1870년에 1인당 토지생산량은 연평균 0.1%, 1인당 GDP는 연평균 0.15% 성장하였다. 이 중 토지생산량은 내가 54년 전에 행한 추계인데, 실제는 조금 더 높았을 것으로 생각된다.[40] 1인당 소득의 상승률은 영국·네덜란드·벨기에 이외의 서유럽과 같은 정도였을 것이다(지중해 지역인 스페인과 이탈리아보다 높았다). 같은 시기의 실질임금은 연평균 0.1% 상승하였기 때문에 1인당 소득보다는 다소 낮지만,[41] 서유럽과는 대조적으로 소득과 병행해서 상승하였다.

요약하면 서유럽과 일본(아마 중국 강남이 덧붙여질 것이다)은 산업혁명 이전에 사회적분업의 발달에 의한 '애덤 스미스적 성장'을 경험한 점에서 공통되지

39 齋藤修, 「前近代經濟成長の2つのパターン—徳川日本の比較史的位置」, 『社會經濟史學』, 70-5, 2005년 1월.

40 中村哲, 『明治維新の基礎構造—日本資本主義形成の起點—』, 未來社, 1968, 제4장 「封建的土地所有解體の地域的特質」(1964년) p. 170의 표 4-2. 추계방법은 169~170쪽에서 서술하였지만, 그곳에서도 이 토지생산량은 실제보다 3할 정도 적은 수치라는 양해를 구하였다. 이 추계가 현재까지 널리 사용되며 앵거스 매디슨도 채용하고 있다.

41 개항 이후 급격한 인플레이션 때문에 노동자의 실질임금은 대폭 하락하였다. 그때까지의 실질임금 상승은 1인당 소득의 상승과 그다지 다르지 않았다.

만, 노동자의 실질임금은 반대로 움직였다. 서유럽은 하락하였고, 일본은 상승하였다. 이것은 실로 흥미로운 문제인데 그 원인은 무엇이었을까? 이 사실을 지적한 사이토 오사무(齋藤修) 씨는 서유럽에 대해서는 국제무역과 도시의 발달, 농촌으로의 공업 파급, 농업 자본주의화에 의한 노동자·토지 없는 농민의 증가를 들었으며, 이 3세기 동안에 시장과 생산의 확대와 함께 사회적 불평등이 확대되었다고 한다. 일본에 대해서는 쇄국, 농촌공업의 발달이 도시 발달을 억제한 것, 농업의 노동 흡수적 발달을 들고 있다. 이 모두는 어느 정도 타당하지만, 나의 관점에서 말하면 ① 국가에 의한 본원적축적의 유무 혹은 정도, ② 일본(동북아시아) 소농의 노동집약적이며 다각적·복합적인 발달과 그것을 기초로 하는 농촌공업의 발달(서유럽과 달리 농민의 겸업이 중심)이 기본적인 조건이었다. ②에 대해서 보충하면, 소농이 다각적·집약적인 농업과 상공업·임노동을 겸업하는 방향으로 발전하여 임노동자로 전락하는 일이 적었던 것이다.

영국에서는 그레고리 킹의 1688년표나 조셉 마시(Joseph Massie)의 1759년표로부터 계산하면, 당시 영국의 지니계수는 0.5를 넘어서 현대의 라틴아메리카 못지않게 소득격차가 극히 큰 사회였다(주 39의 齋藤 논문, p. 11). 일본의 18~19세기 전반은 그것보다 훨씬 소득격차가 작은 사회였다. 사이토 오사무와 니시카와 슌사쿠(西川俊作) 씨는 최근 『防長風土注進案』을 이용해서 1840년대의 죠슈번(長州藩)의 소득분포를 추계하였고, 1688년의 잉글랜드, 1600년경의 인도와 비교하였다. 이것은 지배자·상공업자·농민의 3계층 구분이라는 극히 간단한 것이지만, "도쿠가와 일본의 소득분포는 영국, 인도 두 나라보다는 훨씬 평등하였다"는 결론으로 되어 있다.[42] 막부 말기의 개항에 동반한 급격한 인플레이

42 齋藤修·西川俊作, 「徳川日本の所得分布―1840年代の長州經濟」, 『經濟研究』, 58-4, 2007년 10월. 또한 악바르 시대의 인도는 영국보다 소득분배가 훨씬 불평등한 사회였으며, 지

션, 메이지유신 이후의 정부의 근대화 정책, 이식형의 대규모 기계제공업화, 재벌 등 민간 대자본의 발전, 구미 특히 영국으로부터의 공산품 수입에 의한 면작·재래면업(특히 방적)의 쇠퇴 등에 기인하는 과잉인구의 형성 등에 의해서 소득격차는 확대되기 시작하였지만, 1895년에도 여전히 지니계수는 0.395였다.[43]

공업화 유형

산업혁명 이후의 서유럽 공업화는 후발국일수록 설비나 기업의 규모가 커지며, 기업 형태도 개인경영이나 파트너십에서 주식회사로 바뀌며, 소비재보다 생산재에 중점이 두어지며, 산업자금의 공급도 기업의 자기축적(영국)으로부터 은행(독일)으로, 더 후발국은 정부자금(러시아)으로 되어 자본주의의 유형이 달라지게 된다고 한 거셴크론 명제[44]가 상당히 타당하다.[45]

배층의 1인당 소득은 농민의 26배에 달하였다(일본은 1.8배, 영국은 6배). 단지 이것에는 앞에서 서술된, 문제가 많은 앵거스 매디슨의 추계가 사용되었다. 또 일본(표본은 長州藩)의 무사 인구는 총인구의 10%를 차지하였지만, 인도의 지배층은 총인구의 1%에 지나지 않았다. 齋藤·西川 씨도 인정하듯이 일본의 무사는 계층 내부의 이질성이 극히 컸다. 영국과 일본의 비교는 상당히 타당하지만, 인도와의 비교에는 여전히 앞으로의 연구가 필요하다.

43 南亮進, 『日本の經濟發展と所得分布』, 岩波書店, 1996. 일본의 소득격차가 커지는 것은 1920~1930년대인데, 1937년에는 지니계수가 0.573에 달하였으며, 현재 세계에서도 격차가 가장 큰 나라와 같은 수준이 되었다. 일본의 제국주의적 발전과 중화학공업화의 진전에 의한다.

44 Alexander Gerchenkron, *Economic Backwardness in Historical Perspective: A Book of Essays*, 1962, Cambridge Massachusetts; The Belknap Press of Harvard University(絵所秀紀·雨宮昭彦·峯陽一·鈴木義一譯, 『後發工業國の經濟史―キャッチアップ型工業化論―』, ミネルヴァ書房, 2005. 단지 전부가 아닌 5개 章임).

45 최근 서유럽에서도 중소·재래형 산업의 연구가 진전하고 있으며, 앞으로 거셴크론 명제의 수정이 필요하게 될 가능성이 크다. 대표적 연구로서 M. J. Piore and C. F. Sabel, *The second industrial divide*, New York: Basic Books Inc., 1984(山之内靖·永易浩一·石田あつみ譯, 『第二の産業分水嶺』, 筑摩書房, 1993).

그러나 동아시아의 공업화는 서유럽과는 많이 다르다. 그 특징은 정부주도의 이식형 대기업(국영기업을 포함한다) 중심의 공업화와 재래산업에서 발달한 중소영세기업 중심의 공업화에 의한 복선적공업화이다. 그 조건은 첫째로 구미 주도의 세계시장에 동아시아가 편입되기 이전인 16~19세기 전기에 국가는 '원축국가'가 아니었으며, 산업혁명이 일어나지 않았으며, 재래의 소규모·노동집약적 공업이 발달한 것이다. 주로 사회적분업의 발달에 의한 '애덤 스미스적 성장'으로(일본과 중국 강남이 그에 해당하며, 그 이외의 지역은 거기까지 발달하지 않았다고 생각된다) 기계화에 의한 생산성 향상은 아니었다. 그리하여 경제성장은 완만하였다. 이 공업화의 기반으로서 동아시아형 소농이 있었다. 서유럽의 소농이 경영규모 확대 및 농공분리라는 방향으로 발전한 것과 달리 동아시아의 소농은 노동집약적이며 다각적·복합적인 방향으로 발전하였으며, 공업화는 농가겸업의 발전이라는 형태를 취하였던 것이다.[46] 둘째로 19세기 중기 이후 구미 주도의 세계시장에 편입되었으며, 그것에 대응하기 위해서 구미형의 기계제 대공업을 이식 및 육성하였는데 그것은 많은 자금을 필요로 하는, 기계와 설비의 비중이 큰 자본집약적 공업이었다. 소규모 또 노동집약적인 재래공업과는 이질적이었으며, 제품도 시장도 달랐기 때문에 직접적 경쟁관계에 서는 일이 적었고, 양자가 병행해서 발전하는 복선적공업화가 진전하게 되었던 것이다. 이식형과 재래형은 서로 연관되며 영향을 주고받았지만 융합하는 일은 없었다. 19세기 말에 복선적공업화가 시작된 일본은 1920년대부터 점점 양자의 관련이 강해졌

46 동아시아의 소농과 소농사회에 대해서는 宮嶋博史, 「東アジア小農社會の形成」(溝口雄三·濱下武志·平石直昭·宮嶋博史編, 『アジアから考える6 長期社會變動』, 東京大學出版會, 1994); 中村哲, 『近代東アジア史像の再構成』, 櫻井書店, 2000; 同, 「東アジア資本主義形成史論」(東アジア地域研究會·中村哲編著, 『講座 東アジア近現代史1 現代からみた東アジア近現代史』, 青木書店, 2001. 본서 제1장) 참조.

다. 중국과 한국도 일본보다 늦지만, 20세기 10년대부터 이식형 대공업이 발달하였으며, 복선적공업화의 유형으로 되었다.

후기

이 책은 주로 2001년부터 2010년까지 발표한 동아시아자본주의 형성사에 관한 논문 혹은 보고용 원고를 편집한 것이다. 그런 의미에서는 논문집이지만, 어느 정도 전체적인 통일성과 체계성을 가지며, 나의 동아시아자본주의 형성사 연구의 집대성이라는 면도 있다. 그러한 생각에 따라서 논문과 보고를 모은 위에 전체의 구성을 고려하여 표현 등을 약간 수정·가필하였다.

수록 논문 및 보고용 원고에 대해서 간단히 설명한다.

제1편은 총론으로서 제1~3장을 수록하였다.

제1장 동아시아자본주의 형성사 서설. 동아시아지역연구회(東アジア地域研究會. 후술)가 편집한 강좌 '동아시아 근현대사' 중에서 내가 편집을 담당한, 강좌의 총론에 해당하는 제1권 제1장(2001년 5월 출판). 원제는 「東アジア資本主義形成史論」으로서 「서설」은 아니었다.

제2장 동아시아자본주의 연구의 과제. 1993년 12월 25일, 동아시아지역연구회의 창립총회에서의 보고. 이 무렵에는 동아시아 연구도 상당히 성행하게 되었다. 그러나 대부분의 연구자는 각각의 국가와 지역을 전문으로 하고 있었으며, 동아시아경제권이 형성되어 있는 현상에 대응하지 못한다고 생각되었다. 그리하여 간사이(關西) 지방을 중심으로 서일본의 연구자가 동아시아경제권의 전체상을 논의하는 자리를 만들었다. 수년 만에 회원 200명 규모로 되었다. 제2장은 그 창립대회에서의 보고용 원고이며, 이 책에 수록된 다른 논문보다 꽤 오래되었지만, 동아시아지역연구회의 연구방침이라고도 해야 할 보고였으며, 나에게 뜻깊은 논문이다.

제3장 현대의 역사적 위치. 京都民科歷史部會, 『新しい歷史學のために』, 276호(2010년 5월)에 수록되었으며, 원제목에는 「현대세계를 어떻게 볼 것인가」라는 부제가 붙어 있었다. 이 논문은 리먼 쇼크에 의한 대불황 직후에 세계가 본격적으로 대변동기에 들어갔다는 인식 위에서 인구문제에 착안하여 세계의 장기적인 변화를 전망한 것이다.

제2편에 수록된 제4~6장은 나의 동아시아자본주의 형성사의 중심적 논점 중에서 가장 기초적인 소농사회론과 그것을 기반으로 해서 형성된 복선적(複線的)공업화론을 다루고 있다.

제4장 소농사회와 복선적공업화. 2010년 12월 5일, 중국현대사연구회(中國現代史硏究會)의 워크숍 「변동하는 글로벌자본주의와 아시아공업화」에서 행한 보고를 문장화한 것이다. 나의 소농사회론과 복선적공업화론이 간결하게 설명되어 있기 때문에 이 책에 넣었다.

제5장 소농경영의 비교사적 검토—일본·한국·대만—. 대만인 연구자도 참가한 공동연구 중에서 최초의 공동연구의 성과를 정리한 堀和生·中村哲編著, 『日本資本主義와 朝鮮·臺灣—帝國主義下の經濟變動』(京都大學學術出版會, 2004)에 수록되었으며, 일본·한국·대만 3국의 농업통계가 갖추어진 1930년대를 중심으로 동아시아형 소농사회인 3국의 소농경영을 비교한 것이다.

제6장 전환기의 1930년대 동아시아. 원제목은 「東アジアを中心とする1930年代の歷史的位置付け」로서 中村哲編著, 『1930年代の東アジア經濟—東アジア資本主義形成史II』(日本評論社, 2006)에 수록되었다. 20세기 전반기, 특히 양차대전

사이는 현재와 마찬가지로 세계의 대변동기였다. 동아시아도 그 속에서 대변동을 경험하였다. 제국주의와 식민지라는 19세기적 체제가 붕괴되기 시작하였으며, 20세기 후반의 체제가 형성되기 시작한 시기였다. 일본은 이 세계적인 대변동에 거슬러 나아갔고 자멸하였지만, 나는 그 일본제국주의의 식민지지배 체제를 구미제국주의의 식민지지배와는 다른 중진국형 제국주의라고 특징지었다. 이 규정에 의해서 일본제국주의의 성격과 그 특징이 분명하게 된다고 생각한다.

제3편의 제7~8장은 내용적으로 나의 동아시아자본주의사 연구 중에서 가장 새로운 부분이다.

제7장 동아시아 3국 경제의 근세와 근대(1600~1900). 원제목은 「東北アジア(中國·日本·朝鮮)經濟の近世と近代(1600-1900年): その共通性と差異性」으로서 中村哲編著, 『近代東アジア經濟の史的構造―東アジア資本主義形成史III』(日本評論社, 2007)에 수록되었다.

제8장 '원축(源蓄)국가'의 부재―서유럽과의 결정적 차이. 원제목은 「近代移行期(17-20世紀)における東北アジア(中國·日本·朝鮮)經濟の特徵―國家·財政を中心とする西ヨーロッパとの比較」이며, 京都民科歷史部會, 『新しい歷史学のために』, 267호(2008년 1월)에 수록되었다.

나는 이 두 장에서 지금까지 파고들지 않았던 국가의 정책·재정을 거론하였다. 이 분석에 의해서 종래 알려져 있지 않았거나, 막연하게만 고려되었던 것이 명확하게 되었다.

이 측면의 나의 연구는 가장 새롭고 불충분하며, 앞으로 연구를 쌓아 갈 필요가 있다.

제8장은 2007년 10월 6일 동아시아지역연구회와 교토민카(京都民科)역사부회가 공동주최한 심포지엄 '동아시아자본주의의 역사구조'에서 행한 기조발표를 문장화한 것이지만, 그 취지를 설명한 것은 기타하라 쥰(北原淳) 씨이다. 이 취지 설명은 나의 동아시아자본주의사 연구를 빈틈없이 이해한, 호의적인 해설이어서 이 책만이 아닌 나의 생각과 일을 전체적으로 이해하는 데에 적당하다고 생각하여 여기에 채록(採錄)해 둔다.

기타하라 씨는 태국을 중심으로 연구하였지만, 널리 동남아시아 전체에 관심과 지식을 가지고 있었으며, 나는 동북아시아 전체를 연구대상으로 하고 있었기 때문에 그는 나에게 동아시아 전체를 논의하는 데에 매우 잘 어울리는 상대였다. 오랫동안 함께 연구해 온 친한 친구이며, 나의 연구의 의미를 정확하게 이해하는 사람이었다. 동아시아지역연구회의 창립대회에서도 기타하라 씨와 나 두 사람이 보고하였으며, 그 후 오랫동안 위원으로 일하였고, 나의 뒤를 이어서 후임대표로 되었으며, '강좌 동아시아 근현대사'의 편집위원·사무국장도 담당하였다. 70세를 갓 넘은 아직 젊은 나이에 갑자기 세상을 떠나시니 지극히 통탄스럽다.

기타하라 쥰 씨의 취지 설명

나카무라 사토루(中村哲) 씨의 특별보고를 교토민카역사부회와 동아시아 지역연구회의 공동주최로 행하게 된 데에 즈음하여, 오늘의 보고와 관련해서 그 배경이 되는, 아래와 같은 나카무라 씨의 틀, 명제를 해설하여 취지 설명에 대신하려 한다. 나카무라 씨의 일관된 주제는 '동아시아자본주의의 역사구조' 이지만, 이번은 오히려 그 각론으로서 국가의 여러 유형에 관한 비교연구의 보고인데, 특히 국가 재정으로 대상을 좁혀 동아시아 3국(일본·중국·한국)의 근세·근대 이행기의 국가 역할을 유형적이며 비교사적으로 검토한다는 취지이다.

나카무라 씨는 '동아시아자본주의의 역사구조'라는 주제를 일관되게 다루어 왔다. 나카무라 씨는 1980년대부터 저서『近代世界史像の再構成ー東アジアの視點から』(青木書店, 1991)로 집약될 수 있는 획기적인 문제 제기를 하였으며, 자본주의 발전·경제발전에 관한 구미중심주의적 연구 틀의 상대화를 꾀하려고 노력해 왔다. 목전에 진행 중인, 동아시아 국가들의 중진자본주의국으로부터 선진자본주의국으로의 전화라는 사실에 입각해서, 그 배경이 되는 경제적, 정치적 특징을 구미와 비교분석하고, 전구조적(全構造的)으로 또 유형적으로 명확하게 해 왔다. 그 성과는 오늘의 코멘트에도 나와 있지만, 바탕이 되는 소농사회(및 농촌공업 등 지역적분업)의 발전, 식민지에서 이식형 공업화의 발전, 동아시아 전체적 및 국내적인 복선적공업화의 진행, 각국마다 다른 국가=경제의 관계, 소농과 국가의 중간항(中間項)인 농촌·도시시장의 발전이라는 명제일 것이다.

이 중의 전구조적인 파악은 지금은 고전으로 불려야 될 저서『奴隷制·農奴制の理論』(東京大學出版會, 1977)으로 집약될 수 있는 역사이론적인 기초연구가 있기 때문일 것이다. 구미와의 비교나 구미적 발전의 상대화라는 시야도 이러한 마르크스 등의 고전에 대한 비판적 검토에 입각한 역사이론 연구의 성과일 것이다.

나카무라 씨는 전구조적인 특징 중에서 첫째로 동아시아 경제발전의 기저에 있는 소농적 생산양식 및 노동력 재생산에 주목하였다. 또 소농경영의 관련부문 특히 농촌공업의 발전에도 주목하였다. 그 집약적인 성과는 예를 들면 저서『近代東アジア史像の再構成』(櫻井書店, 2000)일 것이다. 나아가서 재정 등을 통한 소농지배체제라는 국가와 소농의 지배관계에도 주목하였다. 한편, 나는 1980년대에 그때까지의 태국 농촌에 관한 조사·연구의 성과를 교과서 양식으로 정리하였는데(『開發と農業』, 世界思想社, 1985), 이것이 당시에 우연히 나카무라 씨의 눈에 띄었으며, 이것을 계기로 연구그룹에 감히 들어가게 되었다. 이것도 아마 졸저가 당시 유행하던 종속이론에 비판적인 자세를 취하면서, 소농경영을 기초로 하고 외자를 활용하는 태국경제가 종속이론과는 달리 발전할 가능성을 전망하며, 나카무라 씨의 장대한 틀에 대해 조금이나마 언급하였기 때문일 것이다.

둘째로 동아시아 국가의 지배구조에 관한 전체적 및 유형적인 고찰은, 예를 들면 편저『東アジア專制國家と社會·經濟ー比較史の視點から』(青木書店, 1993)가 나온 무렵부터 본격화되었다고 할 것이다. 나카무라 씨가 대표자였던

2000년 전후에 이 동아시아지역연구회는 거대한 프로젝트를 계획하였다. 그 성과가 『東アジア近現代史講座』 여섯 권이며, 中村哲編著, 『現代からみた東アジア近現代史』(同講座 제1권, 青木書店, 2001)의 첫머리에 전근대 동아시아 국가의 지배체제 및 재정기반의 상대적인 취약성이 언급되어 있다. 현대 동남아시아의 국가와 경제·사회의 관계, 경제발전에 대한 역할 등에 대해서 오스트레일리아 머독(Murdoch)대학 관계연구자의 논의에 대한 검토에서 출발하여(季刊 『經濟と社會』 2, 1995), 국가의 중립성과 효율성에 대해서 검토하고 있으며, 동아시아 국가들과의 비교도 매우 흥미롭다고 생각한다.

셋째로 복선적공업화, 넷째로 도시적 시장의 발전 등 그 외의 중요한 명제에 대한 해설은 나의 이해가 불충분하여 오늘의 토론자들께 맡기고 싶다.

그런데 나카무라 씨의 최근 작품 「東北アジア(中國·日本·朝鮮)經濟の近世と近代(1600-1900年)」(中村哲編著, 『近代東アジア經濟の史的構造 III』, 日本評論社, 2007)는 이러한 나카무라 명제를 역사적 사실에 입각해서 실증한 집대성이다. 거기에서 나카무라 씨는 소농경영의 형성, 상품·금융시장의 형성, 국가의 재정제도·소농지배체제, 복선적공업화와 같은 자신의 명제들을 제기하면서 스스로 검토하였다. 그리고 연구협력자들은 그 책의 다른 논문에서 실증적 검토를 더하였다. 앞으로도 스스로 '나카무라 명제'의 이론적, 실증적인 검토를 쌓아가겠다는 강한 의사가 전달되어 오는 작품이다.

마지막으로 동남아시아 경제사의 시각에서 보면, 소농기반설은 하마시타(濱下)·가와카츠(川勝), 레이드(A. Reid) 등이 제창하는 동·동남아시아 국제무역

기반설과 어떻게 관계되는가, 국가(특히 중국)의 지배구조가 몇 개의 둥근 모양의(중심에서 주변으로 느슨하게 넓어진다) 지배서클의 병렬=중층관계로 이루어진다고 한 '만다라형'설과 어떻게 교차하는가라는 것들이 특히 논점이 되리라고 추측해 본다. 간단하지만 이상으로서 취지 설명에 대신하고자 한다(京都民科歷史部會, 『新しい歷史学のために』, 267호, 2008년 1월, pp. 1~2).

이 책에 수록된 논문은 제2장을 제외하면 2000년대에 쓰였으며, 가장 새로운 것도 공표되고 8년이 지났다. 이 책의 간행이 늦어진 것은 주로 나의 건강이 나빴기 때문이다. 2010년, 79세에 위암이 발병하였으며, 그 이후 여러 가지의 병을 경험하였다. 나에게 매우 괴로운 시기였다. 작년 여름에 겨우 몸이 회복되었고 마무리 작업을 시작하였다.

이 책의 간행에 즈음해서 와타나베 신이치로(渡邊信一郎) 씨에게는 규고쇼인(汲古書院)의 소개로부터 교정까지 대단히 큰 신세를 졌다. 진심으로 감사드린다. 오카다 와이치로(岡田和一郎) 씨에게는 교정을 부탁하였다.

이 책의 간행을 맡아 주신 규고쇼인 미쓰이 히사토(三井久人) 사장, 편집을 담당하신 고바야시 쇼코(小林詔子) 씨에게 감사의 뜻을 표한다.

역자 후기

이 책의 저자 나카무라 사토루(中村哲) 교수는 한국 학계에 많이 알려진 분이다. 나카무라 교수는 일본 역사학회의 1983년 대회에서 세계자본주의의 변화, 일본의 선진자본주의로의 발전, 동아시아 신흥공업국의 지속적인 경제성장 등을 근거로 현재의 자본주의 세계는 사회주의혁명이 일어나지 않으며, 후진자본주의는 개혁을 통해서 선진자본주의로 이행한다고 주장하였다. 그리고 동아시아 신흥공업국을 중진자본주의 즉 후진자본주의에서 선진자본주의로 가는 도중에 있는 자본주의라고 불렀다.

나카무라 교수는 동아시아 신흥공업국의 지속적인 경제성장의 역사적 조건 중에 일본의 제국주의 경제정책을 포함시켰으며, 이것은 일본에서도 한국에서도 제국주의 미화론이라고 크게 비판되었다. 그리하여 저자의 중심 개념인 중진자본주의보다 제국주의 미화론으로 한국에 더 알려지게 되었다. 저자에게는 탐탁치 않은 일이었을 것이다.

나카무라 교수의 동아시아 경제 및 경제사에 대한 본격적인 연구는 1983년의 그 논문이 처음이었으며 그 이후 심화되었는데, 저자 후기에서 짐작하면 이 책이 최종 결과물일 것 같다.

이 책의 동아시아자본주의는 자본주의 유형 즉 동아시아자본주의라는 자본주의 유형을 가리킨다. 때로 EU와 NAFTA에 대응하는 동아시아경제권을 가리키기도 하는데, 저자에 의하면 동아시아경제권의 성립은 동아시아자본주의가 안정적으로 재생산될 수 있는 중요한 조건이다.

동아시아자본주의는 구미자본주의에 대응하는 개념이다. 동아시아적 소농사회 및 그 소농사회에서 출발하는 재래형 공업화와 정부주도의 이식형 공업화가 결합한 복선적공업화라는 두 가지가 동아시아자본주의 성립의 가장 중요한 요소이다. 저자에 따르면 소농사회가 형성되고, 그것을 기반으로 해서 농촌공업·재래적 공업화가 일어나고, 그 위에 국가정책과 재정에 의해 사회기반시설 정비 및 이식형 대공업의 도입이 이루어져 복선적공업화가 성립하고 발전한다.

한편 저자는 서유럽적 소농사회·농촌공업, 자본축적을 강행하는 국가권력, 그 국가권력에 조응하는 사회 그리고 산업혁명이 구미자본주의를 출현시켰다고 이해하고 있다.

동아시아자본주의는 구미자본주의의 압박 속에서 출현한 것이다. 구미자본주의의 압박하에서도 농업을 성장시키고 중소영세공업을 일으킬 수 있는 소농사회, 구미자본주의의 압박에 대응하면서 이식형 대공업을 일으킬 수 있는 국가, 그 국가권력에 조응하는 사회가 있어서 자본주의가 일어난 것이다.

동아시아와 서유럽이 근세에 병행 발전하였음에도 불구하고 동아시아에서는 자본주의가 스스로 출현하지 못하였는데, 저자에 의하면 그것은 자본축적을 강행하는 국가권력의 유무에 기인하였다. 서유럽에는 있었으나 동아시아에는 없었다는 것이다. 자본주의 형성에서 유럽과 동아시아의 차이는 경제가 아니라 정치에 있었다는 것이 저자의 주장이며, 저자는 동아시아와 서유럽을 그런 만큼 평등하게 본다.

이 책의 1장은 이 책의 서장에 해당하며, 4장 1절과 5장은 소농사회, 4장의 나머지는 복선적공업화, 6장은 1930년대 동아시아자본주의, 8장은 자본축적을 강행할 수 있는 국가권력의 출현조건이 서술되어 있다. 2장은 동아시아자본주의의 현재 모습에 관한 것이며, 3장에서는 저자의 현대자본주의 인식을 알 수 있다. 7장에는 근세를 대상으로 해서 동아시아 3국 국가권력의 공통성과 차이성이 서술되어 있다. 국가권력에 조응할 수 있는 사회의 모습은, 그 중요성은 지적되어 있으나 특별히 분석되지는 않았다.

저자는 분석대상에 고유한 성격을 부여하지 않는다. 그리하여 저자는 분석대상에 대한 편견을 줄일 수 있었으며, 인과관계를 소홀히 하지 않을 수 있었다. 그리고 저자는 인류사회를 합리적이고 꾸준히 발전해 온 존재로 인식한다. 인류사회의 어디에선가 진보적인 변화가 끊임없이 일어나고 있으며, 그것은 침략과 저항까지도 포함하는 여러 사건 속에서 세계적으로 확산되어 인류사회는 성숙해 간다는 것이다. 위의 두 가지가 완전히 서로 정합적이지는 않지만, 여기에서 그런 것을 살필 필요는 없을 것이다. 단지 위의 두 관점이 이 저서에서 관철되고 있으며, 한국인 독자들의 관심사의 하나인 일본제국주의도 그렇게 분석되고 있다. 즉 일본제국주의에 고유한 성질이 있는 것은 아니며, 그로 인해 제국주의 경제정책은 침략임과 동시에 변화의 확산이 된다. 그리하여 한국인 독자에게는 제국주의 미화론 또는 식민지 근대화론이 해소되지 않는 불편함은 남을 것 같다.

동아시아 근세와 서유럽 근세의 공통점과 차이점, 동북아시아 3국의 근세의 공통점과 차이점, 후발자본주의가 성공하게 되는 조건, 동아시아자본주의의 형성에서 일본의 역할, 인도 근대경제에 대한 이해방식 등 여러 논란이 있을 것이다. 그리고 2010년 이전에 씌어진 원고가 편집된 것이어서 현재의 세계경제·정치의 관점에서 볼 때 어색한 점도 있을 것이다. 그렇지만 이 책에는 동아시아자본주의, 동아시아 광역유통망, 소농사회, 복선적공업화, 원축(본원적축적)국가, 19세기자본주의, 20세기자본주의, 성숙자본주의 등 이미 사용되던 또는 저자가 개발한 여러 개념이 사용되는데, 독자가 그런 개념에 익숙해지면, 동아시아 또는 현대자본주의를 이해하는 데 도움이 될 것이다.

2019년 봄에 이 책을 읽었다. 동아시아자본주의의 유형적 특징에 대한 간결한 분석, 구미자본주의와 동아시아자본주의의 대등한 비교, 현실의 동아시아자본주의의 취약점에 대한 적절한 지적, 후진자본주의 경제성장에 대한 정책적 함의 등 여러 가지로 매력적이었다. 하지만 제국주의 미화론 또는 식민지 근대화론이 거론될 수 있는, 말하자면 번역 출판에는 난관이 클 듯하였다. 그 무렵에 안병직 선생님께서 연락하셨고, 이 책의 가치를 자세히 설명하시며 번역을 권하셨다. 초역 원고도 읽어주셨다. 그럼에도 불구하고 출판사 교섭이 순조롭지 않았는데 마지막 난관도 안병직 선생님께서 해결해 주셨다. 그간의 모든 일에 대하여 진심으로 감사드린다.

경제사가 인기 있는 학문인 적은 없었을 것이다. 그럼에도 불구하고 도서출판 해남은 경제사 서적을 꾸준히 출판해 왔다. 경제사를 아끼는 노현철 사장께도, 편집을 담당한 김태임 실장께도 감사드린다.

2024년 8월

옮긴이 씀

찾아보기

ㄱ

ㅁ

ㅂ

ㅅ

ㅇ

ㅈ